# 林业经济中的产业设计研究

江新喜 著

东南大学出版社
SOUTHEAST UNIVERSITY PRESS
·南京·

图书在版编目(CIP)数据

林业经济中的产业设计研究 / 江新喜著. —南京：东南大学出版社，2024.5
ISBN 978-7-5766-1076-5

Ⅰ. ①林… Ⅱ. ①江… Ⅲ. ①林业经济—经济发展—研究—中国 Ⅳ. ①F326.23

中国国家版本馆 CIP 数据核字(2023)第 252487 号

责任编辑：张绍来　　责任校对：韩小亮　　封面设计：顾晓阳　　责任印制：周荣虎

**林业经济中的产业设计研究**
Linye Jingji Zhong De Chanye Sheji Yanjiu

| | |
|---|---|
| 著　　者： | 江新喜 |
| 出版发行： | 东南大学出版社 |
| 社　　址： | 南京四牌楼 2 号　邮编：210096 |
| 网　　址： | http://www.seupress.com |
| 出 版 人： | 白云飞 |
| 经　　销： | 全国各地新华书店 |
| 印　　刷： | 苏州市古得堡数码印刷有限公司 |
| 开　　本： | 710 mm×1000 mm　1/16 |
| 印　　张： | 16.5 |
| 字　　数： | 300 千字 |
| 版　　次： | 2024 年 5 月第 1 版 |
| 印　　次： | 2024 年 5 月第 1 次印刷 |
| 书　　号： | ISBN 978-7-5766-1076-5 |
| 定　　价： | 45.00 元 |

本社图书若有印装质量问题，请直接与营销部联系。电话(传真)：025-83791830。

# 序

《林业经济中的产业设计研究》开辟了中观经济学的一个崭新领域,为典型的长周期林业产业经营带来了创新的思维方式和工具体系,其重大意义值得业界关注。

著者江新喜教授是我校的忠诚校友,数十年如一日地围绕林业、林区、林业经营("三林"问题)展开调查、研究,从独到的视角发现林业产业体系的高质量、可持续、韧性发展规律,做了艰巨而有意义的工作。

著者以"产业设计体系中国化"为目标,把《林业经济中的产业设计研究》作为其阶段性成果,向读者展示了其原创的"中国产业设计的基本框架"、基于中观经济学的产业设计学理基础和方法论内涵,以及主要以江西林业经济为对象的产业设计案例研究。

在论著中,著者试图从生态文化热点和典型长周期产业——林业经营上取得突破,为中观经济学和产业设计体系的理论研究及实践探索奠定基础,并清晰地表述了产业设计的特色内容。江西林业产业设计,即以江西林业经济发展与社会可持续发展为中心目标,按照区域、流域分布进行布局,把可持续发展四大要素(资源、技术、经济机制、市场)的组合选择分散到供应链、价值链、产业链的各个操作运行层面,以政策法规、教育培训、安全与防灾作为保障体系,以文化引导(产业文化、消费文化、产业伦理、消费伦理、行政伦理、社会经营哲学知识)作为核心价值体系,从而构建具有江西特色的林业产业设计体系,以期在产业关联设计、可持续发展、韧性发展、国土保安与绿色屏障体系建设等方面,为江西省长周期战略型资源产业的规划设计提供实践范例。

本书主要由理论研究(共十三章)和附录(共九篇)构成:理论研究包含 13 个范畴(1.产业设计的理论基础和方法论;2.产业的区域设计;3.产业的流域设计;4.资源配置设计;5.技术路线设计;6.产业路线设计;7.经济机制设计;8.市场设定设计;9.产业政策法规设计;10.教育培训机构设计;11.产业安全设计;12.产业文化设计;13.消费文化引导设计),每个范畴都内含着精确的战略导向(价值导向、文化导向、利益导向、问题导向、未来导向);附录则包含九个实际应用案例,注墨于实践探索领域,以三大经济主体(政府、企业、家计)为服务对象,提供了产业设计各个层面的集长期亲身实践经验所记录的实例,以佐证产业设计理论框架创建的适宜程度,这些案例是著者原创且无先例可循。

著者曾长期从事林业经营的实践和理论研究工作且从基础理论方面关注长周期产业尤其是林业产业的可持续发展机制问题,自1995年起开始独立构建中国产业设计体系框架,从经济主体(政府、企业、家计)层面,探索产业设计赖以发展的主要因素及因素间的相互关联,取得了重要进展。

衷心期待读者和业界有识之士继续关注林业经济、关注产业设计,为祖国的生态文明建设建言献策。

中国工程院院士

中南林业科技大学校长　吴义强

# 前　言

　　著者从事产业设计研究的契机,始于1992年与清水秀辉先生(日本东京的著名产业设计师)的相会相约。那一年,第三次国际竹子会议(日本称为第3回世界竹会议)在日本南部的熊本县水俣市召开,同时举行的还有日本第33回全国竹子大会和第5回熊本县民文化节,国际环境问题讨论会紧接其后进行,更使这次会议显得重要。23个国家的200多名国际代表和近1 000名日本国内代表参加了会议,盛况空前。11月11日至12日,会议先后进行了大会口头发言和壁报交流,并考察参观了世界八大环境公害之一的"水俣病"治理现场。会议的主题是加强国际联系,口号为"架起通向世界的竹桥"。会议交流的内容十分广泛,涉及竹文化、竹子栽培、竹资源发掘和加工利用等各个方面,但重点是竹子和环境的关系问题。会议酝酿了建立世界性竹子联系网络等议题。裘福庚、傅懋毅和时任江西省林业厅副厅长的张廷杰等7名代表参加了这次会议,著者是这7名代表中的一人,且是唯一正在日本留学的中国代表。清水秀辉先生是专门到会议来寻找中国合作者的,因为他发明了重要的"竹纤维胶合板"专利,他认为这项专利能为人类的建筑材料产业作出重大贡献,而且他确定与中国的竹产业合作会取得更大的成效。于是,著者便成了他的忠实合作者,也在他的引导下闯进了产业设计研究的学术研究领域。与清水秀辉先生不同的是,著者长期致力于如何使林业这样既是长周期又是多功能跨界的基础产业成为可持续发展的高附加价值产业,进而把源自欧洲(比利时流派)的产业设计传统思想发扬光大、建立中国林业经济的产业设计体系,并将其作为毕生追求的研究和实践目标。经过近三十年的学习、探索和研究,与清水秀辉先生多次会晤研讨,著者把产业设计的学问范式中国化。从学问领域界定到学术框架构建和实践体系筑成,再到设计各种案例和完成案例小结,著者低调但顽强地在林业经济领域中实施产业设计的先行、先试方略,直至今日。

　　作为全国林业科技特派员,著者长期从事应用经济研究,并持续多年坚持为林业经营服务,发现了许多真实的学问层面的问题,进行了不懈的探索。著者从2009年创立江西师范大学产业设计研究所起,就将产业设计的研究领域优先锚定于江西林业,开展了长期艰巨的理论和实践研究,为江西、湖南、湖北、浙江等省的政府部门和涉林企业撰写了许多咨询报告和经营计划书[如湖南竹产业飞龙行动计划、湖南新农村产业设计导论、中德合作长江中下游防护林项目社会经济发展纲要江西篇、武汉和平科技集团中长期发展战略纲要、武汉市东西湖区食品科技工业园建设总纲、江西省战略型新材料产业可持续发展规划、江西省双高(高速铁路、高速公路)交通经济增长极的可持续发展方略、江西省打造全球顶级生物医药产业基地纲要、江西省林业生态文化体系建设规划、创建江西省综合防灾教育学科暨应急管理研究所项目建议书、浙江富来森绿色产业集团超级活性炭工程中心经营计划书]等。其中值得关注的是,著者始终在产业设计方略中坚持五种基本战略导向:价值导向(价值观)、利益导向(为人民)、文化导向(创新和与时俱进)、问题导向(立足实际)和未来导向(可持续向长远)。

著者还长期与日本竹产业协会、森林组合等林业经济组织进行合作交流,并兼任日本企业经营顾问,比较和研究中日两国林业发展的异同,探讨官产学研结合、促进林业可持续发展和地域振兴的良策。在此基础上,著者作为日本学术振兴会特别研究员与冈山商科大学井尻昭夫学长合作,开展了"基于产业设计试点的中小企业产学协同创新研究""地域振兴与经营"课程建设等特色研究项目,着力点集中在以产业设计方法指引中小企业的创新发展和地域振兴(包括乡村振兴)实践,取得了产业设计中的部分实践原理研究成果。

著者对林业经济和产业设计情有独钟,是因为本人的学术研究总是与林业经济和产业实务领域的专家学者相向而行、紧密互动。毕业于中南林学院经济林专业,著者与林业的渊源即从此开始。本科毕业后,著者就职于江西省林业厅经济林处,开始了作为务林人的职业生涯。此后,受中国政府派遣,著者前往京都大学进行访学并师从著名林政学专家半田良一教授,在深刻领会了从德国官房林学理论(法正林理论)脱胎而来的日系森林经理学和林业经济理论后,受恩师引导而选择学修一般经济理论,以寻求振兴林产业的学术出路。此后,著者移籍广岛修道大学,师从经济学博士藤本保太教授。在藤本恩师的指导下,著者在硕士期间专攻宏观经济学理论,完成了《日本经济的变动——来自十年间经济白皮书的证据》硕士论文;在博士期间专攻微观经济学理论,并出版了《研究开发之经济学》的博士学位论文。受藤本保太教授的激励,著者本人完成了长达八年的留学生活后回国工作,重返江西省林业厅成为务林人——回归林业。此后,著者得到了更多专家学者和涉林企业家的帮助和鼓励,献身中国林业经济事业的决心一发不可收。与已故中国工程院张齐生院士成为挚友后,著者更加坚定了把产业设计原理和方法应用于林业经济中的信念,并切实以中国竹产业作为突破口。在张齐生院士的帮助下,著者本人创立竹质新材料科技企业,向不少同行企业示范了由产业设计导致的企业成果。

《林业经济中的产业设计研究》的脱稿,正是著者十几年如一日对应用经济学新领域和新方法进行不懈探索追求的结果。该论著从中观经济学的视角考量林业经济中的产业设计,把宏观经济学和微观经济学中不接地气的部分(即产业操作层面的僵直性)进行激活,使可持续发展、循环经济、韧性发展、社会公平等正能量的公理可直接运用于产业发展和经济实践中,实现应用经济学方法论的可及性,使经济主体的功能协作更加完善(助力政府正确规划长周期产业资源的生态价值和社会价值,引导涉林企业强化社会责任、合理制定长期发展战略、提高经济效益,推动家计部门低碳生活、强化人类的自然生态屏障、维护生态效益),是一项务实的学术研究论著。其成果应用涵盖林业产业设计的13个范畴(1.涉林产业设计的理论基础和方法论;2.产业的区域设计;3.产业的流域设计;4.资源配置设计;5.技术路线设计;6.产业路线设计;7.经济机制设计;8.市场设定设计;9.产业政策法规设计;10.教育培训机构设计;11.产业安全设计;12.产业文化设计;13.消费文化引导设计),各范畴中都做了大量的描述和整合研究工作。范畴1是对该学问领域的基本描述;范畴2—8是林业产业设计的基本流程,展现了由宏观到微观的细分过程;范畴9—11是产业设计中独有的产业保障体系设计;范畴12—13是中国特色产业设计的核心价值体系,展现"文化也是生产力"的中国魅力——生态文明理念十中国智慧,其独到的观察角度和战略眼光,给中国产业设计带来了一抹曙光。当然,迄今为止,产业设计的研究尚未被公众认知,也尚未得到学界的大力关注。且在林业经济中进行的产业设计研究,就更是冷门中的冷门,难以面世。因此,从学问的发展规律出发,著者痛感本研究成果有被公开出版发行的必要。

中观经济学和产业设计的研究进展,在新时代的五大文明建设中,不仅对经济理论和方法论的学术意义十分重大,而且在社会发展实务中,能为产业融合、区域融合、地缘融合的空间经济提供可持续发展的思考方法,因此具有重大的现实意义。

本书脱稿完成之际,谨以万分的诚意感谢吴义强院士长期的关注和指导,并为本书作序,感谢我所学习和工作过的所有机构为我提供的优越条件和无私的帮助,感谢以生态效益发展为己任的所有务林人,感谢我的家庭默默支持我在任何困难的时候奋进,感谢东南大学出版社张绍来先生为本书出版所付出的辛劳。最后,真诚感谢广州商学院为我提供的出版资助和各项工作便利。

江新喜　　广州商学院经济学院
　　　　　大湾区综合防灾暨应急管理研究所

# 目 录

绪论 …………………………………………………………………… 1

## 第一章 产业设计与林业经济 ………………………………………… 3
第一节 概念 ……………………………………………………… 3
第二节 理论基础 ………………………………………………… 4
第三节 方法论 …………………………………………………… 14
第四节 与其他设计的区别 ……………………………………… 15
第五节 产业设计批评 …………………………………………… 15

## 第二章 林业经济的区域设计 ………………………………………… 25
第一节 山区（林区） …………………………………………… 25
第二节 平原区 …………………………………………………… 26
第三节 城市区 …………………………………………………… 26
第四节 其他区 …………………………………………………… 27
第五节 区域文化 ………………………………………………… 27

## 第三章 林业经济的流域设计 ………………………………………… 29
第一节 上游 ……………………………………………………… 32
第二节 中游 ……………………………………………………… 34
第三节 下游 ……………………………………………………… 35
第四节 三角洲 …………………………………………………… 37
第五节 流域文化 ………………………………………………… 38

## 第四章 资源配置设计 ………………………………………………… 40
第一节 可再生资源 ……………………………………………… 40

第二节 不可再生资源 ················································· 41
第三节 战略资源 ····················································· 42
第四节 特色资源 ····················································· 43

## 第五章 技术路线设计 ················································ 45
第一节 核心技术的选择 ············································· 45
第二节 技术群的选择 ················································ 47
第三节 技术创新方向的选择 ········································· 49
第四节 流域产业设计的技术范式选择 ································ 51

## 第六章 产业路线设计 ················································ 54
第一节 核心产业的选择 ············································· 57
第二节 产业群的选择 ················································ 60
第三节 成长极的选择 ················································ 64
第四节 产业集群的群模式选择 ······································· 70

## 第七章 经济机制设计 ················································ 75
第一节 价值链形成模式 ············································· 75
第二节 供应链形成模式 ············································· 78
第三节 产业链运营模式 ············································· 82
第四节 互助合作与分配机制模型 ···································· 86
第五节 产学研结合模式 ············································· 88
第六节 资本运动路线设计 ··········································· 90

## 第八章 市场设定设计 ················································ 95
第一节 专业化物流市场设定 ········································· 95
第二节 区域性交易市场设定 ········································· 96
第三节 连锁专业市场设定 ··········································· 98
第四节 虚拟市场设定 ················································ 99
第五节 电子商务布局 ················································ 100
第六节 直销模式设定 ················································ 101

## 第九章 产业政策法规设计 ········· 102
- 第一节 产业倾斜政策 ········· 103
- 第二节 产业限制政策 ········· 104
- 第三节 调整性法规 ········· 105
- 第四节 环境政策 ········· 106

## 第十章 教育培训机构设计 ········· 107
- 第一节 资源培育学科/专业 ········· 108
- 第二节 技术利用学科/专业 ········· 108
- 第三节 产业运营学科/专业 ········· 109
- 第四节 市场经营学科/专业 ········· 110
- 第五节 产业化示范学科/专业 ········· 111

## 第十一章 产业安全设计 ········· 113
- 第一节 生态安全设计 ········· 113
- 第二节 经营安全设计 ········· 115
- 第三节 生产安全设计 ········· 116
- 第四节 灾害管理设计 ········· 117
- 第五节 产业安全机制设计 ········· 118

## 第十二章 产业文化设计 ········· 119
- 第一节 生态伦理设计 ········· 119
- 第二节 经营哲学设计 ········· 120
- 第三节 文化传播技术设计 ········· 121
- 第四节 文化意象设计 ········· 121

## 第十三章 消费文化引导设计 ········· 123
- 第一节 消费伦理设计 ········· 123
- 第二节 公共消费的生态经济学辨析 ········· 124
- 第三节 家庭智慧型消费的文化引导 ········· 124
- 第四节 "生态财富"论 ········· 125

第五节 "生态福利"论 …………………………………… 126
第六节 世代相传的中华智慧 ……………………………… 127

# 附　录

附录一　林业产业变革的真实信号 …………………………… 128
附录二　理论研究的苦境 ……………………………………… 137
附录三　凝练理论基础 ………………………………………… 159
附录四　政策实践 ……………………………………………… 174
附录五　产业设计的范式技术设计 …………………………… 187
附录六　产业设计的市场范式设计 …………………………… 197
附录七　产业设计的文化范式设计 …………………………… 210
附录八　产业设计的经济机制设计 …………………………… 223
附录九　产业设计的区域设计 ………………………………… 229

参考文献 ………………………………………………………… 249

# 绪 论

我国是人口大国,却是林业小国。全国林草资源总量不足、质量不高、承载力不强,生态系统不稳定。山水林田湖草沙系统治理不到位,西部、北部干旱半干旱地区自然条件恶劣,国土绿化难度大。因此,"十四五"期间,我国林业要实现的主要目标是:到2025年森林覆盖率达到24.1%,森林蓄积量达到180亿立方米,草原综合植被盖度达到57%,湿地保护率达到55%,以国家公园为主体的自然保护地面积占陆域国土面积比例超过18%,沙化土地治理面积1亿亩[①]。由此可见,我国林业建设依然任重而道远。

江西已经进入全国林业大省行列。江西林业是江西省"生态立省、绿色崛起、和谐可持续发展"的重要标杆,也是我国南方集体林区中具有可持续发展的特色文化的领头羊。"十四五"期间乃至此后20年内,江西林业发展将成为江西省鄱阳湖生态经济区建设的绿色屏障和生态文化传播先驱,继而成为中国国土保安事业中的一支重要的先锋队。因为笔者曾主要供职于江西省林业厅从事林业工作,且相当长时期从事关于江西省林业生态经济及文化的研究,故本书中的许多实例都来自江西林业。

构建完善的林业生态体系、发达的林业产业体系和繁荣的生态文化体系,是我国林业现代化建设的重要目标;普及生态知识,宣传生态典型,增强生态意识,繁荣生态文化,树立生态道德,弘扬生态文明,倡导人与自然和谐的重要价值观,努力构建主题突出、内容丰富、贴近生活、富有感染力的生态文化体系,是我国林业生态文化体系建设的重要任务。

然而,从经济学和经营学的角度看,我国林业发展依然面临着向传统林业挑战和全方位经营创新的复杂局面。而迅速开拓局面的钥匙在于以知识集成为基础的林业产业设计,因为产业是人与自然冲突与相容的反复的博弈过程,产业的

---

① 《"十四五"林业草原保护发展规划纲要》,国家林业和草原局政府网(https://www.forestry.gov.cn),最后引用日期:2021年12月14日.

兴衰和目标都是人类需求和认识达到某种阶段的标志。林业作为长周期的战略环境产业和基础材料产业，不仅牵连着林业地区的精神与物质文明，更重要的是影响整个国家的国土安全（尤其是水资源和居住环境安全）和生态文明进程。因此，在审视林业未来可持续发展的愿景时，我们不得不在一个细致的中观层面上进行深入的规划工作——林业产业设计。

# 第一章　产业设计与林业经济

## 第一节　概　　念

产业设计是指在一定的技术水平条件下,对某一空间范围内产业布局的通盘考虑和安排,以期达到资源综合利用率高、对生态环境破坏程度低而企业利润最大化的目标。其中,一定的技术条件,不是指某一个地区或某一个国家所达到的技术水平,而是指目前世界同类技术的最先进水平;一定的空间范围是指以某一主导产业或若干个主导产业为中心所形成的一个经济区域;对产业布局的通盘考虑和安排是指以特定的主导产业为产业设计起点,根据产业间关联程度的高低以及产业正产品、负产品可以转化利用的程度,在既考虑企业市场竞争效应又考虑企业规模效应的前提下,对相关产业的事先安排。产业设计还包括对该产业领域所需的教育培训、政策法规、社区建设、产业安全、文化引导方式等进行设计。

产业设计的基本理念是采用知识集成手段,从微观上进行技术统合,从宏观上进行商品开发,从资源、环境和价值链形成等方面实施可持续发展战略。从微观上进行技术统合形成核心技术和技术群,可以使多种生态资源和产业资源在同一平台上得到有效利用,大大减少资源培育的成本和风险;从宏观上进行商品开发形成核心产业和产业群,可以最大限度地取得综合经济利益,形成可再生的循环机制。在宏观上进行商品开发,是基于社会和经济的需求,利用现代工业技术手段,生产出高附加值的商品(主要是环保型、可循环利用型的生活用品和建筑材料等)和高科技材料(性能特异的医疗、电子和能源材料等)。这样的宏观开发,能使基础材料产业与尖端产业有机地结合起来,改善商品价值链的属性,形成可持续高速发展的产业经济格局。宏观层面的商品开发,可以扭转陈腐化技术对产业的负面影响,激活那些衰退的工业资源(例如矿业、钢铁业、传统人造板业、传统制造业的过剩资源),提高产业投资效益,减少社会经营成本,维护时空的优良度。

值得指出的是,产业设计的本质是使产业具有精密整合且有机能动的内涵(高质量)、高度能动地持续运行并实现自驱动(可持续)。无论时空和资源环境如何变化,产业自身都能适应其变化并有效地生存(韧性),这是实现经济文明的基本规划手段。

江西林业产业设计就是围绕江西林业经济发展与社会可持续发展的中心目标,按照区域、流域分布进行布局,把可持续发展四大要素(资源、技术、经济机制、市场)的组合选择性分散到供应链(supply chain)、价值链(value chain)、产业链(industry chain)的各个操作运行层面,以政策法规、教育培训、安全与防灾作为保障体系,以文化引导(产业文化、消费文化、产业伦理、消费伦理、行政伦理、社会经营哲学知识)作为核心价值体系,从而构建具有江西特色的林业产业设计体系,以期在产业关联设计、可持续发展、国土保安与绿色屏障体系建设等方面,为江西省的长周期战略型资源产业和基础材料产业的规划设计提供实践范例。

## 第二节 理 论 基 础

### 一、林业经济的基本问题

在林业经济研究中,我国大多数研究者一直对森林土地问题、森林经营问题和林产品利用问题三大领域进行探索,林业的三大体系(林业产业体系、林业生态体系、生态文化体系)成为国家林业建设的重点[①]。但我国政府在新时期发展指针中仍然把林业经济问题作为"三农"问题的一部分进行处置(《中共中央关于加快农业发展若干问题的决定》),所以在宏观层面,林业经济研究依然处于被大包大揽的受蔑视局面。

南方集体林区林权制度改革后,林木良种补贴机制、森林抚育经营补贴制度、森林生态效益补偿制度、林木采伐制度、林地流转制度、森林保险制度、林权抵押贷款制度等政策制度相继出台,林业经济研究实践方法有了长足的进步,但林业的根本问题依然是未能从"三农"问题中特化成为"三林"问题(林农问题、林区问题、林业经营问题)。

---

① 《林业局局长贾治邦:从6方面推动现代林业科学发展》,中央政府门户网站(https://www.gov.cn/gzdt/2008-12/17/content_1180594.htm),最后引用日期:2021年12月14日。

笔者提起的"三林"问题可描述如下：

(一) 林农问题

林业人口严重不足，林业人口受教育程度极度偏低，林农收益偏少，医疗及其他社会服务、福利水平低，缺乏安全保障机制。

(二) 林区问题

森林资源数量不足，质量下降，基础建设薄弱，生态文化推展迟缓，林业企业经营管理不善。

(三) 林业经营问题

林业管理体制改革缓慢，林产品市场发育不全，林业企业生产技术落后，林业利益分配机制缺位，林业经营利益被外部化。

## 二、产业设计与林业经济的关系

自邓和平、江新喜提出竹质新材料的产业设计概念以来，产业设计与林业经济的关系逐渐受到林业经济研究者的重视。概而言之，产业设计与林业经济之间主要具有以下关联：

（1）产业设计与林业资源互为依托。林业资源的高质量扩张，需要产业设计的精密深入；产业设计的高度发展，伴随着林业资源的可持续发展。

（2）产业设计是为发展林业经济而推展的精准经营指针，尤其是林业经济保障体系的设计，对林业经济中各主体的经营韧性维护具有重要意义。

（3）两者的结合是经济性和公益性的统一。产业设计可以促进林业生态资源转化成为生态财富，并提示生态财富衍生成为经济收益的方略。

（4）林业产业的精准化可以促进林业经济有效、可持续发展。林业产业的长周期性收益必须从短周期收益的连续保障中得到印证。

## 三、产业设计与林业经济发展要素

林业经济发展的基本要素包括林业资源、林业技术、林业经济机制、林产品市场四个方面，它们自始至终是一个相互协调的有机整体，且具有可设计性。

(一) 林业资源

资源禀赋的规模和质量是经济及社会发展的基石（资源平台势能）。中国是世界人口大国，却是森林资源小国。林业资源是仰仗于自然的生态资源。林业资源分布在整个国土的区域和流域之中。森林资源过少,不利于国土安全并掣肘着林业经济。许多研究指明了解决该问题的两个基本方向:一是要树立林木合理利用、节约利用、综合利用的整体观念,从资源的内涵上扩大再生产;二是导入新技术、新产业理念、新经济机制,从外延上扩大资源种类和数量规模,并优化其有机结构,以实现森林、林业系统的永续、高效利用。

### (二) 林业技术

产业核心技术的演变通常是产业可持续发展的基本动力之一(科学技术推动)。林业技术的创新方向与林业产业的发展方向具有紧密、不可分割的关系。任何林业资源都是以林业技术为手段才能得到有效利用的。林业技术的进步和现代化,是林业生产力投入的基本落脚点。林业技术的进步速度越快、现代化程度越高,林业资源的利用效率也越高。当然,任何单项的技术都是有生命周期的,对森林资源有效利用的支撑也是有限的。林业产业的核心技术,很难单独形成有效的支撑体系,而是以技术群的方式存在。这种技术群能在群内形成相互协调的有机体。有机协调的技术群才能形成对核心产业的支撑。技术群的连续创新与进步,能支撑林业核心产业的高质量、可持续和韧性发展。

### (三) 林业经济机制

经济主体的组织运营体系和经营机制影响着产业和产业间经济效益、生态效益、社会效益的发展与平衡(系统效应驱动)。经济主体之间的相互关系是生产关系的重要组成部分。虽然生产关系由生产力的特性来决定,但是作为经济机制的生产关系对生产力的作用也是重大的。因为林业资源中的森林生产力是十分脆弱的,所以,如果生产关系结构错乱造成生产力的破坏,首当其冲的就是森林资源的破坏,而森林资源的生产力一旦被破坏是很难恢复的。生产周期长、破坏容易恢复难——这是林业产业区别于其他产业的根本特征。经济机制也具有区域、流域、资源特色的各种特性,也依从于各个经济主体所具有的文化特征。

### (四) 林产品市场

市场的价值实现是林业经济循环发展的重要载体(市场需求拉动),因此林产品市场的设置和运营是产业设计乃至林业经济运营的重要组成部分。市场在区域和流域中的位置、规模、种类,对经济主体的经济意义十分重大。由于林业产业成长的特性,林产品市场距离经济主体的远近决定了林产品作为商品的利益分配的高低。而对于务林人而言,这种利益分配的高低对林业的再生产具有至关紧要的作用,因为以森林为载体的生态财富转化为经济财富、以林产品和各种涉林要素为载体的商品在价值链中的保值增值,无不与市场中的利益分配紧密关联。

### 四、产业设计的实践意义

我国是个森林资源极度短缺的国家,目前的森林覆盖率为24.02%。新的经济发展需求必然加剧对森林资源的生态价值和经济价值的追求,因此,将稀少资源的生态效益和经济效益发挥到最大并使其得到可持续利用,是林业经济研究最迫切的课题。对此,导入林业产业设计的知识结构体系和实践手法十分必要。以下主要以江西省为例。

江西林业经历了三个重要的发展里程碑,特别是实施造林绿化"一大四小"工程①后,将森林覆盖率目标定为到2010年达到63%,成为全国森林资源覆盖率最高的地区,不仅能为全省生态立省、绿色崛起提供强大的绿色屏障,更重要的是森林(湿地)资源将成为江西国民经济和社会发展的物质基础。同时,林业生态文化也将成为江西生态文化建设的先驱。因此,在具有江西特色的林业可持续发展体系中,产业设计体系具有须臾不可替代的重要先驱性作用。

鄱阳湖生态经济区建设这一国家战略项目的实施,需要从源头确保生态环境的稳定和改善。其中,最有效的途径就是导入产业设计体系,以改善林业经营、扩大森林(湿地)覆盖率、科学发展林业,用特色绿色资源打造江西生态经济特色,使鄱阳湖生态经济区建设成为国家生态文明建设的重要知识高地和示范基地。

对林业经济问题进行研究并建立林业经济的产业设计体系,可以帮助我国林业经济寻求适合自身发展道路的理论依据,建立具有中国特色的林业经济发展理论与实践研究平台,从而为世界林业发展提供崭新的范例。

### 五、本书的主要观点和创新之处

笔者曾长期从事林业经营的实践和理论研究工作且从基础理论方面关注长周期产业尤其是林业产业的可持续发展机制问题。自1995年起,笔者开始独立构建中国产业设计体系框架,从经济主体(政府、企业、家计)的各个层面,探索产业设计赖以发展的主要因素及因素间的相互关联,取得了重要成果。本书正是对

---

① 《江西启动造林绿化"一大四小"工程》,中央政府门户网站,(https://www.gov.cn/jrzg/2008-11/04/content_1140021.htm),最后引用日期:2021年12月14日。

前期探索研究结果的归纳和小结。

**（一）主要观点**

（1）林业产业是一个典型的长周期且时刻伴随着风险的产业，因此其产业发展战略不仅经常是时间的函数，也是文化变革和其他产业发展成果的函数。精准化的产业风险化解方式不仅影响林业的现在，更深刻影响着区域的生态经济和未来的人类生存环境。产业设计思路作为战略只有站在广阔视野的高度俯瞰整个路径，才能在长周期中立于可持续前进之地。

（2）可持续发展的四大要素（资源、技术、经济机制、市场）缺一不可，产业发展的三个层面（价值链、供应链、产业链）必须有机结合，制度保障体系（政策法规、教育培训、安全与防灾）必须健全，核心价值体系（产业文化、消费文化、产业伦理、消费伦理、行政伦理、社会经营哲学知识等）是经济主体的灵魂。

（3）江西林业发展是鄱阳湖生态经济区建设的重要环境和产业支撑。林业产业设计体系的构建是林业产业在新时代取得持续发展的一个崭新侧面，为生态文明的实现提供了范例。

**（二）创新之处**

（1）填补了国内外林业经济研究中关于产业设计的方法论的空白。

（2）可以促进构建江西林业经济的产业设计体系，为鄱阳湖生态经济区建设提供产业设计的实践范例。

（3）将林业经济理论研究延伸到社会学、文化学、设计学等复合知识领域。

## 六、产业设计的基本原理

**（一）可持续发展的经营理念**

**1. 指导思想**

科学技术是社会经济发展所需的第一生产力。突破单一产业并全面应用科学技术武装第一产业，是我国产业发展的必由之路。只有重视基础研究，才能产生大的技术创新。基础研究的重大成果当中必然产生基础材料，基础材料才是产生或建立大市场的必要基础。林业是第一产业的重要组成部分，也是人类生活和产业基础材料的生产部门。科学技术的进步是林业发展的决定性要素。

产业的持续发展依赖于产业间的相互协调，产业间的相互协调又依赖于核心技术和核心产业的不断成长。核心技术诱导产生技术群，技术群诱导产生核心产业，核心产业诱导产生新的产业群。第一产业与尖端产业的有机结合，是有效配置经济资源的必然途径,是稳定平衡产业结构的良好工具。以生物资源(Biomass)作基础、以生态技术和工业技术结合作手段,用技术创新诱导经济成长,从而形成中国第一产业成长的新特色。

以鄱阳湖生态经济区建设这一国家战略的实施为契机,在新一轮经济发展的洪流中,以战略型资源和技术优势擎起生态立省、绿色崛起的旗帜,把该类产业发展的成果推向世界,并扩大其国际贸易量,以展现新的相对优势并进一步推动江西经济的发展。

**2. 基础材料的经济学**

世界上的产业基础材料除了粮食以外,人们能够公认的工业基础材料有:木材、钢材、水泥、石油、煤炭、塑料等。这些基础材料中可以再生的资源只有来自森林中的木材。但是木材的过度消耗必然引起森林过度采伐,导致地球的生态系统恶化,甚至使人类的居住环境和生存空间受到威胁。因此,合理利用森林资源本身也是社会经济可持续发展的重要组成部分。一般来说,在人类社会的市场经济活动中,产业基础材料的成本变动是产业成本的自变量,其与因变量之间几乎接近乘数效果①,也就是说,基础材料的成本每变动1%,其终端产品的价格变化可能达到一个乘数,产业链越长,它的乘数影响就越大。另外,在全球经济竞争中,若一国的产业成本越高,其在国际市场的竞争力就越小,则其获得的社会福利也就越少。合理降低产业成本,增产质量均一、来源广泛的基础材料,是实现稳步发展、建设和谐社会的一个基本途径。

**3. 战略型新材料的经济学意义**

以产业设计理念为指导思想,从微观上进行技术统合,从宏观上进行商品开发,从资源、环境和价值链形成等三方面实施可持续发展战略。以技术创新为主要手段的现代材料技术,被定义为战略型新材料技术。

现代产业基础材料的形成,通常都是以重大的基础研究成果作为技术背景的。基础研究的成果越深远,其产品的创新意义就越大。正如江泽民同志所说:"创新是一个民族进步的灵魂,是一个国家兴旺发达的不竭动力。"战略型新材料作为产业创新材料,潜藏着巨大的创新动能。它能激活传统产业中的许多环节并提升传统产业的技术和经济水平,同时也创造出一条新的产业链,那就是从第一

---

① 参阅宏观经济学中的"乘数——加速度原理",该理论由凯恩斯主义者提出。凯恩斯主义认为引起经济周期的因素是总需求,在总需求中起决定作用的是投资。这种理论正是把乘数原理和加速原理结合起来说明投资如何自发地引起周期性经济波动。笔者将投资引申为"涨价",则读者可理解其要旨。

产业到尖端产业的产业链,使产业层次调整为稳定的金字塔形,可避免常规条件下产业调整出现的负面影响,例如企业开工不足、设备闲置、技术陈腐、失业率上升等问题。战略型新材料产业的特化,可成为新的国际比较优势的基础,使新型社会福利增加。

### (二)微观与宏观统一的哲学观念

在微观层面进行技术统合可以使不同来源的生产原料进入一个规模生产的经济系统中,在技术体系的有效配置和价值禀赋下,得到材料性能均一的原料产品,进而成为产业中具有比较优势的基础材料。此时,大量的资源可被有效利用,并实现在微观领域的循环利用。微观经济层面的基本宗旨,是使各种基础材料的性能均一化和产量规模化,以实现规模经济的低成本有效利用。

在宏观层面进行商品开发,是基于社会和经济的需求,利用现代工业技术手段,生产出高附加价值的商品(主要是环保型、可循环利用型的生活用品和建筑材料等)和高科技材料(性能特异的医疗、电子和能源材料等)。这样的宏观开发,能使各类型的材料产业有机地结合起来,改善商品价值链的属性,形成可持续高速发展的产业经济格局。宏观层面的商品开发,可以扭转陈腐化技术对产业的负面影响,激活那些衰退的工业资源(例如矿业、钢铁业、传统人造板业、传统制造业的过剩资源),提高产业投资效益,减少社会经营成本,维护时空的优良度。宏观经济层面的基本宗旨,是充分利用规模化的经济要素、精密的技术体系、有机能动的经济机制,适应经营多样化、商品高度个性化的市场变化,创造出更高、更深远的市场价值。

技术载体在微观上进行技术整合,把不同类型的物质要素进行微细化并重新组合,使之成为性能均一的基础材料。技术载体在宏观上进行商品开发,可以满足产业的时代变迁,从而达到微观统一、宏观分治的效果,这是运用了对立统一的哲学原理。

资源载体是实现可持续发展的基石。以竹质新材料为例,核心技术诱导产生技术群,技术群诱导产生核心产业,核心产业诱导产生产业群。但产业群的形成还需要新的互助合作化运动(商业中枢型产业公社——以农产品连锁超市为背景,知识经济中枢型产业公社——以大学科技产业园区为背景,金融中枢型产业公社——以金融支持产业集群成长为背景),这体现了一种基于长治久安哲学原理的合作化战略思想。

### (三)从源头治理的逻辑思维

基于哲学思维的技术载体和资源载体建设应立足于源头的协调。因为资源的源头(低利润、高生态效益)在第一产业,而经济效益的源头(技术和市场需求、高利润、低生态效益)在尖端产业。所以,第一产业与尖端产业的结合,既是上下游资源有效配置的共赢设定,也是经济效益和生态效益相互反哺的可持续性增值,能最大程度地抑制经济发展过程中的"市场失灵"和"政府失灵"[①],这也是运用哲学原理的对立统一规律进行统合。流域的上下游之间、区域的中央与边疆之间,都存在着类似的两种源头(生态效益源头和经济效益源头),且这两种源头的融合具有必要性。从生态效益和经济效益的源头构筑一座桥梁,把第一产业与尖端产业结合起来,把技术载体和资源载体进行统合,可以形成一种新循环经济。

### (四)产业链从最初的价值链到最后的公平受益

社会经济的可持续发展需要产业链之间的有机协调,而产业链本身的协调和闭合是产业可持续发展的先决条件。一个新兴产业的成长,应当从最初的价值链到最后的公平受益,都进行合理的调配。传统经典的价值链由研究开发开始,经过采购、制造(生产)、物流,到达营销,就似乎结束了。但是正确的产业链设计的思考方式,应当在进行研究开发前就精确地做出产业协调和产业受益人口间的公平分配,以促进产业和社会的和谐发展。从这个意义上讲,社会和企业经营的宏观战略中都需要加强合作化战略和可持续发展战略,在利益分配机制方面尽量兼顾资源生产者的福利激励。

公平受益也是贯彻"以人为本"原则的具体体现。政府、林业工作者、林农以及涉林企业和个人是林业社会的主体。从精神利益和物质利益两个方面关注和协调主体发展,一切以主体的成长、发展和公平受益为目标,就是林业社会的"以人为本"原则。林业的社会主体脆弱,则森林资源的效益低下;林业的社会主体强大,则森林资源的社会效益和经济效益良好、生态平衡作用显著。

公平受益原则源于文化和哲学原理的深厚底蕴。从这种意义上看,我们要充分挖掘江西林业地区的历史、宗教、文化、教育资源,打造、提升和优化江西林业生态文化,构筑林业生态文化体系,为林业主体的发展服务。

### (五)中观经济学与和谐理论

国民经济中介于微观经济和宏观经济之间的部分属于中观经济,其有不同于微观经济和宏观经济的显著特点。与此相应,中观经济理论的研究对象和内容,

---

① 曾经,人们以经济收益的大小排序,形成"种树的不如砍树的,砍树的不如卖树的,卖树的不如木材加工的,木材加工的不如家居建材的,家居建材的不如房地产开发的,房地产开发的不如从来不种树的"的基本看法。这种现象集中反映了森林越来越少、林区越来越穷的事实,而这其中既有市场失灵,也有政府失灵。

也不同于微观经济理论和宏观经济理论。中观经济是指国民经济中既非微观经济又非宏观经济的独特部分,换言之,中观经济是一类商品生产者群的若干企业(产业或国民经济发展的地域空间)的经济行为。因此,中观经济理论的研究对象主要包括国民经济中的产业经济和区域经济。在此,笔者还需特别强调,流域经济也包含在中观经济中。

产业经济是现代经济学中的中观经济。"产业"作为一个概念,在逻辑学里属于"集合概念"。所谓集合概念,是指把同类对象集合为一个整体来反映的概念。产业就是具有同一种属性(如同一种商品市场、相似的技术工艺等)的企业的集合。与此同时,产业又是按某种标志(如产品经济用途、生产发展阶段等)对国民经济进行划分的一个部分或层次。可以看出,微观经济是国民经济中的单个经济单位的经济行为,而产业经济则是产业内的企业之间的经济行为,是同类单个经济单位的经济行为的"集合",因而产业经济理论属于不同于微观经济理论更区别于宏观经济理论的中观经济理论。

区域经济属于中观经济。按照德国学者汉斯·鲁道夫·彼得斯提出的中观经济理论的内容和范围,区域经济是国民经济的"局部"。一般说来,区域经济是指以大中城市为核心,以交通运输为纽带,以地区专门化部门为特征的经济地域。中国国民经济中的区域经济有两种不同类型:经济区域经济和行政区域经济。我国相关经济学者也指出:从科学的角度看,区域经济中的"区域"应该是经济区域,因为这样才能有利于探讨区域运行的经济学规律;从实践的角度看,按行政区域(地方)来探讨经济运行的逻辑,有利于提高区域经济学的社会实践功能。可见,宏观经济是国民经济的整体经济活动,而区域经济中,不管是经济区域经济还是行政区域经济,都只是国民经济的一个部分,因而区域经济理论属于不同于宏观经济理论更不同于微观经济理论的中观经济理论。

流域经济也是重要的中观经济。流域的自然特征与人类历史文化的融合,赋予了流域经济局限性和特异性,并使其与别的流域经济相区别。所以,流域经济研究也应是中观经济研究中具有魅力的重要部分。

笔者认为,在中观经济学的研究中有必要引进中国古典的中庸哲学,并使其与中观经济学相结合,作为知识前置。

中国古典的中庸哲学,是中国式和谐理论的本源。中庸的观点就是中观本身。和谐理论的基本思想是如何在各个子系统中形成一种和谐状态,从而达到整体和谐的目的。和谐管理的要旨是组织为了达到其目标,在变动的环境中,围绕

# 第一章 产业设计与林业经济

和谐主题的分辨,以优化和不确定性消减为手段,提供问题解决方案的实践活动。其中,和谐主题是指:在特定的环境中、在人与物的互动过程中所产生的核心组织问题。

笔者倡导中观经济学应以中庸哲学和和谐理论作为核心价值观,是因为和谐理论对中国这样一个大国和林业这样一种长周期战略产业具有重大的指导意义。西方经济学所一再倡导的竞争和创新的哲学思想,对于中国这样一个大国和林业这样一种长周期战略产业来说,可能导致的结果就是人口和森林资源的频繁消长,最终导致经济资源和森林资源的过度内耗、生态失衡,导致国民经济和社会发展变得不可持续。因此,和谐理论在中观经济学中具有内在价值①。

笔者假设,如果把西方经济学的竞争理论作为林业经济或者流域经济的指导原理的话,可以想象:经营苗木的人和经营木材的人是无法竞争的,如果任其竞争,那么苗木不再有人经营,木材也就不再规模化存在了,其结果不仅是苗木减少、木材减少,而且森林本身也会减少。由此,森林产生的生态效益也就荡然无存了。再假设,人们通常把河流称为母亲河。在该河流所在的流域中,如果上游地区的人们跟下游地区的人们进行经济竞争,就会导致上游的人们越来越贫困、下游的人们越来越富有。上游的人们由于生存危机就会逐渐地移民到下游,其结果是上游的水源越来越枯竭、灾害越来越多,下游的人们必须接受灾害的后果,最终的结果是上游和下游的平均增长速度都会下降。

此处,笔者有必要对流域经济的重要关注点加以引导。

(1) 在经济属性上,流域经济作为一种特殊类型的区域经济,既具有区域经济的一般属性(客观性、地域性、综合性、可度量性、系统性等),又具有水资源自然地理特点的专门属性。

(2) 流域经济是整体性极强、关联度很高的区域经济。流域内,不仅各种自然要素之间的联系极为密切,而且上中下游、干支流、各区段间的相互制约、相互影响也很显著。上游过度开垦土地、乱砍滥伐,造成土壤侵蚀,不仅会使当地的农林牧业和生态环境遭到破坏,还会使河道淤积,导致洪水泛滥,威胁中下游地区人民的生命财产安全和广大地区的经济建设;而下游筑坝拦水,又会淹没上游的土地和居民区。同样,在水资源缺乏的干旱、半干旱流域,如果上游筑坝修堤、过量

---

① 内在价值:系统和谐性是描述系统是否形成了充分发挥系统成员和子系统能动性、创造性的条件及环境,及系统成员和子系统活动的总体协调性。从这一定义中,可以提取出"和谐"的两种价值内涵:技术价值内涵和精神价值内涵。

取水,就会危及下游的灌溉乃至工业、农业和生活用水,影响生产的发展和生活的需要。因此,流域内的任何局部开发都必须考虑流域整体的经济利益,以及可能给全流域带来的影响和后果。

(3)流域经济具有区段性、差异性和复杂性。流域,特别是大流域,往往地域跨度大,能构成巨大的横向纬度带或纵向经度带。上中下游和干支流在自然条件、自然资源、地理位置、经济技术基础和历史背景等方面均有较大不同,表现出流域经济的区段性、差异性和复杂性。

(4)流域经济具有层次性和网络性。流域经济是一个多层次的网络系统,由多级干支流组成。一个流域可以划分为许多小流域,小流域可以划分成更小的流域,直到最小的支流或小溪为止,由此逐级形成小流域生态经济系统,如各支流生态经济系统,上游、中游、下游生态经济系统,全流域生态经济系统等。从产业来看,流域生态经济系统可分为工业、农业、交通运输、城市等子系统。农业生态经济系统又可分为种植业生态经济系统、养殖业生态经济系统等。流域经济网络的层次性要求流域开发也应有一定的先后次序和层次。

(5)流域经济具有开放性和耗散性。流域是一种开放型的耗散结构系统,内部子系统间协同配合,同时系统内外进行大量的人、财、物的信息交换,形成一个有生命力的、越来越高级和越来越兴旺发达的耗散型结构经济系统。具体来说,就是流域内各地区既要有专业化分工和紧密协作,又需要加强对外分工协作,加强科技交流和人员交流,通过发挥港口、内陆口岸及其他对外"窗口"的作用,不断吸引外部的资本、技术、人才,吸收外部的先进管理经验,发展外向型经济,推动流域经济的持续健康发展。

总之,流域经济既是一个复杂的大系统,又是从属于国民经济巨系统的子系统。把流域开发治理看成全国社会经济发展总体战略中的一个组成部分,使流域开发和治理符合全国国土综合开发治理的总体要求与宏观布局,是协调流域内部、流域与流域、流域与国家关系的关键。

## 第三节 方 法 论

本著作采用理论归纳与实践分析相结合的研究方法。理论归纳以将林业经济和产业设计关联的学术论著为基础,应用中观经济学理论关联的知识集成手法,从史学、原理和实务的各个层面上,协调理论经济学、应用经济学、管理科学、文化学、经营哲学(business philosophy)、技术科学等学科理论和方法论,凝练出产业设计的基本范畴,进而探究基本范畴之间的有机联系和发展规律,并描述和利用这些基本范畴,以形成完整的学术知识体系,故其属于典型的调查分析、演绎、归纳、集成研究法。实践分析则主要以江西林业调查为核心,兼顾江西以外地区的涉林案例,并借鉴笔者开创的产业设计实证研究方法,构建中国林业产业设计体系的实践框架。

## 第四节 与其他设计的区别

在我国,产业设计手段和方法的发展尚处于启蒙阶段。过去,我国产业在计划经济和市场经济时代都对生态环境的组合设计不够重视。尽管我国在当今国家级和省级经济技术开发区以及其他形式的各种开发区的建设中,有意或无意地使用着产业设计的某些概念(包括产业集群建立的原理),但从开发区产业设计总体上看,产业设计还是低层次、低水平的,对自然生态资源、矿产资源的综合利用率还不高,产生的资源浪费与环境污染仍相当严重。究其原因,这既与企业在追求产值增加、利润增长过程中一直没有形成产业设计理念有关,也与政府、企业、公众对产业设计技术手段重视程度不够有关。

产业设计不同于传统的工业设计,产业设计的中心思想是以知识集成(即社会人文科学、技术科学、经济及管理科学方法等的综合体)为手段,以可持续发展为指针,对产业可持续发展的四大要素(资源、技术、经济机制、市场)进行精密规划,从而使技术群要素、产业群要素、社会经济文化要素之间达到协调,进而加强产业发展保障体系的实际应用,提升产业发展的韧性,也使得产业资源的经济效益、生态效益和社会效益之间达到动态和稳固的和谐发展(韧性发展)。

## 第五节 产业设计批评

### 一、概念界定

产业设计批评是人们对产业设计属性及含义的理解以及对产业设计的价值判断。

毫无疑问,产业设计是广义的设计中的一个种类。一般而言,广义的设计中包含了一切人类活动。理论上可以认为,人类一切有意识的活动均属于"设计",它既包括人们建设和改造社会的一切活动,也包括人类适应、选择、改造和利用自然的一切行为,甚至包括人们日常生活中有计划的行为。赫伯特·西蒙曾说:"凡欲变革现状为理想情形、为既定目标而构思行动方案的人都是设计者。"但设计的属性随社会时代文化的发展而变迁:手工业时代,设计的目的是自我满足;工业(产业)时代,设计的目的是为规模化(即大多数人)服务;而后工业时代,设计则强调个性(多样化)与共性(大众化)的兼顾。无论设计的目的发生着何种变化,现代意义上的设计属性都不是为设计者本身而是为设计的"受用者",包括使用者、观赏者及与其关联的受影响的人服务,即其为他人服务的宗旨并未改变。

从术语的根源上考察,希腊语中的"批评"(krinein)是语源,意为"文学的批判、筛选、区别和鉴定"。此后,英语的"criticism",德语的"kritik",意大利语、拉丁语和西班牙语的"critica",法语的"critique"等都渐次由此演变而来。其一般把艺术鉴赏者(利用者)对作品在深层次的意义和质量上所作的判断,特别是价值判断,称为批评。尤其值得指出的是,从上述对于设计、设计批评的界定和意义分析中,我们可知:设计本身即是一种设计批评,它包含着对于设计进行内省的批评成分。

产业设计是一种特殊的、中观且有时是具体的设计类型,它以产业为"载体"表达对于设计的理解。对于产业设计而言,其核心和本质的意义是对于产业意义的理解。

人们对产业的认识也具有典型的"与时俱进"的特征。当人类与其他动物有了基本区别并开始有尊严的生活时,"产业"便成了人们日常生活的栖息地和生存背景,于是就有了产业"是关于人类日常生活的经济保障"的意义;由于产业总是与产业立地联系在一起,而且产业也是具有动态(时间特性)和区位(空间特性)功能的物质形态,于是"产业设计就是关于产业在时空和集群特性上建立优秀结构的艺术",所谓优秀结构应是指其可持续经营和充满正能量的结构。基于产业和产业设计的基本概念,当人们把自身积累的技术成果用于产业制造或赋予产业相关审美特征时,产业同样可以被认为是"可审视的巨大艺术品";当产业设计被产业设计师作为一种"载体"来表达他们的思想和情感,并将这种载体渗透在具体的产业中时,该产业又被认为是一种"艺术载体和形式";当产业被"组装"成有机的产业集群时,产业设计就成了一种名副其实的社会经济文明建设的"艺术"设计手段之一。

人们对于产业及产业集群属性的认识决定了产业设计的意义和价值。产业设计以经济生活为媒介,反映人与自然、社会之间的关系,产业设计实质上是对于经济活动方式的设计;产业设计师基于对经济高质量发展、可持续发展和韧性发展的深度理解,在产业设计中紧密关注人与环境之间的关系,强调人与环境的适应与和谐;产业设计也是一种艺术创作,具有与艺术审美价值相近和相似的艺术审美价值;产业设计隶属于经济规划类别中的中观设计,它不同于工业设计,其哲学思维、设计手法、结构和功能、生态与可持续的文化、艺术、技术、经济、市场是衡量产业设计作品价值的主体。

所以,在对上述产业设计的意义理解和价值观认同的(即批评标准)基础之上,对一项或一系列产业设计作品的某种整体价值和意义做出评价和判断,并就如何得出评价结果作出解释,这就是产业设计批评。

由于产业设计是设计的一种特殊形式,所以产业设计批评属于设计批评的范畴,形成"包含概念",即产业设计批评包含在产业设计中。设计批评的意识、原则、名词术语、形式、方法皆可用于产业设计批评,其意义、作用与设计批评也基本相同。但是,产业设计批评的具体标准、形式和方法又有其特殊性。

## 二、产业设计批评的主体和客体

产业设计现象和设计作品是产业设计批评的对象,产业设计的欣赏者、使用者以及产业设计师本身是产业设计的批评者。

产业设计现象是产业设计批评的广义对象。产业设计现象是指产业设计行为所具有的社会属性,即产业设计行为本身及其所具有的特点、对社会的影响与意义、指导思想、表现特征等。产业设计现象常常表现为一种社会的群体活动,产业设计行为不是一个单纯和孤立的行为,对社会政治、经济、技术均会产生深刻的影响。产业设计是在一定设计思想指导下的设计,产业设计表现出特定的社会属性和艺术风格。例如,绿色生态产业设计就表现为这样一种特定的现象:工业化在创造丰富物质的同时,也带来了自然资源的极度匮乏和生态环境的急剧恶化。绿色生态产业设计倡导俭朴的生活方式,改变人们对于物质的极度占有欲,主张适度的消费,并提倡尽可能少地消耗自然资源,尤其是不可再生资源,重视产业在设计、生产、使用、报废等整个生命周期的环境效应,尝试用可再生材料、高效材料作为产业的主要材料并提高材料的利用率,通过新技术改变常规材料的品质,通过各种可能的手段延长产业的正常经营寿命,以保证产业成果的长期有序供应,进而保证人们对产业成果的长期需要和社会的可持续发展。

产业设计作品是产业设计批评的狭义对象。对于具体的产业对象而言,它包括概念设计、资源配置、区域设计、流域设计、技术路线、产业路线、经济机制、市场、政策法规、教育培训体系、产业安全设计、产业文化引导、消费文化引导等。

如果说产业设计现象是一种共性的、群体的、抽象的社会现象的话,那么产业设计作品就是一种个性的、单体的、具体的设计行为。产业设计作品的"集合"成为一种产业设计现象,分析产业设计现象必然以分析具体的产业设计作品为基础。所以,当产业设计现象、产业设计作品作为产业设计批评的对象时,其本质含义是相同的。

产业设计批评的主体是产业设计的欣赏者、使用者以及产业设计师本身。由于产业设计必须被经济主体消费(采纳),所以大量的批评者就是设计的消费者(采纳者及经济主体)。欣赏是一种消费,采纳(使用)则是更直接的消费。对产业设计作品的欣赏而言,由于专家考虑的问题更加全面和把握的尺度更加准确,因此专家意见具有更强的说服力和影响力。对产业设计作品的购买行为、使用行为是产业消费者进行批评后的结果。消费者(经济参与者或采纳者)通过对产业设计作品直接进行欣赏,以自己的认识理解产业设计的意义,或通过广告、营销宣传来了解关于产业对象、产业设计的相关信息,从而进行是否经营的批评性判断;以自己对产业设计作品的使用体验,来进一步加强对产业设计的认识,验证使用体验是否与经营判断相符,进而得到对产业设计作品价值更深刻、全面的判断或改变先前经营时的判断,并将自己的结论传递给产业经营者或其他的经济参与者,帮助其得到对这些产业设计作品的社会判断。设计师是以自身独特的专业眼光来看待产业设计对象的,绝对与普通经济参与者(消费者)的眼光不同,这种独特可能来自他(她)对于产业设计的专门训练和特殊经历,并使其以产业设计的方式介入到产业设计的批评中来。模仿、抄袭甚至都是一种批评,表示他(她)对产业设计文本的一种认同,但创造、改进、提高、完善是更富有积极意义的批评。

## 三、产业设计批评的基本内容

经济学家们并不能对产业设计师的设计成果作出"产业设计批评",因为传统中自诩"理论经济学是社会科学的王子"的经济学家们的自傲蒙蔽了他们的双眼,更客观的是,他们无法与产业设计师们感同身受。产业设计师需要把概念、原理、

方法论、案例、表达这五个要素有机地结合起来，从史学、原理、方法论的各种层面提出理念、设想，并清晰地说明实现这些理念、设想的路径、依据、演化过程、结果及变化适应预案，使当初的理念和设想完全变为现实成果。

本文倡导产业设计批评，以利于产业设计成果更加有效地顺应经济发展规律，在群策群力下完成文本设计并使之成为不朽的经济成长范本。但不同的批评主体、不同的媒介会因为不同的价值取向而采用不同的产业设计批评方式。

就方法论的层面而言，和设计批评一样，产业设计批评可以分为理论批评、应用批评和实践批评三种类型。

## （一）理论批评

所谓理论批评，是指在理论研究的基础上专注于某种理论体系、美学理论和意识形态的批评。有些设计批评也试图从研究设计及设计现象中探求设计艺术的原理，制定理想的、包罗万象的设计美学和设计评论的原则。

作为理论批评，首先是意识形态批评，然后是历史批评。

意识形态（ideology）又称"社会意识形态""观念形态"，指作为社会观念（或思想）的上层建筑，有政治、法律、道德、哲学、艺术、宗教等各种形式，它的本意是"思想""思想体系""思想意识"等。意识形态批评涉及批评的社会结构关系、价值关系以及批评的特定话语，它与政治、经济联系在一起，是一种思维、表达与体验的内在方式。设计的意识形态批评又称为设计的社会政治批评、思想艺术批评等。

产业设计师和其他设计师一样，所面临的许多重要理论问题，实质上是哲学问题和社会伦理（包括经济伦理和生态伦理）问题。如对于产业的认识，从生活方式而产生的关于生活态度、人生价值的问题，产业的伦理、艺术、技术、经济性所涉及的对社会认识的问题，产业引发的关于人与人、人群与人群、人与自然、人与环境的关系问题，在产业设计中怎样处理功能与形式（结构）、价值（艺术）与技术的关系问题等都属于这个层面。遗憾的是，不仅中国的产业设计理论领域尚未形成可信的学术理论（即便可能有也极少），国际产业设计理论领域也鲜有这样的研究发现，它们大多湮没在设计批评当中。实质上，产业设计有其关于设计的特殊性，挖掘隐藏在产业设计内的某些特殊话语对于产业设计具有极其重要的意义。

所谓设计的历史批评就是研究设计的历史感，它涉及对以往的"过去性"（pastness）和对以往的"在场性"（presence）的感知能力两个方面。假设产业设计的成果也可以像其他设计领域那样被称为作品的话，那么该"作品"实际描述的是产业的现实场景、产业的演化及产业的可能成果，且该"作品"具有的深度和广度可能大大超过任何文学作品、美术作品、艺术作品或工业设计产品。历史批评的目的与其说是阐明作品对现代所具有的意义,还不如说是用今天的观点去引导读者敏锐地意识到作品对当时的时代所具有的意义,也就是认识作品的"过去性"。历史因素的"在场性",也就是通常所说的"现实化"。历史批评注重社会演变的内在联系,从社会、文化和历史以及作者的生平事实、作品产生的时代背景等角度出发,对作品进行研究、叙述并作出批评,力求通过使用历史的方法,再现作品问世时所具有的时代意义和价值,借助强化历史来说明历史必然形成的典型条件。

设计的历史批评包括两个层面:一是纵向研究或者说是系列性和顺序性研究,也就是历时性研究(时间轴)。历时性研究侧重时间上的延续性,具有编年史的特点,研究从古至今的设计、设计现象及与其有关的事件。二是横向研究,研究同一时期共存的设计、设计现象及与其有关的事件,也就是"共时性"研究。共时性研究侧重典型性或时代性,涉及同一时期的设计与当时的社会、经济、政治和宗教等因素的相互关系及相互影响。

设计史是一种重要的和常见的历史批评形式。文献意义上的设计史是一场漫长的探求,既要研究设计本身,又要研究其环境。设计史的使命在于三个方面:一是确定史实;二是解释意义;三是诠释演变和发展的原因。但设计史太浩瀚了,以至于大家看到的设计史只是由设计史学家编排的历史文献,难免带有史学家自己的主观性。

设计的历史批评着重于设计在设计史上的历史地位及历史作用,讨论设计的历史演化、风格和流派、历史原型及模式。设计的历史批评的对象还包括设计的类型与风格的发展变化等。

产业设计的历史批评可能是产业设计理论研究最频繁的活动之一,迄今,中外学者对此进行的大量研究理当具有重要的借鉴意义。

### (二)应用批评

与理论批评相对应,设计的应用批评是批评的主要方法之一。应用批评又称为实用批评,是将艺术原理和美学理念作为批评原则,对具体作者和设计作品(成果)进行的批评。应用批评包括艺术(学术)批评和操作性(可行性)批评。设计师在设计过程中对自己作品的审视以及与他人作品的比较,也是一种应用批评。

设计的艺术批评是一种形式批评,它是从一定的思想理论和审美观点出发,根据一定的批评标准,对艺术作品的艺术性和创造性做出鉴别,表达批评主体的感受与反应。

产业设计的艺术(学术)批评注重产业设计成果的内在结构与功能分析,它将产业设计成果看作产业内部要素与外部环境相互作用的可演化主体,能借助外界因素的作用而运行至既定的目标方向。它依据产业设计成果的自我完善体系进行分析,注重成果中所采用的概念、原理(或假说)、方法论(设计手法)、案例研究、表达(设计的形式构成、结构和语言特色)等。它避开人与社会的因素,着眼于用单纯学术的方法进行批评,根据资源禀赋限制、机制演化规律以及社会文化趋势进行批评。

设计的操作性(可行性)批评通常是指具有实用意义的设计个案说明和比较分析,即设计评论。它注重对具体作者与作品,或是对某一时期、某一国家、某一地区、某一流派的设计的讨论。设计的操作性批评着重于特殊性和个别性,它主要针对局部的问题,或者要得出的某种结果。

产业设计的操作性(可行性)批评,通常需要考量产业运营中的决策层、压力层、当事层在主体与客体之间的各种契合关系、情境、运营机制(流程、创新方向等)。产业中,学术型团体举办的专题评选等都属于此种批评。

各种形式的产业展览会是操作性(可行性)批评的重要形式之一。其宗旨是通过研讨会或展览会的形式集中讨论某一种设计思想和观念,即设计主题,汇集各种可能的设计方法,以具体的作品来展示设计师的设计理念,并广泛地与社会各类人士进行沟通和交流,以期获得相对集中的结论,发现并倡导设计的主流,进而影响整个设计市场和消费市场。

### (三) 实践批评

设计的实践批评是指包括具体的购买行为和使用行为等在内的消费行为。设计作品的消费动机、消费观念本身就是对设计作品的理解,消费感受与经验是对设计作品最直接的检验与评判。

中国的产业投资者(消费者)已步入理性投资的时代,就是指中国的产业投资者对产业有了全面而具体的认识。产业投资者(消费者)会根据自己对于产业的喜好而投入,尽管广告宣传的作用不容低估,但他们更多的是借助广告对产业形成更全面的了解,而不会完全听信广告中对产业优势品质的"赞扬";产业投资者(消费者)会根据自己的需要而投资,设计师对功能的"设计"并不能完全代表投资者们的意见;产业投资者(消费者)会根据自己的投资能力而挑选,合理分配他们的经济收入在各项经营开支中所占的份额;产业投资者(消费者)会形成对产业发展的整体意见,并不吝提供给产业设计师和产业经营者,并由此影响产业的设计和产业运营的进程。

**四、产业设计批评的标准**

产业设计批评通常采用相对性和动态性并存的产业设计批评标准。

一般认为,设计批评具有很高的标准,但不同的批评方式具有不同的批评标准,不同历史时期也具有不同的批评标准。产业设计批评也是这样。

属于理论批评的意识形态批评所采用的是关于社会价值、社会思想、社会思想体系或思想意识的相对抽象的标准,或者说是一种哲学标准。从社会学的角度来看,它是一种意义标准,探讨设计对于社会的更深层次的意义;从设计符号学的角度来看,它强调的是设计的"所指"(signified),即设计符号的隐喻和象征意义。由于意识形态批评的关联域(context)大且含混,因而批评标准具有明显的多义性(ambiguity)。

属于理论批评的历史批评具有客观和主观双重标准。所谓客观性,是指针对设计现象、设计作品、设计师们所属的时代,就现象本身、过程、表现形式、结果、作用等作出客观、公正、准确的描述,即所谓的"就事论事""尊重历史""尊重事实"。所谓主观性,表现在两个层面:一是历史批评中对设计现象的"过去性"的评述;二是历史批评中对设计现象的"在场性"的评述。通俗地说,就是设计在过去和现在对大家各有什么启示。关于这些批评的评述,不同的批评主体、批评家必然会加入自己的主观意识,采用只适合他们本人的观点来进行评述,也就是所谓的"自圆其说"。

进行产业设计理论批评,关键是建立关于产业的理论体系,尤其是关于产业文化学的理论体系。产业文化学理论体系的建立,本身就是关于产业的理论批评。当前,产业设计的理论批评更多的是借鉴建筑、艺术的理论批评标准。

作为应用批评的艺术批评从艺术的本质出发,形成了特别的批评标准,它包括艺术的表现形式和艺术的象征意义两个主要方面。

从艺术的历史类型分析,产业设计属于象征性艺术的范畴。产业艺术批评注重产业的艺术形象、造型、体量及外在结构,以寻求有意义的形式,着重研究产业的形式构成逻辑、规律及其法则,注重产业的整体形象、细部以及比例、构图,注重作品的艺术技巧、设计手法,设计的形式构成、结构和语言特色等。产业艺术批评也着重解释内容和形式的关系,这里所说的内容主要是指产业艺术形式所具有的象征意义。产业艺术批评从作品自我完整的艺术体系出发进行分析,避开人与社会的因素,着眼于用艺术的方法进行批评,所以形式美、造型规律以及审美趣味成为产业艺术批评的主要标准。

作为应用批评的操作性批评所采用的标准通常是相对独立、固定的"设计评价体系",即以设计的概念、性质或具体设计行为为侧重点出发,列举各种影响设计质量的因素,确定大众对这些因素的认同率,再利用统计学原理等数学原理制定针对该项设计的评价标准的数学模型,或制定出具体的评分方法。"权重法"就是常用的方法之一:

$$A = a_1 X_1 + a_2 X_2 + a_3 X_3 + \cdots + a_n X_n$$

上式中:$A$ 为得分值,$a_1$,$a_2$,$a_3$,$\cdots$,$a_n$ 为单项因素的权重,$X_1$,$X_2$,$X_3$,$\cdots$,$X_n$ 为单项因素的影响系数。

在制定设计评价体系的过程中,确定影响设计质量的因素非常重要。不同的国家、团体、组织或不同的设计竞赛委员会、不同的展会都会确定自己不同的评价因素。如笔者提出的概念设计、资源配置、区域设计、流域设计、技术路线、产业路线、经济机制、市场、政策法规、教育培训体系、产业安全设计、产业文化引导、消费文化引导 13 项因素。

由于设计批评中的实践批评常常是一种个体行为,或者是一种组织相对分散的活动,所以其批评标准因人而异,很难有一种统一、具体的说法。

设计批评的标准不是固定不变的,设计批评的标准在自然状态下,随着时间的推移、社会的发展而不断向前发展变化。设计批评的标准实质上是一个历史的概念。设计批评的标准与地域和文化的差异也有着必然的联系。

## 五、产业设计批评的文化意义

产业设计批评对于建立和发展产业设计文化、提高产业设计文化水平具有重要的理论和现实意义。

设计批评是一种生产性的活动,是一种具有开放性的实践活动,是规律性与目的性统一的生产过程。设计批评以人和适合的需要为尺度,考察并研究设计的创作过程,分析设计话语和设计符号的结构及形式,揭示设计客体与人和社会的深层关系,预测并构建未来的设计客体。

设计批评具有七种基本的功能:

(1) 说明与分析。说明功能、引导解释功能和判断功能。

(2) 解释。将设计作品作为研究对象,从心理学的角度去分析设计师的思想以及形成这种思想的社会环境。

（3）判断。以社会和人的需要为标准,对已经存在的或未来可能存在的客体做出审美、功能、技术、经济各个方面的价值判断和规范判断,从而树立批评的标准。在超前判断的基础上,在思维和虚拟的形态上构建未来的客体,实现预测的功能。

（4）预测。在预测未来客体的基础上,形成虚拟世界的价值关系,从而按照价值序列进行选择。

（5）选择。在众多设计现象和设计成果中,确立具有合理价值的设计现象或设计成果。

（6）导向。通过前面的解释、判断、预测、选择等过程,做出具有说服力的导向,以便形成正确的设计"潮流"。

（7）教育。传授知识、培养鉴赏力。

产业设计批评对于构建产业设计理论体系具有非常重要的理论意义。产业设计批评与产业设计之间存在一种相辅相成的互动关系。人们在长期的社会活动、生活和经验的认识和总结中,形成了特定的产业设计现象或设计成果,它们是产业设计批评的"第一文本"。人们通过产业设计批评活动,形成了对产业设计的全面认识,即产业设计批评的"第二文本"。这些文本对产业设计实践具有重要的指导意义,它帮助产业设计师或公众实现对产业的认识、设计、欣赏和使用,起到丰富产业设计作品、延伸其价值的作用,赋予产业成果以开放性及附加价值。

产业设计批评需要广泛的社会参与。产业设计理论家、设计师们树立起批评意识之日,便是产业设计现象繁荣之时。

产业设计批评,是凝练产业设计思维、与时俱进地改善产业运营质量的基础环节。良好的产业设计师群体和良好的产业设计批评者群体的共同工作,能极大地校正产业运营的成果标准,确保产业及产业群的高质量、可持续和韧性发展。

# 第二章　林业经济的区域设计

## 第一节　山　区（林　区）

森林资源的主要集聚区域,是林产品原材料的主要生产基地,处于价值链牛鞭效应的基部。从产业经济学的理论上说,山区森林资源的总量是价值链的平台和起点,即森林资源总量越大,价值链延伸时可扩张的区间和自由度就越大。所以,山区林业建设在林产品经营的各种振兴战略或国际化战略中具有头等重要的意义。战略规划和科研开发工作的每一项,都必须优先推动山区森林资源总量的增加,使山区在区域林业经济中具有可持续提供的森林资源总量,并满足产业链对各林种质量的要求。

在林业经济发展的低级阶段,森林资源总量所具有的经济价值通常会受到更多的重视,森林资源的生态效益则通常受到冷遇;但当林业经济发展到较高级的阶段时,森林的生态效益和经济效益都会得到全社会的普遍关注,市场对森林的经济价值需求和生态价值需求也都会上升到较高的水平;当国民经济和社会发展到了一个相当的高度时,山区森林的生物多样性和生态文化渗透,能极大地提升价值链的初始平台和价值链本身的系统整合能力。

交通能力制约着山区林业经济的发展。所谓远山和近山,就是指山区在交通发达程度上的差异。公共交通网络和林道建设,是山区经济发展取得突破的门槛条件。

信息通信和文化教育程度的落后,也是阻碍山区或林区人力资源发展的重要原因。信息通信和文化教育并进、"互联网+"和智能乡村技术的普及,对于山区（林区）来说,将是重要的希望工程。

## 第二节 平 原 区

大部分平原区属于缺材地区。林产品的流通有利于平原的经济发展,因此,林产品流通业和木材及林副产品加工业在平原地区的扩张,能够提升林产品的区域价值。相对于山区而言,平原地区的森林资源不发达,直接诱发了林产品加工业和物流业的发展。随着这些林产品加工和物流企业的专业特化,其企业经营也就由满足平原地区的市场需求逐渐扩张到满足城市地区的市场需求,更进一步地扩大到面向国际贸易开展林产品国际化经营。平原地区的生态需求和林产品加工业的原料供应需求,直接导致了平原地区植树造林运动的开展。平原地区造林的成本虽然比山区高,但由于更靠近林产品市场(级差地租理论),且由于科技成果的应用,能取得更多的市场价值。因此,人工林在平原得到了极大的发展。

平原地区的林业还兼具生态防护的功效,条件适宜的平原地区能建设成为林业生态旅游和自然修学旅行的胜地,将绿水青山转化成经济学意义上的"金山银山"。因地制宜地选择区域物种和产业技术体系,消长相宜(基于"法正林"经营原则)的森林资源培育/利用计划,经营多样化的品种(例如"一村一品运动"),能有效地帮助平原地区改善生态条件,促进平原地区经济的健康发展。

## 第三节 城 市 区

城市是林产品的主要消费区域。林产品的消费价格依据城市社会、经济、文化发展状况的不同,而呈现不同的波动。但城市对林产品的刚性需求,能使林产品流通业取得巨大的收益。正因为如此,林产品在城市的流通中出现了业态分离,即经营林产品的企业不见得与林业发展相关。城市绿化与城市园林建设属于城市公共事业领域,只在种源或林业技术方面与产业化的林业相关,对林产品价值链的价值创造具有助推作用。城市居民的植树造林运动,对维护城市生态环境具有良好的推动作用。更重要的是,居民的生态绿化意识是一种文化生产力,能间接地增加人们对林产品的价格接受能力。

城市林产品市场是林业经营价值最后的,也是最大的利润实现通道。但是,林产品流通中出现的业态分离,导致市场收益的绝大部分与山区森林资源的消长毫无关联,务林人受益不公平的同时,森林的生态价值也难以得到补偿。

城市林业兼具公共产品和私权物的双重属性。大树环志、古树保护、立体绿化、公共绿地、生态文化推展、林产品大市场建设等,是城市林业产业设计中应主要思考的内容。

## 第四节 其 他 区

道路绿化、厂矿绿化、校园绿化、荒地荒滩绿化,在本质上都可以增加森林资源总量。自然保护区和国家森林公园等公共区域绿地也能提高国民对森林资源的重视程度,从而提高森林的文化价值。包括城市园林绿化在内的森林资源扩张运动,能有效地增大林业经营活动的强度,为林产品经营的持续发展提供资源(例如种苗培育)和文化基础。

校园绿化是林业产业设计的又一个重要园地。苗圃的分年经营与学生的学年挂钩,可以使学校的育人育苗相得益彰,不仅能够彰显学校的生态文化特色,而且更有意义的是,育苗真的能够使学校土地成为"绿色银行",为把学校建设成生态校园增辉。

## 第五节 区 域 文 化

区域居民的受教育水平与森林的商品价值之间具有强的正相关关系:国民受教育水平的提升有利于森林的培育和林产品价值的创造。在区域文化水平更高的地方,品牌形成和市场营销活动中的品牌价值和市场绩效会表现得更为显著。

区域内的林业生态文明是社会生态文明的重要组成部分,而林业生态文化建设又是林业生态文明建设的重要内涵。

林业生态文化由有机结合的四大部分构成:

### 一、自然生态文化

它是由森林的自然生态特性引起人类行为发生规律性变化的基础(例如,由

于水稻、蔬菜的存在而产生的农耕文化,由于草原的存在而产生的游牧文化,由于野生动物的存在而产生的狩猎文化,由于森林的存在而产生的木文化等),是人类生存的物质根基所引起的人类对特定自然的精神反响。

## 二、制度文化

制度文化又称管理文化,是人类社会在经营管理中所发生的各种约束关系的总和,它是社会精神进步的操作层面。

## 三、产业文化

它是工业文明进程中各种价值观和发展观的总和,它是社会物质进步的附加价值的操作层面。

## 四、流域和区域文化

它是由流域和区域结合而形成的人类行为特性组合的综合层面,是建设和谐社会中最具有方向引导意义的综合层面。

林业生态文明是融合在林业物质文明和精神文明建设的全过程中的。自然生态的稳定演替、经济产业的可持续发展、流域和区域社会发展的动态和谐,是生态文明的重要表征。

林业生态文化建设规划的终极目标就是强化制度文化、引导产业文化,进一步发掘自然生态文化,融合流域和区域文化,以实现林业生态文明。

林业生态文明建设不是只由区域内的林业部门来进行的,它是需要全社会参与的、长期的系统工程,同时,它也是一项检验全社会生态文明建设程度的指针。因而林业生态文化建设也就成为全社会和谐文化建设的重要组成部分,其必须得到区域内各界人们的广泛认同才能取得实际成效。

产业设计通过区域的文化引领来实现林业经济中的区域设计。

# 第三章　林业经济的流域设计

流域(valley)是林业生产的基本地理单元,由山脉的分水岭形成的集水区是流域的基本平面形状,集水区的水系是流域的基本骨架。水系、土壤以及以此为生存基础的生物群落,是流域中人类生存的基础。在客观上讲,流域中具有非常严密的生态逻辑和生态伦理关系,流域中的产业经济发展不应该背离流域的生态逻辑和生态伦理关系。由此,我们可以根据流域的自然地理关系对流域的林产品价值链进行分析。

流域是以集水区域划分的一种地域,河流是流域的主轴,水是流域的核心。人类文明产生于大河沿岸,大河沿岸成为经济最发达的地区。尤其是工业革命以来,经济资源向条件优越的河流沿岸聚集,形成沿江产业带和沿江经济走廊,这成为经济发展的一种趋势。人类发展的历程表明,人类文明和经济发展与河流有着密切的关系,与水资源的开发利用密不可分。流域经济学就是研究流域水资源的综合开发利用及其与流域经济发展关系的经济学科。

水是人类生存和经济发展须臾不可或缺的资源。同时,水形成的水体是水生生物生存的基础,水位落差产生的水能是人类开发的重要能源之一,水体浮力产生的水运是人类重要的运输方式之一,水作为环境的基本要素所形成的水利环境是生态环境的重要内容之一。尤其是随着经济社会的发展,水资源的短缺日益引起人们的重视。不少专家预言,在新的世纪中,水资源将取代能源资源成为全球经济发展和经济争夺中最重要的资源。

森林植被和森林群落在流域中具有举足轻重的地位。一方面,森林植被和森林群落的演化依据流域的水热条件,日积月累地进行;另一方面,森林植被的水源涵养和水土保持功能,极大地支撑着流域的自然条件趋向风调雨顺,滋润着丰收的原野。在流域经济中,森林是自然资本(natural capital),可以为流域内的人们提供赖以生存的物品和服务(尤其是那些无形的生态服务)。因此,森林是可以经营的自然资本。进行森林经营和环境保护,是流域人民对这项自然资本的经济投入，其目的就是从自然资本投资中取得林产品和生态服务（ecosystem service）的价值。

根据流域的大小和分布特征，可以将流域细分为大流域、中流域、小流域和跨流域。流域的上下之间构成了系统的自然地理和经济互助关系，呈现着复杂的样态。典型的大流域可以列举长江流域、黄河流域、珠江流域等贯通若干区域的大江、大河流域；典型的中流域可以列举湘江流域、赣江流域等区域内的代表性江河流域；典型的小流域则可以列举江西兴国县的塘背小流域、湖南衡阳市的蒸水小流域等（相当于一个典型的集水单元构成的区域）。跨流域是指若干水系交汇的区域所形成的特定流域类型。

流域的自然特性左右着流域经济可持续发展的性质。流域的资源特性引导着流域经营的技术特性、经济机制和市场特性。

流域经济的集聚（产业集群）是与流域的大小和分布特性相关联的，其资源规模决定着技术使用特性和产业及市场规模。一般而言，大流域比较适合大规模产业集群和大产业市场的发展，因此，劳动密集型和资源密集型产业在大流域中是具有较长生命周期的。而小流域由于资源的分散化和特异性，导致产业集群的聚集性低、产品批量小，不适宜规模化经营，而必须强调差异化和因地制宜的经营。流域资源的经营机制（广义地说是经济机制）受流域文化的影响极大，在市场构建和流通方式上，又受流域内交通和社会发展状况的影响较深。

流域内森林资源的经营，具有强烈的外部经济性。因为对于自然和人类社会而言，森林植被的生产功能提供了生态效益、经济效益和社会效益，这些效益是可以用价值来评估的。作为商品的林产品和生态服务，是流域内人民从事经营活动的经济价值。森林水源涵养、水土保持、净化空气、维护自然生态平衡和作为传承流域文化载体的生态效益和社会效益，是流域内森林植被的生态价值和社会价值。所以，流域内森林资源经营的外部经济性（相当于经济价值、生态价值、社会价值的总和）是大于林产品价值和生态服务价值之和的。

人们对森林生态价值和森林经济价值的认识，是随着社会发展不断深化的，但长期以来一直处于权衡（trade-off）和博弈（game-playing）之中。而流域内森林的社会价值则多被人们忽视。其实笔者认为，流域文化是左右流域内森林社会价值的决定性要素；先进的流域文化能引领流域经济和社会向可持续和文明的方向发展，流域文化的和谐是流域内各部族（包括部落）走向繁荣、和谐发展的基础。

流域价值（流域内以水和森林生态系统为核心的价值体系）是由流域生态体

系的社会价值、经济价值、生态价值通过系统整合而形成的动态守恒体系。流域内的资源配置、技术体系、经济机制、市场体系任一要素的变动,都可以给其他要素提供变动的诱因,从而产生新的动态平衡。这是笔者通过对流域价值链进行分析而提出的一个基本假说:"流域价值论的三值(社会价值、经济价值、生态价值)守恒假说"。这个假说的原理与产业组织理论中的SCP分析(市场结构-市场行为-市场绩效分析)具有重要关联。

流域的共同发展是区域经济发展的客观要求。各个流域作为相对独立的自然地理单元,处于同一地缘经济板块之上,其物质、技术、资金具有互补性,而长期孤立发展的弊端促使建立统一的流域经济空间系统共识的形成。

流域的经济和产业发展,是与流域自身的经济资源的梯度变化相关联的,在静态分析体系中常可用自然条件梯度、资源梯度、劳动力梯度、经济发展水平梯度、技术力量梯度、经济效益梯度等概念加以描述。

通过以上分析,可得出一个重要结论:一旦将市场的力量与流域保护结合起来,人们则更倾向于对流域进行生态保护。这是因为流域生态系统是供水企业生产经营的重要生态基础,也是居民生活用水的重要物质基础。所以,居民和企业都具有保护流域生态系统的意识,如果需要,他们可以购买流域的所有权或为生态系统的维护补偿支付必要的代价。另外,私营化的水资源供给在为流域保护创造了有效经济激励的同时,也潜伏着因过度控制导致水资源价格虚高而损害居民长远利益的危机。

流域保护也关联着经济学上的外部效应和公共物品。显然,流域污染会对当地社区和下游地区造成非常大的负外部效应。上游生态失调不仅会使上游居民持续趋于贫困,也会使中下游地区的灾害频繁发生,导致整个流域的经济状况逐渐恶化。与此同时,由于某些生态服务游离于市场之外,因此流域的很多生态功能无法通过市场来调节,这也就是古典经济学所说的外部效应问题,且这种外部性非常清晰。特别值得关注的是,水资源既是一种公共物品,又具有特定空间中的竞争性和排他性(私权物)。假如在特定区域内居民不向供水公司付费,那么原则上居民是不可能获得对水的消费的;如果某人消费了一定量的水,别人就不可能再对这部分水进行消费了。当然,现实中也存在例外。某些低附加值的用水或许就是非竞争性的,例如工业生产中可以对同一部分水(中水)进行多次循环使用。

基于水资源的公共产品和私权物的双重属性,流域的资源配置等产业设计的

各个环节便尤为重要,因为权力总是与控制连接在一起的。生命与水资源息息相关,控制水就控制了生命,控制生命就控制了政治,控制政治便控制了经济。日本的社会学者们曾撰写专著,警醒日本国民:外资在掠夺日本的水资源,其基本途径竟然是购买森林取水源、污染河流而销售瓶装水牟利(水体的面源污染更有利于水企业的瓶装水牟利)。国内外的大部分水资源污染案例,都或多或少与水企业的不当(不法)牟利有关。因此,流域保护和流域产业设计对维护公共产品安全和保障私权物权益,都具有举足轻重的地位。可以说,大江大河的大保护比大开发要重要得多。

## 第一节 上　　游

流域上游是水源的源头,其水源地的发达程度(稳定度、流量、质量状况)决定着流域上游的价值(生态价值和经济价值)。然而大部分状态下,上游的人口分布及交通发达程度相对低下,显在需求低于潜在需求。因此,上游的经济开发活动常常局限在对原始资源(如矿产资源)和自然初级资源(如木材、中药材、野生动物)的利用和加工方面。也就是说,人们对当地原始资源和自然初级资源的生态价值的认识远远低于对其经济价值的认识,而对经济价值的认识也仅局限于对可交换的加工资源价值的认识。

虽然在流域源头(上游)也曾长期存在人对大自然的敬畏(在山岳地区有所谓的山岳崇拜),但是人类社会的发展,尤其是经济社会(形态)的发展,使人们逐渐把自然资源与金钱紧密地联系在一起。文化、交通、市场和城市的发展,使上游经历了原生态、开发态、破坏态、治理态、修复态、还原态等漫长的演化周期。在这样漫长的演化周期中,人类社会也经历了认识自然、享受自然、破坏自然、接受自然的惩罚、治理自然、维护自然和与自然共生的经济文化蜕变过程。

就价值链的各个环节而言,流域上游的研究开发和设计一直处于粗放和低成本的状态。因此,对流域上游进行开发的创业者拥有更巨大的创业者利益。由于初期的创业者采取了"跑马圈地"的强权式掠夺方式,所以研究开发、设计的初期成本较低,但采购成本和制造成本又与当时的社会发展需求相适应,因此就具有相当高的利润水平,更加推动了市场对自然资源采伐和加工的需求,也迅速加快了创业者对原始资源(自然初级资源)的"圈地"进程,从而诱导了"规模生产、规模消费"的经济规则的进一步推演。

对本地居民而言,上游的森林不仅能够产生经济效益,更能够产生基于森林特性的生态效益,这种生态效益是流域生态平衡的源头,也是流域生态的外部效应。

通常,经济学上的外部效应有两种来源:一是某一行为的私人成本与社会成本间的差距,或是私人收益与社会收益的差距;二是产权主体的缺失。解决问题也可以从这两个方面入手:一是通过税收或补贴来缩小私人成本与社会成本、私人收益与社会收益之间的差距;二是通过确立财产权将外部效应引入交易的框架中来解决。如果政府采用后一种方法,通过土地立法获得购买流域附近土地的权利,再与流域附近的企业进行议价,双方达成减少污染与限制发展的协议。该协议规定政府向土地所有者的付费义务,而受益人则必须限制土地的用途以杜绝污染。这种情况下,政府所支付的费用要远比购买土地的费用低,因此是花小钱办大事。

相比之下,第一种方法的使用范围要小得多。该方法通过付费给当地农民,在流域两岸鼓励退耕还林或退牧还林,从而使得私人成本与社会成本、私人收益与社会收益分别相等。应当说,流域附近土地休耕休牧所带来的社会收益要大于私人收益,休耕休牧会减少农牧民的收入,因此没有私人收益可言;但由于休耕休牧有利于生态保护,所以其社会收益是巨大的。正是出于这个原因,政府必须对农牧民进行补贴,确保其得到应有的私人收益,进而使得私人收益与社会收益相接近。

流域保护者是森林外部效益的主体,其资产证券化、私营化、互助合作化等市场机制也能够进一步将流域保护推向市场,这实际上是运用了科斯产权理论来解决外部效应问题。相对来说,这些机制更容易推行,因为那些直接受益于供水的消费者和政府自然更愿意为流域保护付费,世界上不少地区都在实践中施行了这一制度。当然,不论是消费者还是政府,他们都更关注水的质量。所以,流域保护者有充足的理由向清洁水源的受益者收费——基于"生态补偿"原理。同时,人们可以考虑用人工设施来代替流域的某些生态功能,但这可能需要巨额成本。因此,笔者认为,在流域保护中适当地考虑成本收益也是极为重要的,这也是上游产业设计中市场设定的重要基础。

流域面临着许多污染威胁,包括当地居民区、本地农业生产和工业发展的污染威胁,这些威胁有一个共同的特征,就是具有本地性。但事实上,许多区域性乃至全球性的污染对流域的影响更大,只不过人们很少注意到而已。例如气候变化会改变降雨的分布,进而改变流域中水资源的可利用程度,继而不知不觉地破坏流域稳定水流量的功能。其他如酸雨增多和肥料中硝酸盐扩散(所谓农业面源污染)也会威胁到土壤和水质。这些问题不是某个地区可以单独解决的,而是需要多方合作,用全球视野去通盘考虑。

流域的上游是一个很重要的价值源头。生态系统对人类活动来说,就是一种"公共设施",是大自然为人类建造的基础设施。它能不费吹灰之力就做到人类无法做到的,或是需要付出很大代价才能做到的两件事——稳定水流量和净化水资源。这两个生态功能蕴含着无穷的经济价值,这些价值在数量上远远超过将流域用于农业生产或发展工业所带来的价值。因此,从理性人的角度出发,我们应当积极保护流域。然而在现实中,流域的经济价值往往被人们忽视。其中最重要的原因是水资源不受市场调节,因此解决的方法就是将市场机制与水资源使用结合起来,进而使流域保护的过程体现出更大的经济价值。流域上游产业设计的重点在于如何将生态价值与现金流相结合、接近市场、持续扶贫、提高生态文化生产力的效率。

## 第二节 中 游

流域中游通常拥有丰富的资源,包括清洁水、清洁能源、绿色农业和丰富的其他自然资源,它们是可持续发展的支撑保障体系。大部分中游地区都拥有相对优势规模的工业体系,经济状态良好。但随着工业规模的扩大,生产技术相对落后而生成的环境污染使中游的自然生态体系变脆弱,需要建立由防护林构筑的生态保护体系。

我国大江大河中游治理的典型案例可首推长江中上游防护林体系建设工程[①]。自1989年长江中上游防护林体系建设工程(简称"长防林工程")开工后至2001年,工程实施区域的森林综合效益得到了极大的改善。据四川省林业科学

---

① 长江是中国的第一大河,全长6 300多公里,1989年当时流域面积和人口分别占全国总量的18.8%和33%。为增加长江中上游流域的森林植被、治理水土流失,1989年,中国政府决定建设长江中上游防护林体系工程,并于同年启动。工程涉及沿江的13个省、自治区、市的645个县(市、区),总面积160万平方公里。从1989年至2020年,该工程共完成营造林1 218.6万公顷,其中完成造林1 184.1万公顷,幼林抚育34.5万公顷。

院有关研究人员的追踪研究,该工程竣工后的可计量的森林综合效益分为三项:一是水源涵养效益——长防林体系的森林每年实际涵养水源总量为4 577.07亿立方米,相当于30个库容为150亿立方米的水库;二是保土保肥效益——长防林体系每年可为农林牧业用地减少土壤流失175 712.90万吨,每年可减少有机质流失11 863.80万吨、全氮流失486.46万吨、全磷流失242.81万吨、全钾流失2 849.22万吨;三是固碳制氧效益——长防林体系每年可生产氧气5 558.97万吨,同时固定二氧化碳7 411.96万吨。其成效显著得令人赞叹,长江中上游地区防护林工程的生态屏障作用巨大。

中游地区通常位于我国的中西部地区,由于其流域特点,基于森林资源消长的林产业发展十分艰难。其原因是中上游地区过去常有的水旱灾害,导致居民救灾应急时首先牺牲的就是林木和林地。采矿用的坑木、铺铁轨用的枕木、赈灾用的帐篷、各种救生木排以及日常应急薪柴,无不依赖森林树木。其结果是,森林的生长量总是少于消耗量,森林资源总量日益减少。

因此,中游地区的产业设计重点在于确保本地生态环境良性发展和适当谋求林产品(尤其是速生丰产的林产品)的供需平衡。但是,中游地区林业经营者的林产品虽然具有良好的市场需求,却因森林经营周期的长期性而常常受到短期收益不足的困扰。尤其是林业专业机构(企业或个体),在经营机制和经营技巧方面,需要面对比其他行业的经营者更复杂的经营局面。

适度规模的互助合作化,可以借助于产业公社的方式来实现。在产业公社的经济机制下,许多具有林地的业主或许多具有林业经营技巧的业主,都可以成为公社社员,或作为专业经营者,或成为兼业林户。产业公社需要确立公社章程,社员(包括投资者社员、生产者社员和消费者社员)可以携带自身拥有的各种资源入社,在遵守公社章程的基础上,享有各种相应的权益。

与所谓的大中型企业经营林业相比,产业公社这样的互助合作机制适合中游地区的林业经营,能在极端变化的市场环境下,凭借社员间的互助合作和资源共享,维护公社的森林和林地资源的稳定,使中游地区的生态体系在持续成长中得到稳固和发展。

# 第三节 下　　游

从地理经济学的视角看,流域下游是人类活动频繁的地方。人口众多加之交通发达,下游的任何经济活动都要比上游强烈,因此其需要的经营资源总量巨大。经济规模越大,其聚集的劳动人口便越多。随着经济的发展,资本的拥有规模越来越大,久而久之便使流域下游的城镇化程度超乎想象、达到新的高度,形成对林产品需求最大的市场。规模经济达到最高水平的过程,必然会伴随着经济发展质量的调整,这样的调整过程,会带来社会发展的各种阵痛。物价飞涨、失业增加和自然灾害增多,将加剧经济主体间的各种非均衡发展。如果下游的发展利益不能反哺到具有生态效益源头的上游生产者那里,则上游衰落必然导致下游水土自然灾害的严重。如此天灾加上人祸,总是冷不丁地给下游地区的经济和社会发展带来损害。必然地,防灾减灾是流域下游须臾不可缺少的社会经济需求,继而森林的林产品输出功能将大量转化成为国土保安功能。

因此,从产业设计的原理视角观察,流域下游作为经济效益的巨大源头,其主要分工是确保经济结构和功能的完备,创造利益以反哺上游(维护生态功能),完善生态补偿机制,在进一步植树造林、扩大森林资源的基础上,确保森林和林地面积,提高森林生态系统的质量,加强推展林业生态文化体系建设,从科技创新和生态文化两方面改善经营状况,提高务林人的收益,从而促进流域下游林业的可持续和韧性发展。

流域下游的林业一旦承载了下游地区防灾减灾的使命,必然会降低林业经营者的私人利益。因此,林业产业设计的要点是如何在经济机制上强化林业资源的维护并提高务林人的收益,进而利用高技术方法增加林产品的产量,在确保生长量大于消费量的前提下,发展林业产业。而消除"市场失灵"和"政府失灵"僵局的基本导向也有两条:一是通过实施转移支付来补偿上游国土保安林和水源涵养林的生态经济价值,以实现对上游的生态补偿(反哺);二是通过市场调节方式使林产品市场尽量靠近上游林区,依靠市场费用节约和市场中间利益让渡增加上游务林人的实际收益。毕竟,森林资源对于务林人来说是产生经济效益的生产母机,经济效益是皮,生态效益是毛,"皮之不存,毛将焉附"。对于下游居民而言,森林的生态效益与安全成本息息相关,故向上游务林人让渡部分市场利益既是经济伦理的具现,也是自身环境安全保障的需要。

除此之外,下游城镇的"城市林业"也是产业设计中不可忽视的领域。很多情况下,林业关联大学及研究所的许多研究成果在城市林业中的普及效果要优于在乡村林业中的普及效果,这是因为在城市中普及技术创新成果所附随的要素质量比在乡村中的更加优良且城市配套设施更齐全、市场收益率更高。也因此可以分辨,乡村林业和城市林业的核心技术和技术群具有显著区别,且采用的路径各不相同。

## 第四节 三 角 洲

三角洲(delta)曾经是国土上富饶肥沃的部分,但由于流域的演变,三角洲的命运变得扑朔迷离。大型三角洲是流域最下方的最后一块陆地。昔日富饶的三角洲,虽今日也富强,但面临着各种水体污染、土地污染,安全成本和经营成本逐步提高。各条江河的入湖口、入江口都多多少少存在着三角洲地带。正因为水陆交通发达、人口众多、阳光充裕、经济效益显著,三角洲土地是天然肥沃的佼佼者,却也是生态脆弱的被保护者。耕地红线、生态保护底线都时刻伴随着三角洲。我国东南部大量的三角洲地带在改革开放时代就已经成为国家经济发展的前沿先驱地带,在自然资源方面经历了开发、维护和保护的动荡过程,最近已经在总体国家安全观的指导下,回归了重视生态环境建设、韧性治理城市、振兴乡村经济的和谐发展本源。

大江大河在漫长岁月的演化进程中,将上游和中下游的可移动物倾泻到平缓地带,形成了冲积平原和三角洲。这样的冲积平原和三角洲也就承载着大江大河作为母亲河所具有的独特自然特征(自然样貌、土壤特征和生物群落特征等),当然也承载着流域人民世代相传的文化和风土人情。所谓一方水土养一方人,三角洲上养育了数以亿计的人口,孕育着能寄托乡愁、勤劳致富、定邦安民的经济增长体系。

三角洲地区的产业设计,应立足于总体国家安全观,以高质量、可持续和韧性发展为指针,深化改革,把资源、技术、经济机制、市场的高质量、可持续发展放在产业集群发展的前置地位,把政策、法规和制度建设作为韧性发展的保障体系,进一步梳理和改善社会及经济发展的区域(流域)政策,确保三角洲地区的国土保安功能得以完全实现。这就要求山区(林区)及流域上游建立良好的森林体系,来维护中下游和三角洲的生态安全,以全流域的协调发展、受益公平,来确保产业链的完整和健康伸展,实现流域经济的高质量、可持续和韧性发展。这是产业设计为三角洲地带倡导的关注点,也体现了落实总体国家安全观的重要意义。

## 第五节 流域文化

流域文化是人类文明中具有鲜明特色的文化。流域文化的多样化和精细化（特异化）研究，是流域产业设计中最具有挑战性和创造性的工作。人们在流域的生活区域不同，其所具有的文化属性也截然不同。即便是同样的技术和产业体系，也需要不同的文化引导（适合当时当地的文化习惯和诉求）才能取得实效。诚然，人们已经在实践中明白了"文化也是生产力"的基本逻辑，但是把流域文化转换成为科技生产力的条件是不断加强流域文化与产业文化的融合——文化融合导致专业融合，专业融合导致产业融合，产业融合导致技术融合，而技术融合导致教育机构中的学科融合①。从这种意义上看，文化融合可以反向引导孵化科学技术创新成果的路径。

在产业设计实务中，流域文化的推展可以充分利用乡土文化博物馆、流域非物质文化遗产、部落文化、林业工作站、（社区）乡村文化馆等多种流域的文化分支，建立起各种流域文化载体并将其作为流域生态经济、文旅经济、体验经济的价值增长极，激活流域中的商流、物流、信息流，为流域的可持续、韧性发展保驾护航。

另外，产业设计体系中具有重要意义的职业经纪人制度的普及，也能为流域人才发展提供必要的帮助。文化是人类特有的后天属性，人才是文化的核心。笔者倡导的职业经纪人制度中包含四种职业经纪人：科技经纪人、文化经纪人、产业经纪人、创业经纪人②。其中，文化经纪人就是将文化人的许多艺术成果转化成为经济价值的中介者（包含但不局限于是中介者），经营每一项作品（一首歌、一个故事、一项民间文体活动、一个非遗作品等），都可以看作经营一个产业项目，其

---

① 例如，2017年7月，江汉艺术职业学院成立潜江龙虾学院，下设餐饮管理、烹调工艺与营养、市场营销三个普通大专学历专业，学制两年。该校也成为国内首所，也是当时唯一一所开设龙虾专业的学校。又例如，以蚕桑为专业方向的大学学科中，西南大学蚕桑纺织与生物质科学学院，由原生物技术学院和原纺织服装学院于2020年7月合并成立，是在新时代为更好适应国家"双一流"建设而优化组建的融合农、理、工、艺等多学科的交叉型高水平特色学院。

② 科技经纪人是指"能有效地组织与运营科技活动、提高科研生产力，并从中获得报酬的职业经营者"，其经纪领域为"从科技开发到科技生产力"；产业经纪人是指以产业设计理论为指导，对新兴产业从产生到发展过程的机制进行运营操作的专业经营者，其经纪领域为"从产业先见到产业集群"；创业经纪人是指对创业者（个体或企业组织）提供技术、市场、资（本）金、信息、人才、经营技巧等创业资源支撑的专业经营者，其经纪领域为"从创业思路到创业经营"；文化经纪人是指以不同文化领域的专业特色为依据，对各文化专业领域的产业运营进行具体操作指导的专业经营者，其经营宗旨为"文化也是生产力"。

经济地位等同于某种服务产业项目。

林业生态文化在流域文化中具有举足轻重的意义。以流域的自然生态文化为主线,强化森林生长量应大于森林消耗量的可持续发展理念,将在资源、技术、经济机制、市场的经营协调中完善政策法规体系、教育培训体系作为保障,提升生产者经营伦理、消费者消费伦理境界,应成为产业设计正确利用流域文化因素的基本守则。

# 第四章　资源配置设计

资源合理配置一直是经济学理论与实践中的重要部分。林业经济的资源从理论上说应当包括生产力资源和生产关系资源。生产力资源主要是指生产力要素特性所表征的物质性，如劳动者、劳动资料和劳动对象。生产关系资源主要是指在林业劳动中结成的各种社会关系(与林权相关的各种权责利、法律、经济、文化关系)所表征的社会属性。林业资源合理配置的基本前提是在可持续发展的指针下，以林业三大体系的建设目标为依据调整和配置资源，以所配置的资源为依据要求贡献水平(社会效益、经济效益和生态效益)，以贡献水平为依据确立报酬分配水平。资源配置是一个长期、动态的协调过程。与其他行业相比，林业资源的成长具有极大的周期性，所以其配置过程更应该具有长期的战略视野和分类经营的特殊技能。林业资源在产业设计层面可以区分为四类：林业可再生资源、林业不可再生资源、林业战略资源、林业特色资源。许多时候，林业资源是以资源组合的方式被用于产业运营之中的。

## 第一节　可再生资源

林业可再生资源是指可以循环地进行人工培育的资源(如人工林、人造绿地、人工饲养的森林动物、人工繁殖的食用/药用菌类等)，是林业产业化体系中的核心资源。另外，能适应循环经济的特征、从技术上可再生的资源也是可再生资源。

可再生资源的经营可衍生出系统复杂的产业链，由此引导出的能长短结合的多种林业经营业种成为务林人的经常收支路径。但经营可再生资源的重要基础是具有适度固定的森林和林地(其权属明确、法定经营地位明确)，且林业经营者精通该资源经营中的所有产业技术，市场具有相对稳定的容量(限量版)。

可再生资源的禀赋也具有基于森林和林地自然增长量的技术约束，具体地说就是,森林和林地的生物生长量受森林和林地自然生产力的约束,不可能无限增长;对技术经济投入遵循相对报酬递减规律,因此无法面对市场变化的无序竞争,因而激进创新也不能使可再生资源给务林人带来收益的增加。换句话说,市场经济中那只"看不见的手"对林业可再生资源的经营者而言,是一只真正意义上的"黑手",它给森林和林地资源的循环发展带来的只有创伤和负能量。基于规模经济的纸浆或木材加工大企业(或林业大户)经营方式,或多或少地给森林恢复和发展带来了硬伤[1]。这个结论已经被国内外众多的案例和长期的历史经验证实。

正因为林业可再生资源属于限量版的经营资源,所以其扩大收益的主要方向在于沉浸式体验营销(培养顾客忠诚)和参与式经营机制(产业公社等),借以抑制"市场失灵",大幅度降低市场交易成本,增加资本投入量,确保交易容量,提高附加价值。

## 第二节 不可再生资源

林业不可再生资源是指不能或难以进行人工培育的资源(如林地、珍稀濒危物种、天然林、天然泉水/地下水、自然景观等),是林业生态化体系的重要组成部分。另外,如果生态环境遭破坏而出现不可逆恶化,那么环境本身也就成了不可再生资源。不可再生资源越多,其资源内涵质量越好(群落越稳健),对当地生态系统的平衡作用和社会经济发展的促进作用越强。

因为不可再生,这种资源虽然是真正经济学意义上的稀缺资源,但更应该被理解为大自然恩赐的孤本,是自然瑰宝和遗产,也可以是与人类共生的历史文物,需要特别保护。还应该在将这种资源区划为公共产品和公共财产的基础上,严密细分出管理和利用权限,防止类似"公地灾难事件"的发生。

国家级自然保护区和森林公园属于国家级的林业不可再生资源管辖区。但对于务林人来说,他们可以享受林业公益功能附属的外部效益[2]。自然研学、森

---

[1] 以纸浆林基地为例,某浆纸业集团自1992年起以长江三角洲、珠江三角洲为投资重点,号称建立了具有世界领先水平的大型浆纸业企业以及大规模的现代化速生林区。但无论森林如何成长,都无法赶上该企业在中国市场的成长速度,其结果是消耗的森林产品量远大于速生丰产林基地的生长量,留下了巨大的森林资源赤字。

[2] 林业公益功能的外部效益,通常也被人们认定为"社会效益",但其实它的效益范围更加广泛,可以包含文化和经济意义。

林康养、森林文化旅游、自然保护区和森林公园的功能维护,都可能给务林人带来收益。当然,不可再生资源的过度保护或管理不善,也会给周边居民带来负面效益(例如虎类保护区、自然灾害指定保护区等会降低当地不动产的价值,给商圈经济带来冲击等等)。

若一味地将国家级自然保护区或森林公园交由第三方私营企业进行经营,则可能产生的结果有两种:一种是私有利益绑架了公益功能,使公共产品和公共财产的价值贬值;另一种是转移支付的必要额度经常被突破,公益功能的维护成本大幅度增加①。

因此,不可再生资源的经营和管理必须建立严格的法规、政策和制度,在公共预算中留足转移支付总量,通过补偿、保护、教育、管理规制等多项组合措施进行运营。

## 第三节 战 略 资 源

毫无疑问,林业战略资源的首要资源是林业的人力资源。具有生产力属性的林业种质(基因)资源是通称的林业战略资源。另外,林业技术和林业机械也是重要的林业战略资源。林业战略资源是林业区域经济发展战略的重要依据之一。关于战略资源,还可以有其他的分类方法。因为资源自身也存在发展变化的不同阶段,所以在实际的产业经营实践中,资源稀缺程度和文化价值评价是确定该项资源是否为战略资源的主要依据。

笔者在经营实务中通常把经营资源分为七大类:人力(human)、物资(material)、金融(finance)、时间(time)、信息(information)、关系(connection)、空间(space)。但就林业产业而言,人力、物资、金融、信息、空间资源是关乎产业发展生死攸关的生存因子型战略资源;时间和关系资源则是产业发展的生活条件型战略资源。

区域经济核心能力中的另一个重要因子是战略型资源。大部分产业设计必须围绕战略型资源进行。战略型资源的多寡,决定了区域经济当中资源配置的强弱。战略型资源包括自然资源、产业技术资源、重要专业市场和领军型人才,这些资源也是地方进行自主创新的核心资源。

---

① 此种类型的典型案例可以列举江西的大觉山风景名胜区和马头山自然保护区。

其实,空间资源之所以能被作为战略资源,是因为在有限的空间中,资源的分布能直接影响空间经济(包括区域经济和流域经济)的效率①。我国的森林分布极不均衡,这正好为我国林业产业的空间布局留下了足够的有效空间,更为产业设计提供了不可多得的实践机会。

让人不可思议的是,"关系"何以成为战略资源?笔者对关系资源进行定义时,使用了"关系是命运的排队,关系和文化是一对亲兄弟"的描述,指出关系的远近(或强弱)可以确定市场营销成本的大小或客户搜寻成本的大小或商务沟通成本的多寡。更进一步地讲,关系的远近强弱能支撑对其他战略资源的掌控程度(如垄断、寡占、分享权益比例等),进而取得不同程度的、相应的利益。在经营实例中,我们可以从社会资本、寻租、战略同盟、企业朋友圈等各种关系组合中看出端倪。笔者采用英文"connection"作为"关系"的对译,而非"relationship"或"linkage",即是想深刻描画"关系"作为资源的重要价值。

时间资源对于林业产业来说,是一个有价值的宝库。在时间维度上,林业产业是一个典型的长周期产业,从开始投入要素到收获目标林产品,需要经历漫长的时间(因林业生产力的技术约束而异)。其间,务林人的消费支出一刻也不能停止。"如何实现以短养长?如何在漫长的时间里贴现未来价值?如何防范长周期经营中的各种风险?",这些问题都与时间价值有关,它们都是时间的函数。务林人在进行林业经营决策时,会面临比其他产业的经营者更大的机会成本。因此,产业设计实践中,在针对时间这样的战略资源进行导向时,要有长远的战略眼光(远见)和以短养长的灵活经营技巧(以求连续生存发展)。

信息之所以成为林业的战略资源,是因为信息在经济运行中的有效性极为重要。经典的商学中不乏商流、物流、信息流的表述。且 21 世纪被人们称为信息时代,甚至人工智能时代也在眼前,基于大数据(信息)的各种 ICT(信息通信技术)系统已经渗透到人类社会生产生活的深层领域。信息资源成为战略资源,已是水到渠成。

## 第四节 特 色 资 源

林业特色资源通常都与特定的林业生态文化相关联,这种资源也具有可经营

---

① 空间经济学(Spatial Economics):是在区位论的基础上发展起来的多门学科的总称。它研究的是空间的经济现象和规律,研究生产要素的空间布局和经济活动的空间区位。

性。林业生态文化的特性使林业特色资源具有更高的附加价值(如药都与中草药、森林与古寺、保护区与自然公园、候鸟与湿地、经济林与现代生活、特用树种与生物能源等)。林业特色资源是林业产业(企业)进行特色经营(如林业生态村、观光林业、森林博物馆、林家乐、生物能源产业公社等)的主要资源载体。

世界各地林业特色资源的经营实践,创造了许多卓有成效的经典案例。20世纪中叶,日本曾经流行过的"农山村振兴"运动中就有"一村一品"的先例;熊本县这一发生过严重环境公害事件(水俣病)①的地区,也因森林覆盖率高和人力资源丰富而运用林业特色资源建成了史无前例的"临空产业"——日本硅谷(LSI制造基地)。这些案例说明,林业特色资源经过量身定做的特色经营,可以给务林人也给社会带来巨大的生态福利和经济福利。

又例如,江西已经成为林业资源大省②,其中的特色资源可圈可点。如何使林业资源大省演变成为高质量、可持续、韧性发展的林业经济大省,的确成了省内各个经济主体的共同课题。近年,在省内推进的以林业生态文化体系建设为中心的生态文明建设中涌现的许多优秀事例值得推广和总结。其中不乏当地"特色资源＋特色经营＝显著效益"的典型事例。嵌入式模块化设计,是由林业生态文化产业引导的基础建设模块和特色建设模块构成的。基础建设模块可解决共性的基本经营问题,特色建设模块则解决体现特色资源的价值创造属性、满足个性化的高度需求问题。

江西尚有的许多红色基因和工业遗迹区域也是林业发展的重要基地。革命老区(苏区)曾经为中国革命胜利作出了重大牺牲,其生态环境的修复需要经历漫长的岁月,水土保持林和环境保护林成为当地的特色资源;江西的多数"三线建设"③为社会主义和平建设事业立下了汗马功劳,其矿山开发和重工业转型后的遗迹区域,成为环境修复和工业博物馆风景林发展的重要基地,也是值得珍惜的特色资源。

从产业设计的立场思考,官产学研相结合,共同促进林业特色资源的有效利用、开展特色经营,是林业特色资源充分发挥经济效能、提高地域居民生态和经济福利的基本路径,应当加以大力推进。

---

① 八大环境公害事件:(1)富山事件(骨痛病):镉污染;(2)米糠事件:多氯联苯污染;(3)四日事件(哮喘病):$SO_2$、煤尘、重金属、粉尘污染;(4)水俣湾事件:甲基汞污染;(5)伦敦烟雾事件:烟尘及$SO_2$污染;(6)多诺拉烟雾事件:烟尘及$SO_2$污染;(7)洛杉矶光化学烟雾事件:光化学烟雾污染;(8)马斯河谷烟雾事件:烟尘及$SO_2$污染。

② 江西是南方重点集体林区,现有林地1.61亿亩,森林覆盖率达63.35%,全省2023年林业经济总产值已突破6 500亿元。

③ 20世纪60—70年代,中国以加强国防为中心的战略大后方建设,是国防建设和国家经济建设的重要组成部分。

# 第五章　技术路线设计

为了达到林业经济高质量、可持续、韧性发展的目标,通常有两条可供选择的路径:一条是与自然共生的发展路径;另一条是高技术利用型发展路径。

以自然流域生态循环为核心的群落演替,形成了流域的生态、经济、文化和社会发展特征,那就是人类的经济行为必须适应和遵循自然生态规律,达到与自然的和谐(共生),这就是第一条路径:与自然共生的可持续发展社会。这条路径的缺陷是自然生产力的增长经常滞后于人们对物质和精神文化需求的增长,因而人们祈求用技术创新来弥补自然生产力的不足。

以区域经济发展为核心的产业集群演替系统,形成了人类社会中区域间发展相互竞争的特征,那就是社会变革、人文及技术进步必然会指导(或诱导)利于竞争的区域产业集群的形成,从而迅速实现区域发展(竞争条件下的可持续发展),这就是第二条路径:高技术(包括高度文化)形成的可持续发展社会。这条路径的缺陷是人们以所谓的高技术运营经济,可能使人类面临大量的环境问题、能源问题,令许多自然资源不可再生,给人类社会带来不可持续发展的风险。

在林业经济发展的进程中,技术的种类、有效性,技术的选择和利用方法以及技术创新带来的发展动力,都使林业经济的发展方向和发展进程多姿多彩。所以,技术路线的设计没有简单的规则可循,但是可以用关联法、辩证统一的思维方法对技术体系进行整合设计。

## 第一节　核心技术的选择

任何产业中都有起骨干性作用的关键技术(核心技术),但是单一核心技术并不能形成产业的技术体系,而技术体系中如果缺少某一(或某些)核心技术环节,也不能使整个技术体系为产业提供完整的技术支撑。所以,产业中选择什么样的核心技术,是这个产业是否具有技术发展空间的一个重要前提。

核心技术的选择具有多种方法:

## 一、基本原理类似法

从在物理、化学、生物学或工程学原理上具有相似性的范围内进行选择,例如:林木育种当中的无性繁殖原理(体细胞克隆法、嫁接法、扦插法等)、基因育种原理(杂交育种法、转基因法、基因重组法等);营林措施中的人工促进天然更新原理(天然下种法、人工促进伐根天然更新法等)、人工改善物种竞争原理(修枝、砍杂、锄草、除灌等)、生态平衡原理(针阔叶混交林、防火林带、病虫害的生物防治等)。

## 二、集约经营法

从资源有效利用和规模经营的角度进行选择,例如矮林作业法(果树的密矮早栽培、樟叶矮林作业取叶制龙脑法等)、林间套种法(草灌乔复种模式、农林间作、猪沼果鱼模式等)。

## 三、市场关联法

在产品、价值、区域等方面具有集合效应的情况下进行选择,例如植物精油分馏提取技术(山苍子油、柏木油、桉叶油、香樟油等)、热压型人造板制造技术(刨花板、胶合板、纤维板等)、干馏及热解技术(竹炭竹醋、木炭木醋、活性炭、骨碳、贝炭、秸秆炭等生物炭)、纤维化技术(纸浆、纺织、纤维板、纤维炭等)、生物技术(育种、产品加工、生物能源等)、木质包装物制造技术(杨树单板包装材料技术、竹质包装材料技术、木材机械浆浆板纸包装物制造技术、藤质包装材料技术等)。

## 四、技术演进选择法

按照科学技术演进(进化、发展)规律的方向进行选择,例如超级活性炭制造技术[纳米级纤维状活性炭、高比表面积竹(木)焦油活性炭、高比表面积落叶松树皮焦油活性炭等]、经济林转基因育种/加工技术(木本油料转基因生产技术、木本中药材转基因生产技术、芳香树种转基因生产技术等)、野生动物驯化新技术(留鸟驯化繁殖技术、草食动物驯化繁殖技术、水生动物驯化繁殖技术等)、生态休闲景观培育技术(生态养生林培育技术、人工景观营造技术、休闲娱乐经营技术等)、生物能源利用技术（林产剩余物发电技术、森林地区光伏材料利用技术、生物能源树种的就地利用技术等）。

## 第二节　技术群的选择

核心技术要得到有效利用，就必然会诱导产生一个相互关联和补充的技术群。这里所说的技术群是指由相互关联的复数技术构成的技术体系，其目标是共同支撑某个具有经济发展意义的产业。在一个技术群中，各个单项技术与核心技术之间具有不同的有机联系。这些联系包括：配套技术、下游产品直接利用技术、包装服务技术、原料供应技术、资源培育技术、控制技术、产品设计及检测技术、营销演示技术等等。以超级活性炭制造技术为例，在超级活性炭制造技术群中，超级电容器材料制造技术（直接利用超级活性炭）、超级电容器制造技术（下游产品直接利用）、活性炭生产原料技术（原料供应）、超级活性炭质量控制技术（产品质量控制）、超级活性炭及超级电容器的包装、物流技术（营销服务）等，都是超级活性炭产业发展中不可缺少的技术要素。

任何一种产业都需要与之相适应的技术群进行支撑，且该技术群自身还需要不断更新知识和数据版本以适应自我反馈调解。

技术群的选择应当遵循以下原则：

### 一、系统性原则

核心技术和配套技术之间具有互补或加成作用，例如，甲壳素新材料产业中，生物酶降解技术与麻蝇的养殖技术就是资源利用的系统性技术整合（农民养殖麻蝇可以得到甲壳素和昆虫蛋白粉两样产品的收益，大大减低了经营风险）；造纸产业中，竹浆造纸技术与竹浆木质素提取香兰素技术形成互补性强的技术体系；农田防护林技术与林药（经济林与中草药）种植技术组合、速生丰产林培育技术与单板（或木质纤维材料）包装技术组合，也是系统加成式技术体系的典型代表。

### 二、前瞻性（先进性）原则

在产业运营的 5 至 10 年内，即便核心技术和配套技术出现中等程度的技术创新，也依然能进行正常技术支撑，例如：生物能源产业中，能源树种的培育技术

与林区新能源利用技术,既是今后能源产业技术发展的方向之一,也是新农村(林区)建设的基本需求之一;以生物固碳和工业固碳技术协调发展的能源备灾产业体系更是林业产业韧性发展中须臾不可缺少的常规领域;大纤维一体化统合技术(将人造板、造纸、纺织等产业需要的纤维化工程集中进行的技术体系)是今后解决环保问题、产业转移问题、资源供应问题的重要钥匙。

### 三、留有余地原则

所选择的技术群在未来的产业变化中能顺利地适应多角化经营或产业技术升级,这样就有可能在发展要素(产业资源、技术、经济机制、市场)出现变动的时候,有适应变化的余地,使产业经营处于稳定、有利的地位。例如林化产品生产中应当为下游产品的生产制造留有发展空间,木质活性炭制造工艺中也应当为高端活性炭(如碱活化法制备高比表面积活性炭等)制造留有安装新装置的空间,经济林基地建设中应当为将来的观光林业留有参观路线和产品现场利用的空间。

### 四、适用性原则

所选技术群的普及和应用能够适用于技术人员(或经营主体)或区域条件的能力范围,这里有两个层面:一是技术对技术人员(包括林农、企业等经营主体)的适用性,二是技术对所在区域(生产地区或市场地区)自然经济条件(有时候也涉及社会文化基础)的适用性。例如,在林区大量使用卫星定位技术进行野生动物的保护(追踪),目前就不适用于现场的技术人员或林区条件;一种原生态竹家具的制造技术群,如果采取公司总体控制加农户分别加工(零部件分散制造、质量统一检测)的经营方式,也许既适合林农,也适合竹林地区。

### 五、可控制性原则

核心技术与配套技术之间应当能够进行数量和质量(包括结构)上的必要调整,这是因为技术要素自身也具有新陈代谢和不断变化的客观规律。例如,中(高)密度纤维板制造技术中的制胶技术和原料供应技术都是配套技术,但是胶黏剂制造技术的创新必然会引起纤维板制造技术的变化,原料供应技术的创新则能影响纤维板产业技术的发展方向(如日本通过由政府补贴废纸利用、补贴废纤维再利用的方式,使日本纤维板的制造成本剧减,从而大量减少了纤维板的进口数量)。

## 第三节 技术创新方向的选择

产业设计总是与产业的可持续发展和企业核心能力的成长联系在一起。在经济学理论中,产业的可持续发展经常会被诱导到发展经济学中进行区域或者经济成长的描述,资本、劳动、技术、设备等要素禀赋对其起重要作用。但是,在产业设计中对可持续发展进行论述时,更多关注的是资源、技术、经济机制和市场要素的发展变化,通过对这四大要素的综合协调,来完成产业的计划、组织、领导、控制和协调。产业设计中的创新也严格地遵循资源创新、技术创新、经济机制创新和市场开拓四个方面进行。企业核心能力是企业可持续创新能力的转义,是企业的文化、市场开拓、人力资源成长、知识产权增长等方面的不可被复制的能力的总和。企业的核心能力在于企业经营的持续创新(主要包括技术创新、组织制度创新、市场开拓等方面)。

就技术创新而言,在适宜的经济机制下,技术创新成果的利用能改善资源的配置效果(提高生产率、提高资源总量或提高资源的利用效率),促进市场消费的持续化和合理化。

技术创新的内容包括以下方面:工艺创新、新产品开发、新生产制度的设立、新市场开拓。

### 一、工艺创新

工艺创新主要关联产品的成本,是规模经济的主要着眼点,是产品市场价格竞争的主要武器,因为工艺创新最主要的成果就是成本节约(资源节约型或者资源增效型)。

### 二、新产品开发

新产品开发主要关联产品的新效应,引起市场的"结构性革命",因为新产品(相当于新生事物的出现)中总是潜藏着新的文化生机和对旧产品的重新审视,最终其成为人们在新的生产或生活中的参照物。新产品开发的创新意义是直接导致产业革命,因为一个具有生命力的新产品就是技术进步的一次质的飞跃(不管这个新产品在诞生的初期有没有被认可或有没有市场)。基于基础研究形成的新产品更具有经济上(或军事上)的威慑力。

## 三、新生产制度的设立

新生产制度的设立主要关联技术的合理性和生产组织的完整性,因为基于技术合理性而建成的新生产制度不仅是生产力顺利实现的依据,也是生产关系(经济机制)形成的实践基础。

## 四、新市场开拓

新市场开拓主要关联价值实现,因为技术创新的所有成果、生产过程的所有成果以及经营过程形成的所有无形资产价值,都必须通过市场才能得到实现。所以,技术创新成果的市场开拓,是一个文化与经营活动的联动,是产业和企业在进行技术选择活动时必须参照的一个经营平台。

但是,技术创新依然受产业发展的资源特性、经济机制和市场发育状况的制约。尤其是当一个地区的战略性资源在新的经济机制和市场诱导下处于创新阶段时,技术创新也必然要与此相适应,受市场牵引或受经济机制推动,促进资源开发型技术创新。一般而言,如果计划经济机制下的重要稀缺资源的市场需求旺盛,则通常大中型企业会对其进行资源增效型和规模化生产型技术创新,中小企业也会相应地进行各种辅助型技术创新,从而导致全产业创新文化的活跃;而在市场(竞争)经济下的资源稀缺型技术创新中,中小企业通常是依赖大中型企业或大学及研究机构的技术开发来实施产业化,因为中小企业无法在这样的大竞争中付出巨大的沉没成本并期待在竞争中营利。也就是说,大企业在市场经济的技术创新中具有先天的优势。但大企业在填补巨大沉没成本(sunk cost)时需要动用"规模经济"的有效杠杆,才能在比较长的时期中收回投资进入良性循环。所以,当创新完成后,中小企业如遇可以模仿技术创新的时机,也会进行技术改善,生产出比大企业成本更便宜的产品(或服务)。这种状况会加速技术开发到实用化的进程,进而加速技术创新的进程(乃至技术陈腐化的进程)。模仿越多,技术陈腐化导致的社会沉没成本越高,给社会的福利就越少。从这种意义上看,基于互助合作方式的计划性研究开发方式比基于市场竞争的自由研究开发方式要节省资源,并能通过合作有效的资源开发利用方式,使社会平均化,加快产业化实现进程。以现代林业为例,木材剩余物综合利用就是一个需要全面计划、官产学研相结合的创新领域;而木本油料生产技术创新则更依赖遗传育种改良和资源利用技术的双重创新,因为林业经营的长短结合和经济收益的动态调整会出现周期冗长的局面。这样的局面中,小企业是不太具备可对应的条件的,计划经济体制和互助合作化体制则相对有利。

## 第四节　流域产业设计的技术范式选择

以空间经济学为学术背景对流域经济进行限定性研究时,依然可以确定流域的物质基础决定流域社会的上层建筑(包括社会发展、产业经济和文化传承)。这里的流域,泛指具有人类生态体系的流域结构。流域范围内的生态体系中,物质和能量循环遵循着物质不灭和能量守恒的规律。人们遵循流域的物质运动规律,从物质运动中取得人类所需的物质生活和精神生活材料的手段(及方法)就是技术。技术是可以创造价值的手段,但技术投入后的产出,遵循边际效用递减法则[①]。

流域社会发展中,人、水、自然生态之间的关系紧密且微妙。为了研究的便利,笔者先作如下三个假说。

假说一:流域中分别存在水系经济圈和火系经济圈。水系经济圈包含着种植、养殖、涉水服务、采掘等日常生产生活领域,水动力机械和水力发电属于其中的特殊类型,其技术特性总是与水有某些关联;火系经济圈则包含着冶炼、烧炭、化工、工业发酵、食品加工等大部分生产生活领域,其技术特性总是与火有某些关联。一般而言,水系经济圈在技术层面紧密依赖当地的水资源,人们约定俗成地享受着自然资源的恩赐,过着相对低碳和守成的生活;火系经济圈在技术层面紧密依赖各种能源,人们维持着高消耗和高成本的生活方式。

假说二:将流域设定为一个以分水岭为界限的闭合型经济圈,流域中的资源增长、技术选择、产业孕育、市场形成与漂移遵循着流域演替背景下的空间经济学规律。其资源价值总量和市场价值总量之间存在着动态守恒规律。在这个规律之下,经营资源(包括要素)的流动总会沿着流域的中央线回归空间,即所谓的"区位黏性",换言之,它有强烈的路径依赖倾向。也就是说,在流域的闭合型经济圈没有被外来政策干预和市场干预的情况下,流域产业和经济会经常处于一种"稳

---

① 边际效用递减法则(The law of diminishing marginal utility,也称边际效益递减法则、边际贡献递减),边际效用递减是经济学的一个基本概念,是指在一个以资源作为投入的企业,单位资源投入对产品产出的效用是不断递减的,换句话,就是虽然其产出总量是递增的,但是其二阶导数为负,使得其增长速度不断变慢,最终趋于峰值,并有可能衰退,即可变要素的边际产量会递减。

态";倘若受到政府的强力干预或受到外来市场的剧烈冲击,流域闭合经济圈的动态平衡将被打破;在市场失灵或政府失灵或两者均失灵时,流域闭合经济圈的动态守恒将被打破。此时,本经济圈的平均经济福利将严重受损,且一旦受损便不可逆(即便取消影响要素,也很难立即做出恢复响应),生态环境条件也会急剧恶化。

假说三:在闭合的流域中,存在着与之相适应的流域价值链、流域供应链和流域产业链,流域的商流、物流、信息流具有流域回归的基本特性。激进的创新方式会极大地损害流域经济的自然进程,因此,流域技术群范式的选定应当遵循流域环境的客观规律——循序渐进。

根据以上假说,流域内的经济主体理当"道法自然"地适应流域的生产和生活方式,选择合适的技术群范式,用该流域可持续的自然资源和技术体系对产业链进行运营(属于水系经济圈的采用涉水范式技术,属于火系经济圈的则采用火系范式技术)。流域的经营创新,应选择相应的教育/文化培训体系、技术普及体系,并倡导适合流域上下游协调发展的经济伦理。

此外,应考虑交通及通信体系对流域社会和经济发展的影响,因为交通和通信体系直接关联着流域产业的物流、商流、信息流。交通和通信体系也是与区域经济紧密联系的枢纽和网络,承载着商品、要素和资源的价值连锁,其发达程度能给流域经济带来重大影响。故此,在林业经济的产业设计中,要将流域分成不同功能的经济单元,在判断单元渐变(量变)或质变的基础上,分类经营、灵活施策。

在承载着不同功能(如生态平衡功能、水源涵养功能、水利调节功能等)的流域经济单元下,还可以建立各种各具特色但有机联系的亚单元。单元和亚单元中一直在发生着文化演替,呈现着五彩斑斓的景象:流域居住群落的历史文化积淀;流域聚居文化对流域产业的掣肘;流域产业范式对技术群范式的引领;流域文化对技术群范式的引领;技术群范式、产业群范式、流域文化对市场设定的影响;(农林业污染物)面源扩散、流域扩散的自发性遏制;流域内资源与市场价值的循环和动态守恒;流域间交流以及流域镶嵌式交流等。其主旨是要让流域的各单元和亚单元都成为有机联系的协同发展体。

通过进一步探索分析,我们可以发现,流域技术群范式选择与流域经营资源消长具有紧密依存的关系。在产业设计中,资源消长与技术群范式选择一直是首要的选择指标,因为"技术的终极目标是合理有效利用资源,以达成资源的可持续发展";产业设计的另一个宗旨是对流域进行经营,以实现流域经济的空间均衡①。实现均衡所需要的基本假设条件为资源可持续、技术体系可持续、经济机制可持续、市场需求可持续,它所包含的变量和层次分级(递进)因素为:时间、地理空间、种群、社区、市场、文化、信息、交通、市场。这些变量和因素价值守恒(总价值增长)。

仿照造林经营中的"因地制宜,适地适树"②原则,林业的流域经营也可以采用"因流域制宜,循单元经营"的技术群范式选择方法。

---

① 空间均衡:笔者在此倡导的是流域地区的一般均衡,可参照经济学中的"局部均衡"。
② 强调满足植物的生态要求,使所种植树木的生态习性和栽植地点的生态条件基本上能够得到统一,为树木正常生长创造适合的生态条件。

# 第六章　产业路线设计

产业发展方向的选择是产业路线设计的重要内容。产业结构、产业规模、产业质量(可持续性特性)、产业文化、产业效益和产业需求,是产业路线设计的主要组合选择因子(产业要素)。经济学理论中的比较优势理论在经济运营实务中的具体选择,就是依靠产业路线设计来进行的。换句话说,产业路线设计还有一个重要任务,就是充分发挥产业要素的比较优势,并将其有机结合以形成具有比较优势的产业。据此,笔者设定了"六大产业要素矩阵",以便在产业设计实践中有既定的量表可依。

六大产业要素的基本内涵如下:

## 一、产业结构

产业结构是指经营资源(人力、金融、物资、信息、时间、关系、空间)在产业运营中所使用的比例(动态性结构比例)。虽然经营资源之间有一定的替代可能性,但是经营资源的缺位可能导致产业结构的重组(或针对某一缺位资源的技术创新)。

## 二、产业规模

产业规模是指产业中经营资源运用的数量关系和产品生产与消费的数量关系,规模越大意味着数量越多。产业规模包括技术规模、价值规模、资源规模和市场规模,也涉及产业运营的时空概念,即产业运营在某一时空中的密度(或频度)。产业规模越大,所涉及的密度(或频度)就越大。

## 三、产业质量

产业质量是指产业成长的可持续性特性,即产业形成、发展、稳定与衰退的生命过程特性。产业的生命周期不仅对产业成长当代的社会经济文化具有重要影响,也对产业未来继代的社会经济文化产生影响。前一代产业衰退后依然会对后一代产业的形成具有文化烙印,并从资源配置和市场选择等多个方面形成不可逆积累。

## 四、产业文化

产业文化是指产业运营中形成的制度文化、管理文化、经营哲学以及产业人口对产业运营的选择态度等社会意识范畴。产业文化是产业附加价值形成的基本依据,文化认同越深刻,这种文化篆刻所拥有的附加价值就越大,人们对该产业的追随也就越深入。

## 五、产业效益

产业效益是指产业对社会经济文化贡献的结果是如何影响产业人口福利、经营资源再生以及环境改善程度的。产业效益的衡量基准是社会经济文化效益、生态效益和环境效益的总和。产业与人类的和谐、产业与自然的和谐、产业与产业间的和谐,应成为产业效益的和谐标准体系。

## 六、产业需求

产业需求是国民经济和社会发展中商品交换总需求的具现,包括生活(消费)资料需求、生产资料(中间产品)需求、服务需求(含设备生产线维护保障)、环境(保护)需求,以及附随的需求频度、需求密度(加权计量需求)。产业需求也涉及时间、空间和资源成长度,具有多变量和多层次的技术递进关系。发现和创造需求,是林业经济发展的必要方向,但过度消耗产业资源的需求应加以遏制。

为了表达上述六大产业要素的逻辑关系,笔者将其列为"产业要素组合表"(见表6-1),这是一个典型的矩阵(matrics)结构。

表6-1 产业要素组合表

| 序号 | 组合 | | | | | |
|---|---|---|---|---|---|---|
| | 产业结构 | 产业规模 | 产业质量 | 产业文化 | 产业效益 | 产业需求 |
| 1 | 人力资源密集型 | 资源数量规模 | 形成时期 | 制度文化 | 人口福利 | 消费资料需求 |
| 2 | 金融密集型 | 资本投入规模 | 发展时期 | 管理文化 | 经营资源再生 | 生产资料需求 |
| 3 | 高装备率型 | 技术设备规模 | 稳定时期 | 经营哲学 | 环境贡献 | 服务需求 |
| 4 | 信息依存型 | 市场规模 | 衰退时期 | 大众化趋势 | 文化融合 | 需求频度 |
| 5 | 区位依存型 | 交通规模 | 融合时期 | 个性化趋势 | 产业融合 | 需求密度 |
| 6 | 自然资源依存型 | 价值规模 | 调整时期 | 和谐化趋势 | 知识集成 | 环境需求 |

在表 6-1 中,"组合"表示诸产业要素的排列(随机),属于主变量(一级变量);"序号"则表示各产业要素在产业发展中的进阶(顺序),属于各产业要素下的子变量(二级变量),具有沿时间轴从初期到未来(或从低级到高级)的演化特性。该矩阵中的各变量特征值,是产业设计研究和实践中必须加以写实的关键词。

以"产业质量"要素沿时间轴的演化为例,如图 6-1 所示,横轴表示时间轴,纵轴则显示产业质量的阈值。前期,时间轴上的子变量(自变量)形成进阶,产业质量阈值(纵轴)则呈正态演化趋势,但从衰退期开始出现两个发展方向:一个向高质量加速发展(曲线的实线);另一个向消亡发展(曲线的虚线)。产业质量的子变量之所以形成沿时间轴的进阶,是因为产业要素之间其实是互为变量(背景)的嵌合型复合函数,具有复杂的解,且都具有从低级到高级的组合进阶。即便在同一进阶,其特征值之间也具有复杂的因果关系,彼此相互影响。例如,进阶 4:在产业结构特征为"信息依存型"时,产业质量显示的却是"衰退时期",这可能是因为产业规模越大、需求频度越高,人们对信息不对称的认识越深,加之"大众化趋势"产业文化的流行,导致产业质量理念弱化,因而产业质量由稳定走向衰退。关于其他进阶的演化机理解说,因篇幅所限,恕不赘述。

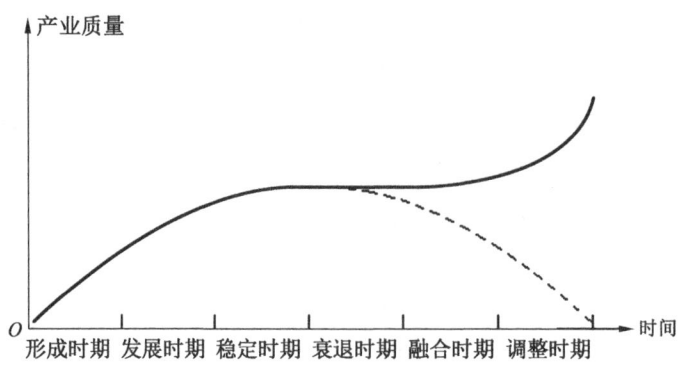

**图 6-1　产业质量演化曲线**

产业要素组合之间的关系,是产业路线设计中须臾不可忽视的原理遵循。如图 6-2 所示,产业路线设计的最终成果是要产出最大的产业效益(结果评价),其路径的选择要综合对产业结构、产业质量、产业规模和产业文化的复杂考量(过程评价),还要和与其间接相关的支路线(如产业需求直连产业规模)契合前行。因此,作为前置条件,产业设计师必须熟知产业要素组合的主变量和子变量的逻辑关系、指标体系和评价要点。

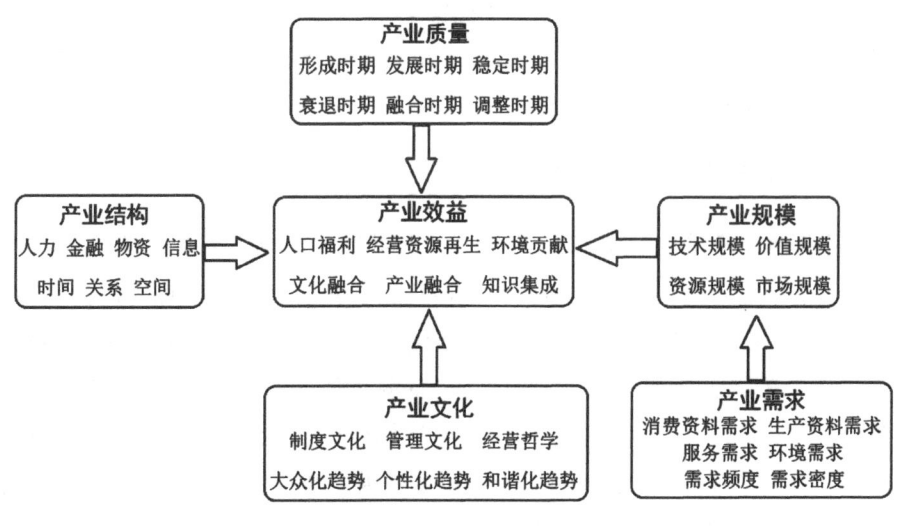

图 6-2　产业要素组合关系图

# 第一节　核心产业的选择

由核心技术及与其有机联系的配套技术组成的技术群,可以支撑或诱导形成一个核心产业。核心产业是否具有先进性在很大程度上取决于该核心技术及技术群的创新性和先进性,及其在产业文化选择上是否能代表先进文化的前进方向。

## 一、核心产业的结构选择

其根据经营资源的多寡程度和可持续协调发展的原则进行选择。结构组合因子之间也具有某种程度的替代关系,但这种替代关系的选择程度取决于产业规模对结构的要求。另外,结构组合因子中具有可逆积累和不可逆积累特性的两类因子,在经营资源成长中的路径是有差异的。例如:人力资源——知识和技能的积累具有不可逆性,薪酬与效率之间具有僵直性;信息资源——不对称性和有用信息的时效性,导致知识和技能具有增值和贬值的两面性;关系资源——竞争与合作都与关系相连,既有物质利益决定关系又有文化决定关系;时间资源——自然循环的重要特性,时间就是资本,时间也是环境。从积累的角度看,核心产业的结构选择就是将具有可逆积累特性的金融、装备、自然资源与具有不可逆积累特性的知识技术、信息、关系、时间结合,生产出具有综合效益的社会产品和服务,进而实现经营资源的更新。

## 二、核心产业的规模选择

其根据社会经济文化需求的适度要求和可持续协调发展的原则进行选择。在产业经济中,生产资料的需求是产业自身发展的需求,但同时也可以拉动消费需求。所以,在战略型生产资料方面留有储备,其实是拉动消费、扩大内需的基本方法。集信息资源、关系资源、空间(区位)资源之强,推动技术(人力)资源、金融资源与生产装备结合,驱动生产与消费,并着力改善生产环境和消费环境,是扩大核心产业规模的有效途径。适度需求是适度规模的基本依据,但是"适度"自身就是一个"具有弹性的变化范围"。因此,产业规模选择还应该依据产业中主要经营资源的特性和社会经济的发展阶段来确定,即原则上在战略型资源相对丰富且社会经济发展处于较高阶段时选择"弹性变化范围"的高端,而在战略型资源相对不足且社会经济发展处于较低阶段时选择"弹性变化范围"的低端。另外,内需与外需的协调,也是产业规模选择的重要因素。国际经济学中的比较优势理论就有力地支持那些劳动生产率相对较高、具有比较优势的产业部门扩大规模,以满足国际分工和外需的要求;而当国际局势动荡或创新文化繁荣、国内民生需求旺盛时,则支持那些具有传统影响的产业部门扩大规模,以稳定局势并满足内需。

## 三、核心产业的质量选择

根据产业的可持续特性和产业自身的生命周期规律,选择核心产业的切入时机和经营周期。核心产业的孕育过程总是伴随着"市场拉动"或"科学技术推动"的动力学机制,而核心产业是否能正式登场则取决于核心技术所关联的技术群是否能可持续地支撑该产业。核心产业的生命周期一般要经过(孕育)形成、发展、稳定、衰退、融合、调整等各个阶段(虽然阶段划分的界限并不明显),且各阶段所展现的生命力有差异。因此,从发展经济学的角度看,缩短核心产业的孕育发展期、延长稳定期、阻延衰退期,最终积极融合调整,是产业设计中需要确定的发展方向。需要注意的是,技术群的创新过程与产业成长的过程具有方向上的一致性。但到产业衰退期,单纯技术创新或许能阻延进入衰退期的进程,而并不能改变产业生命周期的进程方向。产业发展过程中伴随着文化的发展,文化变革的结果会导致产业内或产业间的文化融合,而文化融合必然导致技术融合,继而技术融合诱导产业融合,使核心产业发生变容。

### 四、核心产业的文化选择

根据产业地区的文化教育水平和产业人口的实际情况,选择产业的制度文化、管理文化、经营哲学。制度文化制约产业文化发展的格局,管理文化左右产业文化的成效,经营哲学则协调产业内外的各种价值关系。历史、政治、宗教、法律体系、自然地理、技术进步等都会对产业文化的选择产生影响。文化传播与教育推展方式也是产业文化选择中不可忽视的因素。区域性产业特色其实在大部分情况下是由区域性文化特色诱导形成的。经济的三大主体(政府、企业、家计)也是区域文化承载的主体,所以核心产业文化亦受区域性文化特色左右。核心产业文化与区域产业人口的文化共鸣,可以产生更高的产业附加价值,而这种附加价值能进一步推进产业文化的传播(如广岛地区的马自达汽车产业文化与广岛的区域文化所形成的休戚与共的关系、景德镇地区的陶瓷产业文化与景德镇的历史文化所形成的不可分割的关系等就是例证)。文化趋势(大众化、个性化、和谐化)对消费行为方式具有深刻影响,由此导致产业市场的细分,进而影响管理文化的多样化,使生产者和消费者的哲学思维之间建立起连接的纽带。

### 五、核心产业的效益选择

根据可持续发展的基本原理,对产业发展的目标方向(效益)进行选择。产业效益通常用人口福利、经营资源再生、环境贡献、文化融合、产业融合、知识集成的集合来描述。核心产业的目标不是单纯对自然索取而形成的社会效益、经济效益、生态效益,更多的是关注人类产业对自然回报而形成的环境贡献、经营资源再生,并在产业发展中超越文化壁垒,使产业人口自身的精神文化达到更高的境界。

### 六、核心产业的需求选择

需求(demand)一直是经济学研究的起点,但核心产业的需求从广义上讲包括两大部分:一部分是自身生存和发展的需求[包括经营者或劳动者的生活或消费资料需求、企业的生产资料或中间产品需求、服务需求(含设备生产线维护保障)、环境(保护)需求];另一部分就是市场和社会对企业产品或服务的需求,也即企业对市场和社会产生的价值源泉需求。市场和社会对核心产业企业价值的需求频度、需求密度越大,说明核心产业的需求越旺盛,其发展动力越强劲,核心产业及其产业群的综合发展前景越好。

## 第二节 产业群的选择

具有战略意义的核心产业可以支撑或诱导产生一个具有有机联系的产业群,这是因为核心产业并不能长久地、可持续地单独生存。核心产业的产业人口需要良好的生活服务、安全服务、教育服务,由此衍生出该核心产业的劳动服务产业、安全教育培训产业、社区服务产业;核心产业的原材料需要专业化供应,产品需要流通,由此衍生出该核心产业的原材料和产品的物流供应和营销产业;核心产业的产品需要包装和外观设计,需要广告及媒体宣传,由此衍生出该核心产业的包装设计及广告产业;技术供应、原材料供应、关键部件供应、管理咨询系统、金融服务、交通运输服务、通信服务等核心产业所依存的基础条件,通过专业化整合,都可以演变成为相对完整的与核心产业相匹配的产业。产业群的选择可依据以下原则进行:前方统合原则、后方统合原则、战略装配原则、区域整合原则、动态平衡原则、知识文化集成原则、容让多样化原则。

### 一、前方统合原则

产业群是一个动态循环的集合体,物流、商流、信息流是其可见的三大流动主体。在这些流动主体的流动方向上,我们可以划分出产业群流动的前方和后方。所谓前方,就是位于核心产业流动方向下游(前进方向)的产业领域,这些产业领域一般更多地紧邻市场或紧邻消费利用领域,其附加价值的实现比核心产业自身更为容易。所以,前方统合有利于核心产业在更高的层次上建立抗风险机制,降低产业间的交易成本,提高核心产业的竞争力。例如木材制材产业作为核心产业与家具制造业、家具设计及家具零售业的统合,就是前方统合。另一个例子是木材纸浆产业,其作为核心产业可以将下游的包装产业、废纸利用产业(废纸制造中密度纤维板等)、活性炭制造业、纤维利用产业等纳入产业群中。核心产业向前方统合得越紧密,其经济收益率越高(越合理),因为产业群的终极前线(前方)就是产品终极市场——商业服务业,能最终实现产业的附加价值,并拥有最大的利润空间。从经济学的意义上说,前方统合实际上是产业结构在一级市场方向上的统合。

## 二、后方统合原则

承前所述,所谓后方,就是位于核心产业流动方向上游(背景层面)的产业领域,这些产业领域一般紧邻自然资源或紧邻未整合的产业经营资源(人力、物力、财力、时间、空间等),其附加价值较低或附加价值实现的路径比较曲折。但是后方(背景)产业的振兴能为产业群带来更多的生态效益,所以通过后方统合,可以将核心产业前方的经济效益直接转达至后方产业当中,扶持生态效益的增长,从而使产业群的生态效益和经济效益得到协调,最终提高社会效益。例如以家具制造业作为核心产业的后方统合,可以将木材制材、用材林培育、种苗培育、林副产品综合利用等产业纳入产业群中,这样既可以稳定原材料成本,又可以保障森林生态系统的健全,提高生态效益。而从学术上看,后方统合则相当于经济学上的产业结构在二级市场方向上的统合。

## 三、战略装配原则

从比较优势的经济学原理出发,对产业群进行战略性装配,是一种有效的方法。从无到有、从小到大、从粗陋到精良,服从建立比较优势的需要,都可以进行战略性装配。例如甲壳素新材料产业群就可以通过战略装配来实现,首先确定原材料产业(在传统主要用水产虾、蟹壳为原料的途径中增加稻田养小龙虾的途径,同时增加广泛饲养麻蝇的途径,使中国的甲壳素产业有别于欧美及日韩的产业模式),然后大力发展生产制造中间体的产业(用高度生物技术生产竞争性强的壳聚糖、壳寡糖、多肽蛋白质、食用明胶等多种医药、食品及工业中间体),加大前方产业的产出力度(进行有效的前方统合,建立完整的产业群),使中国的甲壳素新材料成为中国的战略储备资源,并在世界上拥有最大的比较优势。又例如平原林业或城市林业也可以通过战略装配的思路实现平原林业产业群或城市林业产业群的效益最大化。平原林业——以速生防护林树种为主的地区,可以在林间间种艾草、紫苏、薄荷等草本植物(可作为食品和中药品的原料)满足短期收益需求,开展木质单板包装材料的制造生产,建立平原特色的森林旅游产业,这样可以使平原林业产业群实现长短收益结合、产业优势互补。城市林业——以经济林和园林苗木为主的地区,可以结合近郊的矮林(如矮叶樟、果树矮林)经营作业,建立林业观光园和森林作业体验区(手工制作、林家乐、森林动物领养)等,用体验经济的实践方法提高产业群的综合效益。战略装配原则的规划方法有三种:基础模块法、

DIY模块法、特色模块法。基础模块法就是把核心产业作为基础模块进行定位,是产业群选择的必备基础;DIY模块法是根据经济规划区域的现有产业进行组合选择,确定将其作为群内产业结构内容的产业选择方法;特色模块法是将经济规划区域内的特色产业经过谨慎选择,作为群内特色结构的产业选择方法。例如林业的"三大体系(林业产业体系、林业生态体系、生态文化体系)建设"可以转用林业的"三大产业群"来表述:林业资源产业群、林业生态产业群、生态文化产业群。资源产业是基础模块,生态产业是DIY模块,而生态文化产业则是特色模块。

### 四、区域整合原则

在同一区域内把产业群按照技术路线、市场合理性、区域特性进行统合,就是区域整合原则。例如江西省内的陶瓷产业是一个大的产业群,在这个群中有景德镇陶瓷产业群和吉州古窑陶瓷产业群,而林业则是跟陶瓷产业群相关的产业群。从江西陶瓷的比较优势出发,如果整合吉州古窑陶瓷产业群,则江西林业产业群中要提供大量的马尾松枝条作燃料,而林业从资源的创新特点出发,会采取培育湿地松林的方法来满足这一需求。如果吉州古窑陶瓷产业也在包装材料上进行创新(例如改用木质包装材料可以大大提高附加价值),则湿地松木材是理想的首选。因此,其林业产业群中可以增加森林培育产业和木材制材加工产业,成为江西陶瓷产业群的有力互补者。

### 五、动态平衡原则

由于产业内部的经营资源要素之间存在着不均匀性,因此产业内的要素发展不均衡;由于群内产业间存在着发展环境、发展过程的不均匀性,产业间的发展速度和规模因此产生差异而导致失衡。在处理这样的动态发展不平衡问题时,找到动态平衡的修正方法是十分重要的。以下修正方法可以作为动态平衡原则的参考内容:多路径选择法(预先选择多条平行路径,当一种产业处于不平衡地位时,用平行前进的另一种产业做替代);技术修正法(通过技术修正使不平衡的产业内或产业间关系得到调整,使产业群要素达到新的平衡);市场修正法(通过市场营销组合的变化来调整群内的不平衡波动);规模调整法(通过调整产业群的总体发展规模来控制群内要素发展或产业发展的不平衡)等。作为调节产业群持续发展的基本手段,动态平衡修正方法的使用幅度是有限的,过度使用会导致群内更大的产业间失衡。但是从哲学原理上看,群和群之间、群内产业之间、产业内部各要素之间的运动是绝对的,静止是相对的——经常处于失衡和平衡之间。人类在很大程度上对这种自然或产业失衡规律缺乏正确的认识(或者尚缺乏全面认识),所以,只有在人类的科学技术知识能全面理性地认识自然及产业规律之后,人类才有可能用正确的方法调整或控制失衡或保持相对平衡。探索和创新是人类认识自然和产业失衡规律的重要步骤,但是探索和创新的结果被急于求成地用于对自然的索取和产业运营的调整,依然是风险与机遇各半的选择。以生物工程为例,生物技术可以诱导产生不同的核心技术,进而诱导产生不同的核心产业和产业群——生物医药、现代农业、现代酿造业、生物化学工程等现代产业群。但是,现代酿造业(例如用工程菌实现的维生素、胡萝卜素、工业乙醇等产业)可能导致其与现代农业(如有机栽培、优良粮食品种栽培)之间的矛盾,即现代农业的市场被剥夺(或限制)、农业人口的收益水平下降导致农业生态失调;生物医药和生物化学工程产业群的发达,也会诱致其与传统中医药、传统化工工程产业群之间的不平衡,其结果可能是传统中医药市场的衰退或传统化工工程产业的震荡。因此,产业群选择中的动态平衡原则的最高宗旨,就是要在突飞猛进、日新月异的科学技术发展和社会创新热潮运动之中,找到能循序渐进、持续稳定地推动产业前进的平衡术并加以运用。

## 六、知识文化集成原则

按照产业人口的知识文化结构特征进行分类,使产业群具有最佳知识文化集合的选择方法。人类的整个知识文化是沿着时间、地域空间、人类阶层等多个维度发展而成的集合体,人类知识文化的发展主宰着人类产业的发展,人类知识文化的细分也就决定着产业的分化(细分)。产业人口个体的知识文化能力是十分有限的,即便是优秀的科学家或企业家,其知识文化和技术能力也具有局限性,所以"集成"——相当于精密整合达到有机联系——是产业运营的根本要诀。人类文化的差异化导致教育的差异化、知识的差异化、能力结构的差异化,甚至也导致行为方式、生活方式、价值观念的差异化。从这种意义上讲,即便是相同种类的产业,在不同的文化背景下,其运营方式也是大相径庭的。也就是说,同样称为"现代产业"的东西,它们所包含的现代知识文化内涵也是有差异的。知识文化集成原则可以细分为以下四部分:民族特色集成、区域特色集成、产业特色集成、历史特色集成。

## 七、容让多样化原则

承前所述,因为产业发展运营中存在的动态的不确定性给产业群的稳定持续发展带来了风险,所以,为了锁定和化解由于失衡伴随的风险,需要从多个角度设定修正失衡的替补机制——预先容许产业群结合的多样化选择。以纤维板产业为例,在建产业群的过程中可以预置多项选择:与其他木质人造板(刨花板、胶合板)产业结合——技术设备统合;与纸浆产业结合——纤维原料(木浆、草本浆、废纸等)统合;与家具建材产业结合——前方市场统合;与天然无机矿业结合——特色技术(云母板、石棉板、黏土板等)统合;与纳米材料产业结合——功能材料创新领域统合等。

## 第三节 成长极的选择

经济增长极(又称成长极)理论是 20 世纪 40 年代末 50 年代初,西方经济学家关于一国经济平衡增长抑或不平衡增长大论战的产物。狭义的经济增长极有三种类型:一是产业增长极;二是城市增长极;三是潜在的经济增长极。广义的经济增长极指能促进经济增长的积极因素和生长点,包括制度创新点、对外开放度、消费热点等等。经济增长极具有相对性和变异性。

许多学者指出,中国区域经济发展战略经历了均衡(20 世纪 50—70 年代)—非均衡(20 世纪 80 年代)—非均衡协调(20 世纪 90 年代)的动态发展过程。典型的发展中大国和区域经济发展的不平衡性这一国情和区情,决定了我国应该采用以增长极理论为基础的非均衡型区域经济发展战略。

笔者倡导将成长极选择作为林业经济中观乃至宏观发展的设计方法。以下阐述几种成长极选择方法的内容。

### 一、临空产业型成长极

所谓临空产业,是以空港为核心空间,围绕着高附加价值商品生产而聚集的产业集群。在我国,临空产业集群是一个新生产业集群,但其发展迅速。大型航空港的出现是后工业化的标志之一,也是临空经济形成的前提。以航空运输(客流、物流)为指向的产业在经济发展中将形成具有自我增强机制的聚集效应,不断引致周边产业的调整与趋同,这些产业在机场周边形成经济发展走廊、临空型制造业产业集群以及各类与航空运输相关的产业集群,进而形成以临空指向产业为主导、多种产业有机关联的独特经济发展模式。这种以航空货流和商务人流为支撑的经济就是临空经济。因此,临空经济往往是经济进入发达阶段的产物。

需要指出的是,临空经济须臾不可缺少优良的生态环境背景。例如日本熊本县在20世纪60年代创立了典型的临空产业模式。

在20世纪50年代后期日本经济腾飞的时候,熊本还是一个欠发达地区。当地政府遵循专家建言,在熊本县首先建设了一个国际机场,然后从东京以及世界各地引入生产LSI(超大规模集成电路芯片)的企业,在机场周边建立"日本硅谷"。LSI产品通过空运向世界各国发送,以此带动熊本经济的发展。其结果是,充分发挥了熊本地区的资源和区域优势:①熊本临海、多森林、空气洁净度高,在此发展芯片产业,可以极大地节省空气清洁成本;②日本是个爱清洁的民族,芯片产品大部分在素有"大兵叼烟斗"传统的美国生产,产品的报废率高;③熊本有很多18至22岁的女性人力资源,她们心灵手巧,在精密度极高的芯片生产过程中能发挥重要的作用。

## 二、中心地理型成长极

中心地理型成长极是以"中心地学说"为理论基础的经济发展成长极。"中心地学说"强调一定区域内的中心地在职能、规模和空间分布形态上具有一定规律性,中心地空间分布形态会受市场、交通和行政三个范畴的影响而形成不同的系统,区域内城镇等级、规模、数量、职能间关系及其空间结构呈规律性变化。

## 三、沿海加工贸易型成长极

该成长极中的加工贸易从广义上讲,是指外国企业(通常是工业发达国家或地区企业)以投资的方式把某些生产能力转移到东道国或者利用东道国已有的生产能力为本土企业加工装配产品,然后运出东道国并在境外销售;从狭义上讲,加工贸易是部分国家对来料或进料加工采取海关保税监管的贸易。改革开放后,中国沿海地区的经济成长模式,相当长时期是基于FDI(外商直接投资)的出口加工发展模式,即外资加工贸易模式,它是中国沿海地区工业化道路的重要特征之一。

但在产业设计中,发展加工贸易需要注意如下问题:①充分重视本土企业的发展空间,切忌外资过于集中和强大而造成本土企业的发展和配套不足。②必须促进本土企业技术水平和自我创新能力的提高,减少对跨国公司的技术依赖。③鼓励和发展本土企业的国际代工,通过吸收、改良、发展、委托、设计,制造和创建自主知识产权品牌。④实现传统产业和高新技术产业的互动和平衡。⑤甄别区域差异,分类指导加工贸易的极性经营。

### 四、知识经济中枢型成长极

以大学、研究院所等知识经济主体为核心力量,通过知识集成的学科建设平台和产业转化平台形成"平台势能",使由知识转化为价值和由市场发展拉动学科建设成为知识集散地的显著经济成长特征。以大学(或研究院所)的整个知识结构为背景,把大学及其周边作为科学成果、技术成果、文化成果的产业化经营区,创造经营业绩,提升区域的经济增长率,这就是知识经济中枢型成长极。

知识经济中枢型成长极有正向转化和反向孵化两个来源:

#### (一)正向转化

大学(或研究院所)科技成果按照一般路径从学科建设发展的成果中分离出来,需要经历开发研究、产业化前期的诸多环节(如中试评估、项目建议书、可行性研究报告、商业计划、经营计划等)、可持续发展的要素动力学评估、经济主体认同、市场检验、产业组织、消费者屏障等转化的必要路径,一路过关斩将,不出半点差错,才能实现正常经营。

#### (二)反向孵化

大学在新时期的快速健康发展,需要两个既相互关联又相互依存的平台(即学科建设平台和产业孵化平台)。反向孵化的重要意义就在于,两个平台的相互协调是建立在市场利润诱因、技术群整合诱因、产业群整合诱因的基础之上的,这些诱因驱使学科建设更加面向社会经营实际,缩短了产业转化的路径(甚至能直接进入二级市场或部分一级市场),同时也使产业孵化平台的成活率大大提高,降低了产业转化成本。

现阶段,我国大学及研究院所的学科建设平台具有许多值得关注的特点:①名师、名人、团队;②重点实验室(基地);③学科群、特色专业;④成果评估;⑤知识传播。但产业转化平台则相对不够完善。现阶段,除需要加强大学科技园企业孵化平台建设外,还需要补充许多产业转化功能,如:①职业经纪人制度(创业经纪人、产业经纪人、科技经纪人、文化经纪人);②中小企业大学校;③产业公社;④知识经济中枢型产业公社连锁超市大市场;⑤价值形成及资源循环。

知识经济中枢型成长极的经济学依据可以归结为"知识经济创造了看得见的手",这是因为以下几个方面的理由。

(1) 大学科技经纪人制度创造"看得见的手":大学创造市场,创造理念与文化,提供技术。笔者于1997年开始创立"大学科技经纪人制度"的亲身经历,验证了"大学是可以创造市场的一种组织机构"。不仅如此,大学既培育科学家、社会活动家,也培养具有财富地位的经济富翁。

(2) 大学发展规模的正向诱导具有强烈的外部经济性:综观大学周边的发展,随着时间的推移,大学周边总是会形成一个基于大学经营的衍生经济圈,其发展程度总是高于大学自身。哪怕是一所建立在比较边远地区的新大学,若干年后,其周边也总是有很多建筑比大学建筑更漂亮,周边的经济成长比大学的更迅速。大学对外部经济的贡献是客观的,所以大学也要有效地强调取得外部经济性的回报,以便加速自身的发展。

(3) 大学是三大经济主体的人才修炼场:为三大主体(国民经济的三大主体是指政府、企业、家计)提供人才,提供理论支撑,提供科学知识,提供技术体系,是大学的历史存在意义;大学创造人才和经济资源(大学资源论);知识创造、知识启蒙、知识更新,周而复始地支撑三大经济主体的发展运动;大学与社会的三大对应:校长对应地方长官,教授对应企业经营者,学生对应家计。

(4) 大学文化发展推动新兴产业融合:大学是文化、科学和技术发展的聚合体。在发展聚合中,大学文化融合、学科融合能诱导产业融合和技术融合,进而诱导产生特色产业集群。

### 五、战略资源型成长极

林业的人力资源是林业战略资源的首要资源,具有生产力属性的林业种质(基因)资源属于林业战略资源。另外,林业技术和林业机械也是重要的林业战略资源。

人力资源是最宝贵的资源,人力资源开发是林业实现可持续发展的基础性工程。在现代林业人力资源管理当中,需要注意以下几点:

(1) 以员工激励为工作的核心,树立"以人为本"的管理思路。以人为本,就是以人为中心。在新的经济时期,知识日益成为决定林业企业生存和发展的重要资源。人作为知识的主人,作为林业企业知识资源的驾驭者,其主动性、积极性和创造性调动和发挥的程度如何,直接决定着林业企业的创新能力,最终决定着林业企业的生存和发展。因此,林业企业要在困境中取得发展,首先要树立起"以人为本"的管理思想,高度重视人力资源及其开发管理,充分挖掘人的积极性和创造性。

(2) 建立有效的用人机制。人才使用是林业企业人力资源管理的核心环节,林业企业目标与任务的实现要靠人来完成,人力资源管理要围绕如何发挥人的作用这个核心。用人不当,大材小用、小材大用,都会直接造成工作损失,使招聘、培训所付出的努力付之东流。能力与岗位是否适应,个性与组织是否和谐,都影响着个人能力的发挥。因此,建立有效的用人机制,是林业企业人力资源管理的首要环节。

(3) 充分发挥绩效考核的职能。绩效评估是按照一定的标准,采用科学的方法,检查和评定林业企业员工对职务所规定的职责的履行程度,以确定其工作成绩的一种有效的管理方法。对员工的绩效评估,是在其工作了一段时期以后进行的,因而它更能全面地反映人员的实际能力和其对某类工作岗位的适应程度。通过绩效评估对员工进行全面综合的评价,能够判断他们是否称职,并以此作为林业企业人力资源管理的基本依据,切实保证员工的报酬、晋升、职业技能开发、激励、辞退等工作的科学性。

(4) 加强和完善工资管理,建立合理的报酬机制。薪酬福利体系是激励最基本的内容。因此,林业企业要加强工资管理,建立合理的报酬机制,充分利用分配这一政策杠杆,完善人力资源管理的激励机制和人才竞争机制,建立起有利于优秀人才脱颖而出的机制,形成良好的人才成长环境。

(5) 强化职工培训,提高企业整体素质。林业企业的员工教育培训是林业企业人力资源开发与管理的重要组成部分和关键职能。它是指林业企业通过教学实验和其他理论与实践的方法促使员工的行为方式在知识、技术、品行道德等方面有所改进或提高,使员工能够按照预期的标准或水平完成所承担或将要承担的工作和任务。从某种意义上说,它是林业企业人力资产增值的重要途径,是林业企业人力资源开发的核心内容,也是林业企业组织效益提高的重要过程。

(6) 加强企业文化建设,营造良好的企业文化氛围。林业企业文化是林业企业在长期经营实践中逐步形成的文化观念,是全体员工衷心认同和共有的企业核心价值理念。它犹如林业企业的灵魂,是企业成员之间相互理解的产物,是企业制度、企业精神、企业道德规范和价值取向的总和。林业企业文化的实质是增强林业企业内部凝聚力和外部竞争力,使文化转化为经济力。大量的实践证明,人才智力的发挥与所在组织的文化环境密切相关。

林木种质资源即森林植物种质资源。作为林木种质资源载体的森林与林木，负载着野生植物、野生动物和微生物的种质资源，是陆地生物（包括农作物野生种及近缘种）基因的"庇护所"和"主基因库"。森林植物物种及种质丢失，将引起邻近生物种及其种质以其4～13倍的速率丢失。因此，林木种质资源保护不仅制约森林生态系统的平衡与发展，而且直接影响到野生生物种质资源保护，关系到生态环境建设和国家可持续发展。林木种质资源信息与实物的分享与共享，是国家自然科技资源平台建设的重要内容，也是国家科技体系建设及科技创新的内容，是一项重要的基础性工作。现阶段的林业种质资源共享工作当中，相关工作者对林木种质资源界定的认识比较模糊，对究竟保存什么和如何保存的认识尚不够清楚，影响林木种质资源平台建设的质量与效率。林木种质资源是自然科技资源，是国家的战略资源，理应为国家所有。但目前的分散多头管理与经营，缺乏统一管理规范，急需相应的政府法规和技术标准的配套实施。除此之外，林木种质资源的研究与保存缺乏稳定的国家资助，且林木种质资源研究与保存的人才队伍不够稳定。这些问题如何解决，决定了林业种质资源共享的质量。促进植物品种的创新是保护和开发林业种质资源的另一项重要工作，可以有效利用植物种质资源，促进林业发展。我国建立并实施了植物新品种保护制度，但存在一些问题，比如：新品种权申请手续烦琐，费用高；林木的无性繁殖特性，加大了品种权人对新品种掌控的难度；相关政策不配套，使新品种研究成果得不到充分重视；林业行政主管部门对植物新品种保护的重视不够；育种工作者对新品种保护的认识程度不一，与企业缺乏有效合作；等等。可以针对这些弊端相应地提出一些措施。

林业建设的长期实践表明，林业的发展越来越依赖林业技术的进步。从宏观层面看，林业技术发展是林业可持续发展的需要。随着生物科技的发展，尽管转基因生物的出现、种质资源的优化及生物病虫害的防治大大提高了林业经营的效率，但也存在生物物种竞争的潜在风险。当一国的林业技术水平严重滞后于世界林业技术水平时，这种潜在的风险就可能危及一国林业的可持续发展。考虑到对策，从中观层面看，一是技术促进林业产业结构调整，推动林业从传统林业向现代林业发展，从粗放林业向精准林业发展，从第一产业向第二、第三产业升级。二是技术可以推动林权改革，活跃林权流转市场。由于林业经营者缺乏相应技术，他们不敢进行林权流转，林业技术因而成为制约林权流转的因素之一。加快林业技术的发展，向林业经营者提供所需的技术以解决其后顾之忧，必然能活跃林权流转市场。从微观层面看,林业技术发展可提高林业企业的竞争力和盈利能力,从而解决大量的林业经营问题,如林业保险、林业融资等。

## 第四节 产业集群的群模式选择

在森林生态学中,有"森林群落演替"的术语。同样,在林业经济发展中,产业集群也具有自身的演替规律。产业设计需要解决产业集群的群模式选择问题。群模式选择的重要意义在于:该产业集群的发展(演替)是由该集群的群模式(路径战略)所引领的,"顶级群落"意味着优良的林业产业需要高质量、可持续和韧性的发展。笔者介绍以下可供参考的产业集群模式。

### 一、金融中轴型产业集团

金融产业集群界定如下:依托核心城市在区域经济中优异的经济和社会发展条件,以金融市场为中心、以收益最大化为原则,各个金融机构根据纵向的产业分工关系和横向关系开展金融活动,并衍生出一系列复杂的经济和社会联系,从而形成以金融产业网络为核心的金融机构及相关服务型机构在空间上集中且产业频繁联系的产业集聚体系。从这个定义来看,金融产业集群与金融中心这两个概念存在着紧密的联系。金融产业集群概念主要强调产业集聚现象的理论解释,而金融中心则更加强调各种金融资源集中的空间表现。二者之间是理论与实践的关系。

我国比较典型的金融中轴型产业集团是上海的金融中心产业,其金融市场体系、金融机构体系和金融业务体系的形成和发展具有源远流长的历史。此后,深圳、武汉和北京也相继强化作为地区中心的金融产业集聚功能,到2020年,已基本建成与我国经济实力以及人民币国际地位相适应的国际金融中心,基本形成国内外投资者共同参与、国际化程度较高,交易、定价和信息功能齐备的多层次金融市场体系。金融中轴型产业集团的基本业务,是以银行、证券、保险为核心业务,以金融衍生产品为次生业务,以互联网金融、科技金融为新兴业务,发挥金融机构在产业链韧性发展中的组织、服务和保障功能,使金融机构自身和所关联(结合)的产业企业一道协调发展。

### 二、制造业系列型产业集团

制造业系列型产业集团是指制造业中具有技术或产品类型特色的大型产业

企业集聚体。制造业通常是指对采掘的自然物质和工农业生产的原材料进行加工和再加工,为国民经济其他部门提供生产资料,为全社会提供日用消费品的生产部门。制造业在国民经济中占有极重要的地位。生产资料制造业,特别是装备制造业,可以为各行各业,如农业、工业、服务业和国防,以及人民生活提供一切所需的产品和装备。

改革开放之后,我国制造业取得了长足发展和骄人业绩,极大地提升了我国制造业的国际地位。但我国制造业与世界发达国家(或地区)制造业的差距仍很明显,主要表现在结构不合理、生产效率低、技术创新能力薄弱等方面。因此,一方面,我国政府应调整产业结构政策,引导外资流向,促进产业结构的高质量发展及区域产业合理布局,还应将优惠为主的引资方式转变为以创造规范的商业环境为主的引资方式。另一方面,对于已经开始利用国际生产能力转移的企业,应鼓励其持续创新经营和技术体系,创立自己的品牌。制造业系列型产业集团的发展和壮大,仍需要国家从战略上确立产业发展方向,并运用国家创新体系进行大力支持。

### 三、商社(信息)中枢型产业集团

商社曾经是日本独有的词汇。日本商社,作为一种具有独特机能的贸易组织,在战后日本的经济高速增长时期,曾发挥其综合性经营机能,为推进"贸易立国"国策、实现流通效率化和经济领域的开发、振兴本国贸易作出了巨大贡献,并因此享誉世界。而在国内外社会经济环境急剧变化、贸易结构调整、金融自由化、情报信息高度发展的时代变迁中,综合商社与时俱进地及时调整经营战略,敏捷地适应经营环境的变化。其在国际化经营中的出色表现仍然呈现勃勃生机,使得日本综合商社格外引人注目。

按照日本学者小岛清的观点,综合商社的经营实质是"在一定的时间和场所中起中介作用的类市场合作体系",即综合商社作为一个开放性的综合体,始终能凭借集中与灵活权变的行为方式所发挥的多功能综合有序的运作,将社会经济活动中的供求关系紧紧地联系起来。商社作为特殊形态的企业组织,具备情报收集与处理、重视生产和市场开发的功能,并能使其连锁运作,同时利用中介力在整体上保证联合全体的优势发挥,提高承受和吸纳风险的能力,并克服体系自身的缺陷,形成规模效益,达成良性循环。

从产业设计视角看,我国商业企业借鉴日本综合商社的发展经验并建立信息中枢型产业集团势在必行。国内商社型产业应以信息资源的高度利用为基础,开展多角化经营,培养核心竞争能力,整合优势;对非主导产业实施战略性重组,培植优势产业和优势产品,形成产业集团的多极经济增长点;以资产为纽带,稳健地实施资本扩张,适当扩大经济规模。

### 四、计划垄断型产业集团

计划垄断型产业集团是指对国计民生或国土安全具有重要战略意义的产业实施的特许经营的产业集聚体系。经济学意义上的垄断,通常又称寡占、独占,是指一个市场上只有一家供应者或需求者的市场结构。在市场经济逻辑下,垄断在传统上被经济学家视为有害的东西。但是在现代"百年未有之大变局",尤其是国际局势中"逆全球化"的发展背景下,考虑到社会公平、正义价值观和总体国家安全观等多方面,计划垄断型产业集团的建立和发展,仍然是我国产业设计中产业集群模式的重要选项之一。

### 五、互助社区型产业集团

由小规模资源经营者(处于弱势立场的经济主体)通过互助合作形式结合社区文化所形成的产业组织,都可以统称为"互助社区型产业集团"。在日本,这样的产业集团比比皆是,例如农业协同组合、森林组合、大学消费生活者协同组合等。日本的"协同组合"就是用中文表示的"互助合作社"。以行政自治体为单位建成的互助合作社,就是一个行政社区。由从宏观到微观的行政社区组成全国的互助合作网络,用于协调全国的行业资源经营。互助合作社的理论基础源于社会主义初级公社理论,但在日本这样的国家已经实行了很多年,并且成为低端消费者或初级生产者赖以生存的主要经济载体。

我国实行互助合作化的运动也可以追溯到20世纪30年代。在革命苏区建立的互助组、合作社团结奋斗,发展经济,支持了革命斗争取得胜利。新中国建立后的社会主义建设事业,虽然进行了各种经济体制改革,但始终没有脱离社会主义的本源——工人阶级(劳动人民)的团结互助,且仍可用于产业经济发展之中。互助社区型产业集团根据其起源,可以划分为以下几类。

#### (一)库区移民村类型

整体迁移的库区移民一般都由政府集体安置。在迁移到一个新区域后,为了适应新环境和新文化,移民村通常都在初期建立起互助合作的经营模式,以适应相对平均的经济水平。以湖南省资兴市的东江湖水库库区移民村为例,在移民村的街道上建立旅游一条街、东江湖特色品一条街等市场载体,每个店铺都采用一样的菜单。但是并非每家每户都做同样的菜品,而是各家各户都只做自家擅长的菜品,无论哪家订的菜,都到专业做菜的那一家取货,营业结束后进行内部结算。

### (二)城郊菜农村类型

过去,城郊的菜农由于城市扩张的需要失去了长期经营的蔬菜土地,并被安置为城市居民。蔬菜土地征用的补偿款就成为新菜农集体社区建设的初期资本。经过对城市经济发展的不断适应,新菜农集体社区企业模式成为城市经济发展的一个不可忽视的亮点。以南昌市进顺村的鄱阳湖大酒店等企业模式为例,昔日的郊区菜农集体,如今成了全国乡镇企业中的百强,也成为南昌市经济建设中卓有成效的知名企业。

### (三)温州地域文化型

温州的制造业中有许多中小企业(可能是小企业偏多),但温州中小企业能做大订单,其原因在于温州籍中小企业主从不脱离当地自发建成的"温州人企业文化圈"。他们长期沟通,达到了知根知底,一旦有大订单来,就"一方号召,八方支持",非常有效地完成订单客户的交货要求。

### (四)集体林场类型

南方集体林区在历史上最显著的特点就是保留着集体经营的山林,这些集体山林顺理成章地衍生成为集体林场,即通过集体决策进行经营。集体林场中,规模比较大的是乡镇集体林场,比较小的是村林场,但它们的特点都是由乡镇(或村)集体委派代表对林场进行经营,经营利益经集体决策进行分配。在近代历史上,集体林场不乏良好的经营范例,改革开放之前至"林业三定"之初都曾经有许多集体林场取得了良好的经营业绩。现在,公益林(包括政府划定的生态公益林和乡村风水林即文化公益林在内)也多以乡村林场的形式进行经营,有利于保护森林资源,提高经营效率。

### (五)供销合作社类型

供销合作社是中国集体经济发展中的一个特色集体社区,在过去和现在的乡镇集体经济中,从没失去过作为市场引导者和开拓者的地位。政府长期以来对供销合作社发展的政策性扶持,使农村社区中的供销合作社不仅具有融资收购、信息发布、市场供应调节、物流服务等多种市场行为功能,而且在创新技术示范、培育特色商品基地方面也显示出独到的社区开发功能。

### (六) 城中村型经济互助类型

城中村型经济互助类型是中国城市中具有特色文化的类型。城中村原本在城市规划建设中是一种土著的部落或者乡村。城中村通过城市规划或者旧城改造而获得城市政府的倾斜性政策支持,因而具有了振兴经济的初期资本。加上城中村原本就具有类似的圈层文化且临近城市商品市场,只要村民们团结奋斗、抱成团就能形成独特的社会资本。依附于这种社会资本,城中村往往在商品生产竞争中无往而不胜,具有了独特的经济结构。当城中村成长类型的经济结构在城市中逐渐受到制约时,就会向城市以外的地方扩展。城中村扩展经济的具体形态除了手工业之外,大部分都与农林业相关。

# 第七章 经济机制设计

经济机制通常是指生产关系的系统分割(集成)。林业的经济机制就是充分利用官(政府)、产(企业)、学(大学)、研(研究机构)的优势资源,建立信息和资源交流平台(投融资平台、技术支撑平台、产权交易平台、中介服务平台、网络信息平台、人才培训平台、商业服务平台、行政事务平台、政策平台),促进林业内外各利益团体/机构的共赢,促进林业行业内产业人口间的受益公平,为创建和谐社会提供示范。具体而言,经济机制所确定的初期目标,是保证经济主体(林业部门、林业企业、林业经营者、林业职工及林业劳动者)按经济政策分配资源,按资源禀赋量确定贡献水平,按贡献水平确定报酬量。经济机制设计同样需要从源头开始,兼顾各种流动性环节的紧密嵌合特性,由点至面、由宏观到微观、由静态到动态地进行理性和操作层面的思谋。经济机制设计主要从六个范畴进行:价值链、供应链、产业链、互助合作与分配机制、产学研结合、资本运动。

## 第一节 价值链形成模式

在产业设计的理论思考中,价值传导通常沿用"价值链"的思考逻辑。价值链的一般构成形式是:研究开发与设计(R&D/Design)—采购(Purchase)—制造(Manufacturing)—流通(Distribution)—营销(Marketing)[①]。

研究开发与设计是价值链的起点。知识集成通常能赋予研究开发与设计更重要的价值,确切地说,研究开发与设计本身就应当是知识集成的结果。知识集成的贡献度越高,则作为价值链起点平台的势能越高,相应地其为后续各环节提供的向上驱动力越大,其终端(消费接收端)的消费者福利越大,因而总价值之和就越大。知识集成的贡献度由知识劳动的有效性凝聚而成,由此产生的价值在此

---

① 价值链:源于由美国哈佛商学院著名战略学家迈克尔·波特提出的"价值链分析法"。

后的价值链中具有传递放大作用。但知识劳动的成本却远非一般生产和运营成本所比拟的,因为知识劳动与普通生产劳动具有质的区别,知识劳动的有效性本身就是生产主体(经济主体)的核心能力。诚如生命体中的 DNA 一样,知识集成的研究开发与设计成果赋予的价值链本质的传递特性,是一种不可复制的种质资源价值。

采购是指经济主体的采购,这里主要指生产企业的采购。采购涉及两个重要方面。第一个方面是对设计的理解和反馈。设计是采购的基本依据,但采购部门与设计部门所拥有的知识信息并不相等。采购部门对设计的理解越深刻、细腻,越能体现设计的基本思想。采购部门对设计部门的某些思路依然具有提议改善的余地,因为采购面对的变化实际上比设计面对的变化更快。所以,采购部门只有将最新的变化向设计部门进行反馈,才能真正完成设计所指引的运营任务。第二个方面是采购本身面临着市场供应层面的信息不对称局面。同时,迈克尔·波特的"五力理论"①依然会支配着采购部门对市场的理解,因为五种力量(供应商的议价能力、购买者的议价能力、潜在竞争者进入的能力、替代品的替代能力、行业内竞争者现在的竞争能力)随时都在进行着各种动态、静态的博弈。具有战略同盟关系的企业,其长期采购成本具有帮助同盟企业提高价格竞争力的优势。而自由竞争下的采购成本则包含着市场信息搜寻所需要的成本,它会提高运营成本而使采购环节的价值下降。

制造是新产品或扩大规模产品的物化运营过程,即按照预先设计的技术原理及工艺流程,在有效的生产运营管理下,实现产品的工艺效果和商品效果。在制造环节产生的工艺创新或管理创新成果,可以帮助生产运营过程节约成本,最终有利于商品的价格竞争,从而提高制造环节的价值。制造环节也是商品质量控制从设计到物流(流通)和营销过程的重要支点。制造质量如果达不到设计要求,就会出现很高的沉没成本,并延伸到流通和营销之中,对商品价值的形成产生重大的消极影响。另外,制造基地(工厂)立地(即制造基地的环境布局)也是影响价值形成的重要因素。制造基地距离市场的远近和生产要素(人力及物化资源、安全要素等)的可取得程度,直接与制造成本相关联,影响价值形成。

流通是产品物化运营过程的延伸和完善。一般情况下,流通的方向在特定的区域中是单向的,具有不可逆性。流通的路径越长,越迂回,则产生的价值越低,

---

① 五力分别是:供应商的议价能力、购买者的议价能力、潜在竞争者进入的能力、替代品的替代能力、行业内竞争者现在的竞争能力。五种力量的不同组合变化,最终影响行业利润潜力变化。

消费者福利越少。流通业者也可以通过整合文化要素和统合物流的方式实现专业化经营,提高规模效益,使价值形成朝着正向发展。专业化流通(例如第三方物流)可以在流通环节有效减少单个企业的批量流通成本,提升商品价值。

营销是产品在运营过程中实现从生产者向消费者交割的基本操作。消费者的需求是营销存在的必要条件,消费者的购买行动是营销存在的充分必要条件。

价值链各环节所要求的生产要素相差很大。比如,产品的开发环节所要求的主要是受过高等教育、具有专业技术和首创精神的科技人员,宽松自由的组织环境和鼓励创新、提倡独立思考的企业文化。而产品的装配环节则需要大量的工人和严格的劳动纪律、全面的质量管理和成本控制。企业资源禀赋不同,即企业在资源和要素的拥有上存在相当大的差异,使得企业具有了在行业价值链中的不同环节形成优势的可能,这种优势的建立在不同企业之间是有差异的。

值得指出的是,林业的根本特征与现存的价值链理论之间存在着巨大的偏离。由于森林资源培育的周期很长,而且森林的自然适性决定了不是所有地区都适合林业的发展,因此林业的价值链设计需要进行更细致的分割。林业价值链的类型分述如下:

(1)区域价值链。由于传统林区远离木材市场,当地居民对林产品和森林生态要素的需求不能产生林农进行森林再生产所期待的价值,因此价值链十分脆弱。长期的经济穷困,导致林农低价销售林木。平原区和城市对木材的强烈需求,导致从林区到木材市场之间产生了林木采伐、加工(相当于制造链节)、运输和销售(相当于流通链节)行业,这些行业的平均收益率(或利润水准)大大超过森林培育业的平均收益率,且不需要承担林业长周期经营的任何风险。林产品利用者(家具/建材制造业者、房地产开发商、纸浆业者等)则享受着来自自然生态资源的高额收益和利润。

(2)流域价值链。自然地理形成的大江大河中,从上游、中游到下游,到三角洲,森林的分布由多到少逐渐变化。从生态理论上看,森林的水源涵养功能决定着江河经营的成败,所以林产品经营的价值链与江河的生态特性存在着悖论——流域中使用的林产品越多,则其生态保全功能越少。城市中木材商品的价值下降能减少森林生态价值的总量,并对江河的经营产生长远的不良影响。从经济地理理论上看,上游作为森林培育地区与下游或三角洲作为林产品市场之间的收益差距巨大。因此,上游的价值链十分脆弱。如果按照自由竞争的方式长期进行市场经营,则上游会逐渐贫困,森林培育的能力也会逐渐减弱,导致林产品和生态效益总量减少,下游的经营业者因资源的稀缺性反而增大经营利润空间!缺材地区的家具价格昂贵,城市中的生态小区(由山区的大树移植而建立的环境改良小区)房价更高,就是最好的例证。

(3) 企业内外的价值链。综合性的大型或中型企业拥有从林木种子到家具建材、市场营销的全部经营环节,可以形成企业内部的价值链,这个价值链是相对稳定的。由于在市场中处于不同的经营阶段,专业化的中小企业在价值链的环节上仍然竞争激烈,所以其价值链常常处于动态之中,呈现出比较脆弱的局面。

(4) 生态价值链。由于森林长周期经营特性和森林生态特性的相互关联,人们对森林价值的评价应当聚焦在林产品价值和森林生态价值的总和上。单纯的林产品利用型经营方式会导致森林总量减少,进而导致生态环境恶化;而当以森林生态利用为主要经营方式时,森林培育者的收益增加会诱发森林总量增加,进而增加林产品和基于森林的环境产品的供应量,使居民享受更多的生态福利和林产品福利。

## 第二节 供应链形成模式

所谓供应链,是指核心企业联合自己的供应商和分销商,为降低成本、压缩库存、加速物流和对市场快速反应而结合起来的战略联盟,它是现代企业和产业发展的必然结果。目前供应链管理的研究主要集中在供应链的集成化、敏捷化、物流、成本、战略合作和信息支持等方面,今后的研究将向着供应链的全球化、绿色化、智能化和电子化方向发展。

林业产业的供应链由林业工作者(或者务林人)所需要的生活资料供应链以及务林人生产出产品以满足社会和市场需要的生产资料供应链组成。生活资料供应链和生产资料供应链看起来是双向的,但实际上是多向的。其根源在于,作为生产资料,森林是多用途的,而且是既具有经济效益也具有社会效益和生态效益的。如果把森林的生态效益作为生态财富,则这种财富向价值(经济财富)的转化,就形成了一条与以往的商品生产供应链决然不同的生态服务供应链(例如,森林生态旅游服务供应链)。

林业产业的区域和流域分布不同,资源、技术、经济机制和市场的要素禀赋不同,供应链的结构、功能和效率以及演变方向就会有各种不同。以流域的上游为例,三四十年以前,若在流域的上游地区从事林业产业,则可能的情形是"卖出最廉价的木材,买回最贵的大米和猪肉,孩子到最远的学校去读书,生病了找最近的郎中挖草药"。这是市场与生产地地理上远隔、交通和通信极为不发达的缘故。有限的信息交流、有限的交通和物流能力以及有限的生产力,长期桎梏着从生产到流通和从流通到买家的供应效率。即便遵循市场经济进程到了1995年,由于木材采伐限额制度的存在,林业地区的供应链体系改善效果也并不显著①。

从理论上看,供应链(supply chain)作为价值链(value chain)的部分传导链节具有重要作用。但是20世纪80年代,森林资源的稀缺性和森林资源在特殊时期的过度消耗(支持工业发展和防灾救灾等),使得其利用体系不得不沿用了长达30余年的行政管制经营体制。集体林区的木材、林产品价格出现严重的结构性偏离,林农严重缺乏营林的主观积极性②。

林业产业的发展离不开对森林的可持续经营(日本称为"永续利用")。德国官房林学的"法正林理论"和我国森林法规定要以生长量控制消费量的森林经理计划体系,都强调森林生长的长周期性以及其破坏容易恢复难的自然生态属性。这扼制了作为经济主体之一的林业经营者的经济需求,因而林业供应链的流量和有效性不断萎缩。

众所周知,现代产业供应链具有许多显著的特点:快速反应;顾客具有柔性(黏性);顾客定制生产(买方市场占主导地位);与最终需求同步生产(信息完全公开、商品出清);全过程受控的供应链(全程数字化);合作伙伴间的能力是集成的(全方位提携);全面应用电子商务(现代化、智能化)。与此相比,我国的林产品供应和林区生产资料和生活资料的采购供应,在相当长的时期处于计划统治或半垄断经营下,既有市场失灵也有计划失灵(某种程度的政府失灵)。生产供给与市场需求脱节,导致中间成本过高、产业利益分配不均,最终引致森林资源过度消耗、生态环境急剧恶化。因此,林业产业供应链尚有众多需要改善的方面。

## 一、林业供应链的特性

林业供应链主要围绕林区经济主体(林业企业或林农)的产品(商品)、林区所

---

① 1995年是我国木材进口自由化的第一年。东部地区的江浙沪等地已经开始从海外进口木材,而中部地区的江西却依然在进行着木材采伐限额和限运政策,以致吉安等地的产地木材堆积腐烂也未能销售出省。当地的林业部门疑惑:"为何今年江浙沪的木材采购员不来了?"

② 1995年初的调查数据显示,当年木材价格按立方米计算的市场价450元由15项成本构成(价格构成),但林农能从中得到的收益仅为36.2元(几乎不够林农的采伐工资)!无怪乎当年江西宜春某集体林场的青山拍卖价为每亩17元(彼时一包"玉溪牌"香烟的价格约32元)。

需的生活(消费)资料、用于林业生产(制造)的生产资料(装备)来运营①。参与供应链运营的经济主体(林业企业或林农),通过信息流、物流、资金流的控制,从采购原材料开始,制成中间产品以及最终产品,最后通过销售网络把产品送到消费者手中,其间可能经过供应商、制造商、分销商、零售商,直到最终用户,连成一个整体的功能网链结构模式,其过程冗长而且复杂。

广义的林产品包含了复杂的产品结构,从木材到基于森林环境的各种可供人类利用的生物资料(食物、药材、能源,甚至森林土壤或矿产物),从短周期到长周期的各种半成品或成品,从饮用水源到"森林浴",从古树领养到森林"碳汇",品类之多不胜枚举。林业生产资料则更加显现了林业生产的多样性和复杂性——至少可以分为营林、森林利用、森林保护、林区多种经营(加工)等四大领域。营林领域中,林木种苗(种子、基因资源)、肥料、林药、营林机械(从集约化苗圃到飞机播种造林、喷药);森林利用领域中,采伐运输机械(从油锯到集材索道甚至直升机)、木材加工机械、综合加工机械等;森林保护领域中,众所周知的森林防火设施、森林病虫害防护设施、野生动植物保护设施以及水土保持及防灾设施等;林区多种经营领域所需的机械设备、物资更是数不胜数(从食用菌到中药材培育,从养蛇到养麻蝇,从天然染料提取到天然土纸制造,从有机蔬菜到木本食用油加工等)。以上领域的复杂性,验证着林产品供应链具有多重复杂性和计划性。

## 二、林业供应链的形成模式

林业供应链的形成首先应当坚持"以人为本,尤以务林人为本"的原则,立足于"把市场建在家门口",减少市场交易成本,充分利用林区环境的正向外部经济性,为林区务林人争取更多的附加价值。"公司+基地+市场+农户(林农)"的互助合作形式、林业产业公社的互助合作形式,均有利于市场供需信息得到即时、有效交流,使林业供应链的各链节有效闭合。

近年,在南方集体林区建成的林业要素市场,为提高森林地区的林地经营效益立下了汗马功劳,但森林地区依然缺少综合的、大型的林产品专业化市场。在市场经济背景下,政府各部门虽然仍然对森林地区的产品产量提出指导性计划,但并不帮助林户(或林业企业)销售林产品或协助其采购生活消费资料,林产品市场依然发育不全,供应链效率欠佳。

---

① 传统的林业分工包括:营林(森林培育、林产品加工利用、森林保护)、森林工业(林业机械、林产化工、采伐运输、木材综合利用)等。

第七章　经济机制设计

这里,可以列举日本的例子作为参照。从20世纪80年代后期开始,日本林业经历了"国产材不振"的林业低迷时代。但产业倾斜、政府的扶持和调整、互助合作化经营机制的长期作用,终于阻止了林业发展的持续下滑。像日本的森林组合经营的森林生产组合、上市企业在城乡接合部经营的综合连锁市场(home-center)那样,其采购、供应都面向务林人和林产品消费顾客,专业化提供生产资料,多样化供应生活资料。因此,其供应链在市场经济背景下得以健康运营。

林业供应链的健全,也仰仗物流和运输方式的发展。林产品物流从曾经的林区采运和水运时代走出来,踏上了现代物流的道路。在现代工业社会和国际贸易十分发达的背景下,水运(海运)、铁路运输、公路运输、空运等各种运输方式和运送规模,制约着国产林产品的性价比和交易量。因此,务林人(林业企业)对全球林产品价值链的认识以及经营能力和经验,制约着供应链的发展速度和效率,林业供应链专业化水平亟待提升。

### 三、林业供应链管理

单就供应链管理而言,其本意是在满足服务水平需要的同时,采用最小系统化成本把制造商(生产者)、供应商、仓储物流和商店等有效结合成一体,生产合适数量和质量的商品,并将该商品在正确时间配送到正确的地点、交付给目标客户的一套方法。

供应链管理必须控制各环节的成本,考虑各环节中的利益分配关系,并准备好各种可能发生索赔事件的预案,建立保险机制。

传统的供应链管理专注于追求全系统效率和成本有效性(包含运输和配送成本,原材料、半成品和产成品的库存成本,商业保险费等),可能会忽略顾客需求的个性化服务和环境友好的绿色物流需求。供应链管理若仅关注产业的物流链和价值链问题,便可能会忽略资源枯竭、生态环境恶化等一系列问题。因此,绿色供应链[①]管理便被推上议事日程。

所谓绿色供应链管理,是一种改变传统环境治理与产业发展关系的新型供应链管理模式,它以可持续发展、生态工业、循环经济3R(reduce, reuse, recycle)原则和共生机制等理论为科学基础,以供应链管理方法为技术基础,对产品从物料获取、加工、包装、仓储、运输、销售、使用直到废物回收利用的整个供应链进行生

---

① 1996年,密歇根州立大学的制造研究协会(MRC)进行了一项"环境负责制造(ERM)"研究,正式提出了"绿色供应链"(green supply chain, GSC)的概念。

态设计,通过链节中各企业内部和各企业之间的紧密合作,使整条供应链的环境影响最小、资源效率最高,以实现经济效益、环境效益和社会效益的协调和优化。

现存的林业供应链可分为多种类型。如传统管理学中的木材加工供应链、林纸供应链、林业生物质能源供应链、非木质林产品供应链、林业物流管理和其他林业供应链等。现代中国林业中的林木种苗供应链、森林生态旅游服务供应链、林业知识产权服务供应链、森林碳汇服务供应链等也相继问世,林业供应链方兴未艾。此中,人们着力关注的是绿色供应链管理。

绿色供应链管理强调产业资源链、价值链和生态链①的协同发展,强调对可能的生态环境问题的源头治理,强调以知识集成的手段来解决发展中的环境协调问题,通过供应链上各链节的深度和广度合作,实现经济效益、社会效益和环境效益共赢。

## 第三节 产业链运营模式

关于产业链(industry chain)这一术语,在经济学中有比较复杂的表述。在产业经济学中,产业链被定义为"各个产业部门之间基于一定的技术经济关联,并依据特定的逻辑关系和时空布局关系客观形成的链条式关联关系形态"②。产业链主要是基于各个地区客观存在的区域差异,着眼发挥区域比较优势,借助区域市场协调地区间专业化分工和多维性需求的矛盾,将产业合作作为实现形式和内容的区域合作载体。

笔者则认为,产业链是指由核心技术及其技术群支撑的产业与关联产业的紧密关系。一个产业可以衍生出若干关联产业,例如有机农业所形成的有机食品和有机纤维产品,可以衍生出有机食品产业和有机纤维产业。资源关联、技术关联、经济机制关联、市场关联,以及它们之间的更复杂的关联,都可以衍生出有关联的产业,这些关联产业可以形成有特色的产业链。

林业的地理分布和时空分布特性,决定了在林业产业沿着地理分布(区域或流域布局)和沿着时空分布(长周期或短周期、立体发育)的轴上,有着各种关联的

---

① 这里的"生态链"是指自然和人工复合系统的广义生态链。
② 产业链的本质是用于描述一个具有某种内在联系的企业群结构,它是一个相对宏观的概念,存在两维属性:结构属性和价值属性。产业链中大量存在着上下游关系和相互价值的交换,上游环节向下游环节输送产品或服务,下游环节向上游环节反馈信息。

产业。也就是说，林业产业链比工业产业链具有更复杂的结构。例如，若将某地建设成为经济林丰产基地，则可能规划建设油茶、板栗、果树、木本药材等适合当地的丰产林，且必须配置能与之适应的多种经营项目，通过技术和资源互补，实现以短养长。这样，这个"经济林产业"便与食品（药品）加工、养蜂（传粉）、养猪（猪沼果鱼模式）等"副业"关联在一起了。若加上供应链的链节，则林业产业链就具备相对完整的结构和功能了。

产业链运营模式的设计，不只是要配置合适的资源、技术、经济机制、市场关联，更重要的是需要将其精密、集成整合为可持续经营的要素协调体系和利益共同体，实现产业间的共赢。林业产业链中包含生态价值的源头和经济价值的源头，这两个源头在现存条件下是逆向而行的。在生态价值和经济价值的源头之间架设一座桥梁，是实现林业产业链持续运行的根本措施。最典型的例子可以列举尖端产业（高科技产业）与第一产业（如林业）的结合。

尖端产业一般都拥有较高的市场利润空间，对国家（或地区）GDP（国内生产总值）的形成具有举足轻重的作用。但尖端产业自身通常需要相对完备的生态环境和稳定的人力资源基础。森林地区所具备的生态环境既适合尖端产业的发展，也适合高级人才的生活定居。20世纪60年代，日本熊本县建立"日本硅谷"、创立"临空产业"就是极好的例证。

尖端产业的产业关联效应和高收益水平与森林地区林业经营的紧密结合，由于降低了产业的环境管理成本，稳定了人才需求，可以促进地区GDP的迅速增长和国民真实福利水平的大幅度上升。

林业与尖端产业结合的另一个重要理由，是现在的尖端产业，尤其是新材料产业的重要原料来自森林或森林副产品（例如用于超级电容器的高性能活性炭来自竹木加工剩余物，用于生物医药的重要中间体壳聚糖则可以从森林昆虫中大量提取）。

另一个典型的产业链运营模式来源于区域创新——无税无费林区建设。

作为生态补偿机制的一环，在森林地区或湿地保护地区建立林产品或生态产品经营的政府挂牌保护区（即无税无费林区），支撑和支持那些收益性不高（或市场竞争力较弱）、公益性较强的林区基本建设产业（如种质资源保护、苗木培育、林业技术推广、生态文化体验等），既可以节省行政成本，又可以激发当地经济的活力，缓和和解决经济建设与生态保护的矛盾。

实行天然林保护和生态公益林保护的地区，从目前的实际情况看，依然是经济不发达地区。所以,用经济发展政策(产业倾斜政策)支持生态源头地区的创新产业建设,是我国应当坚持的一条有社会主义特色的道路。

## 一、资源关联性循环型产业链

"循环经济"结构中包含着各种资源的内外转换(能量和物质不灭定律下的地理时空转移、物理或化学形态变化、价值或财富形态转换等),但其核心宗旨是各种稀缺资源在技术背景下得到最大限度的利用和保存,既满足当时人们的经济需求,也达到有效保护资源的目的。循环并不意味着要减少数量规模,而是强调全过程没有废物,没有浪费,人们可以借助技术体系的帮助实现"变废为宝"。其经济机制自身并不受比较优势或国际贸易的限制。国内循环和国际循环可以不加区分。

循环经济体系节省了至少两种成本:①产业废物处理的成本;②产业废物造成的环境损害成本(治理该废物所造成环境损害的成本、基于环境污染的福利损失)。因此,这类产业链中的核心技术都是围绕着资源完全有效利用来布局的。从生产线布局到产业立地规划,其技术创新方向总是围绕着 3R(reduce, reuse, recycle)前行的。循环经济的产业链方式要求适度规模,因此,其选择的区域应当具有相应的社区(或商圈)人口规模和市场体量。换句话说,区域 GDP 规模越大,其循环经济的效益越好。

## 二、链节闭合的价值守恒型产业链

在一个有限的区域空间里,若产业链的上下游链节能完全闭合,资源的赋存量仍然随时间而变化(呈动态发展),人们利用技术使其物化成为产品或商品,其总量若转化成不变价值计算,则资源赋存量与商品价值的技术加权乘积与市场价值总量的比值,是一个恒定的比率,(以林业为例)可表述为如下恒等式:

$$\frac{林业资源赋存总量}{林产品需求价值总量} \times (1 + 林业技术权重系数)$$

$$= \frac{市场商品价值总量}{林业资源的经济寿命} \times (1 - 林业技术权重系数)$$

笔者将这个结论称为"经济资源与市场价值的动态守恒假说"。虽然只是一种假说,但可以用许多事实进行印证。在动态守恒规律下,技术进步和技术创新都显示其双刃剑①的功能。总的结论是,人们要想使林业资源可持续利用,大部分和基本的可能就是尽量节约——低碳生活——取必要最低限的消费需求行必要最低限的生产规模,与自然和谐共生。

### 三、长周期自动调整型产业链

百年树龄的大树甚至上千年的古树被采伐或被迁移,人们称其为"吃祖宗饭";江河中的小鱼小虾都被捕捞殆尽,人们称其为"吃子孙饭"。森林经营和江河经营,都是长周期型产业。不吃祖宗饭,也不能吃子孙饭,这是长周期型产业的(伦理)道德规范。不给森林和江河留下资源经营赤字,就必须建立自动调节机制。物质文化遗产必须被保护和传承,非物质文化遗产也应当被保护和传承。

矿山和石油天然气类产业,也是典型的长周期产业。挖矿(或石油的采掘)的利益基于自然资源先天形成(类似于祖宗的遗产)的成本优势,但随着人类经济的发展,在经历了一段高收益时期之后,挖矿产业必然进入经济学上描述的经济收益递减时期,最终演化成为衰退产业(被别的更新的材料能源产业替代)。或许若干代(或若干年)之后,人类的子孙后代能找到新的技术方法重启矿山或石油天然气产业(遗迹利用),开始另一种经济发展循环,启动属于他们的新的生活范式。

工业产品的重金属残留物污染最终导致了农产品和水产品的重金属残留物污染,并扩大了环境工程产业的规模。对子孙后代来说,污染江河和土壤的这些重金属污染物可能具有两个创新方向:一是将该污染物作为有害物进行控制性技术处置并由此继续发生成本积累;二是将该污染物作为资源(放错了位置的资源)加以利用并由此产生利润。

现阶段,中国实行的"河长制""林长制",乃是适应长周期产业的自动调整方式之一,值得进行总结经验并向其他长周期型产业推广。

长周期型产业链在经营中具有时间系列风险,此类产业的经营者在战争、自然灾害、瘟疫流行面前可能无能为力,唯有预防(和预案),但仍然需要采用多种经营全面发展的经营技巧(实现以短养长)。创新和竞争的周而复始,使其人力资本和产业发展成本的数额巨大,理应得到更多的精神和物质支持。

---

① 创新必然会扼杀那些旧的、传统的事物,创新也让资源永远处于一种稀缺当中,稀缺使物质产生价值。资源的高度利用和价值的高值化,其实是向未来的人类借债,竞争和创新就是另类借债,但绝不考虑还债。

## 第四节　互助合作与分配机制模型

社会稳定与和谐发展是长周期型林业产业稳定发展的基础,而建立互助合作组织是构建林业和谐社会的有效路径。因为以森林为核心资源的林业体系,存在着"破坏容易建设难"的重要自然生态特点,所有经营措施或经济行为中的任何不当,都可能造成难以预料的损失,"万与一的选择"[1]随时都可能发生,机会成本相当大。

现代互助合作组织是一种经济组织,它不是传统意义上的合资企业,也不同于传统的集体经济,更不是家庭(家族)内部的分工合作。合资企业的风险承担和利益分配是根据明确的比例进行的,而合作组织的预期收益不可能事前确定,而且由于合作总是表现为局部合作、全面竞争,合作决策的目标指向总是随着合作各方自身目标的完成而变化,合作收益具有相当大的不确定性。传统的集体经济机制(如人民公社)本身曾经是行政部门的组成部分,没有独立的资源重组权力和时聚时合的灵活的资源配置能力,不具有互助合作组织的资源使用权。家庭也不属于互助合作组织,因为在结婚后,夫妇双方的"私有财产"全部"公有化",而合作组织的各个成员的主要财富并没有也不必全部"公有化"。

但我国林业地区,林户个体之间具有互助合作的历史基础。生于斯长于斯,无论是林业部落还是林业个体户,在对土地生产力和时间的漫长陪伴中,文化要素是生产者之间互助合作的巨大驱动力。恩师藤本保太先生[2]曾给笔者介绍了"水田文化"与"游牧文化"对区域产业发展的意义,描述了水稻经营者"放水和抢水"竞争的反复博弈最终使竞争者之间达成某种长期平衡(契约)而共赢。即便不建立互助合作的组织形式,具体经济事务的完成依然需要不同程度的合作互助。也就是说,互助合作既有松散的组织形式(优势互补),也有紧密结合的组织形式(命运共同体)。

一般而言,互助合作组织成员通过共建组织获得价值增值。具体内容包括:

(1) 规模价值。各成员拥有的分散、稀少的资源及财产、知识、技能,可以通

---

[1] 决策分析中通常会对关键的项目设定保障体系,做到万无一失。但林业中若稍有疏忽犯错,其风险就是全军覆没、颗粒无收,损失的代价巨大。

[2] 藤本保太,日本山口县人,哈佛大学经济学博士,曾出版《日本的专卖政策》《产业组织理论》等专著多部。

过自愿合作达到最小的投资规模,使各成员享受成本降低的好处,获得有利的谈判地位,得到更多的有用信息,增强社会参与的能力等。

(2) 互补价值。适应社会需求的变化,减少外界不利的社会影响,调整成员自愿提供的部分资源的使用方向,形成性能各异的资源、技能的互补关系和关键生产流程,创造报酬递增收益。

(3) 学习价值。在政府政策和环境都有利于互助合作组织发展的情况下,提高组织成员的基本素质,减少试错风险。通过互助,成员之间可以相互学习和创新知识,进行"智力嫁接",不但可避免伙伴已犯过的错误,而且可以在犯错误前得到利益相关伙伴的提醒和指导,迅速完善自己的知识结构,形成合意的价值认同,适时缩短自己心态和社会心态的差距,稳定和谐社会的经济预期。

(4) 激发互助各方的斗志和事业心。互助合作组织内部并非没有竞争。合作培育了竞争,竞争促进了该组织内部资源流向和偏好的和谐。人们参与互助组织,并不是为了合作本身,而是借助合作组织增加和实现自己独有的才干和财富,拥有更好的合作能力和竞争生存能力,甚至独立创业、显示自我和实现自我的能力。

林业地区互助合作组织的培育,是林业产业设计中的重要课题之一。产业设计的实践方法体系,通常采用"三步走"来完成互助合作组织的培育。第一步:制定和发现良好的(或适合的)产业政策组合,以利于形成互助合作机制所需的制度环境和市场环境。第二步:对政策对象实施必要且完整的教育培训,以提高互助合作成员的素质(经营理念、团队意识、竞争意识、创新意识、经营技巧、项目运作流程、学习能力)。第三步:开展典型示范(产业示范、项目示范、团队示范等),以消除互助合作成员的失败顾虑,化解可能的试错风险。

互助合作组织形式一般可分为法律制约型互助合作组织(公司法约定型)和互助合作章程约束型互助合作组织、社会资本合作型互助合作体。除此之外,公众所熟知的"专业合作社""公司+基地+林户""公司+农户""直播带货""供销合作""产学研结合基地""生态与教育联姻"的大学创新创业实践基地等,都是林业产业中的互助合作组织形式。互助合作成员的范围,可以扩展到林业生产者、林产品消费者和投资者,甚至关怀生态环境的公益志愿服务者。

互助合作各方的利益分配,是产业设计中具有复杂度的经典课题。从互助合作各方的合作动机上分析,我们不难发现,互助合作各方的合作动机其实多种多样,如:追求短期经济利益、追求中长期经济利益、追求生态福利(森林康养)、追求林产品实物价值等。所以,按需(求目标)分配是互助合作体系的最佳选择原则。

作为分配机制的价值工具,除法定货币外,社区货币、森林附加价值使用权、碳汇交易权、森林标志物的优先领养权、森林康养体验权、森林旅游优先权等,都可以因地制宜地纳入互助合作组织的同盟章程中。作为林区政府,应当对这样的分配机制进行政策扶持。

## 第五节　产学研结合模式

近现代以来,各国的经济主体(政府、企业、家计)都不约而同地将资源和要素与经济发展的效率结合起来,以取得各自的最大利益。政府运营公共资源、提供公共产品服务,企业运营经营资源(能源、材料、资金、劳动力等)、生产产品(或服务),家庭则投入劳动要素和私有财产(或储蓄),以维持消费资料的市场需求。如此,国民经济得以顺利运行。但20世纪50年代以来,社会发展局势迅速变化,经济主体的常规经营机制难以为继,经济发展的变革要求日益强烈。原因在于,战后复苏使全球资源加速消减、原材料供求紧张,外延式投入既不能满足消费者日益增长的需求,又使投入产出率越来越低。只有那些掌握了先进技术的企业才能在激烈的竞争中生存下来。企业家们将出路寄托在优秀人才对科学技术生产力的发展上。其实,无论在发达国家还是发展中国家,优秀人才对科学技术发展的贡献率总是大于一般人力资源,且绝大部分优秀人才就职于政府机关、军队、大企业、大学、研究所等知识密集(技术密集)型组织。优秀人才聚集总会产生大的创新突破,但同时也会出现技术外溢的现象,造成人才和科学技术成果的拥堵和浪费。转向产学研相结合(早先曾有日本倡导"官产学研相结合"),是经济主体的共同希望(共谋)。这是因为,经济发展到一定阶段后,科学技术利用会成为发展的瓶颈,而科学技术瓶颈的掌控者非优秀人才莫属。科研机构和高等院校从自身的发展考虑,与政府部门和企业一道打造协同创新平台,共同应对市场和未来变化,成为顺应世界潮流的首选举措。特别是随着经济贸易全球化和新工业革命浪潮的推动,各国经济与产业结构不断调整与升级,一些发达国家和发展中国家的政府为促进高技术产品研制、生产与贸易,纷纷鼓励大学、科研院所与企业建立联系。在国家宏观政策推动和市场微观需求拉动下,科研、教学和生产联合体就形成了。这些联合体具有多种形式,归纳起来大约有如下几种:

(1)由政府协调建立产业协同(融合)平台,招集高校、科研院所、大中型企

业,就某些特定发展方向或计划目标,组成协同攻关或联合创新项目团队,以实现既定的发展指标;

(2) 科研机构与产业(企业)出于自身发展需要自发联合组成的科研—生产一体化组织(产研战略同盟);

(3) 高校与产业(企业)的联合(产教融合、校企合作);

(4) 高校自身发展的高科技产业(校办产业企业);

(5) 科研机构的产业化,形成产业化的科研—生产一体化组织(转型科技产业);

(6) 企业间、行业间的科技与产业战略合作同盟;

(7) 公共服务型科技产业园区(产学研联合集群),如美国的硅谷、日本的筑波技术城和我国各地的各种"科技园区"和"高新技术开发区"。

林业产业和科学技术发展的关系,已被许多农林经济专家从学术方向上进行过描述,其重要性和常规的科学技术普及方法在林业行业中似乎家喻户晓,在此不必赘述。

需要关注的是,林业人才的断层与其他产业不可相提并论,因为林业的多种功能被社会认可。林业是一个独具特色的长周期产业,短期收益性差,所以人才流失、高校和科研机构远离乡村和林区并寓居城市已成为世界潮流,其科研成果与实际可推广之间存在着鸿沟。

林业产业设计之所以需要选择产学研结合模式,是因为林业自身对人才和技术成果的需求不能从现存条件下得到满足,而高校和科研院所兼具的人才和技术成果优势又亟须转化为生产力。无论对于技术成果提供者还是技术成果需求者来说,选择哪一种结合模式都要从实际出发,在评估项目及自身的具体情况后作出判断。有市场需求、技术较易被吸收的项目,宜采取松散结合型模式;投资多、风险大的项目,宜采取紧密结合型模式;成熟度高、市场潜力大、投资相对较少的项目,可以由融资能力强的技术提供者主导采取一体化经营模式。

通常在模式选择中,利润分配、风险分担和交易费用是应当注目的三个主要影响因素。但从科技经纪人制度[①]的视角看,产学研结合事业要注目的为技术可靠性、市场前景、企业经营能力、技术吸收能力等主要因素。

在我国的林业产业实际中,大中型企业与高校和科研院所的产学研结合率相对较高,因为可以按照市场规则实施合作契约。但许多情况下仅限于城镇企业,

---

① 笔者倡导职业经纪人制度在产业设计实务中的普及。职业经纪人包括四大领域:科技经纪人、创业经纪人、产业经纪人、文化经纪人。大学建立科技经纪人制度,极为必要。

所以其实际业绩并不理想(因为林业的大部分基地在乡村的集体林区,北方国有林区除外)。就我国南方集体林区的产学研结合模式而言,有专业技术成果的高校和科研院所应根据地方乡村建设(实施乡村振兴战略)的实际,借助于"农村推广"的丰富经验,与乡村名流(乡村小微企业家、乡村干部、中小学教师、家庭主妇等)建立互助合作组织(产学研结合),通过落实政策(产业和市场环境)、教育培训(提高素质)、典型示范(化解风险)三步走措施,在合作组织中实施"符合当地资源发展实际、技术可靠、市场接受度高、经营能力强、技术吸收能力强"的科技成果转化项目,组建产业链。

## 第六节　资本运动路线设计

市场经济中,资本运动是主导市场的各种运动之首。林业产业发展无不与林业资本运动有关,林业资本的根源在于林业的总资产结构。虽然我们可能无法从官方统计数字中了解到一个国家的林业总资产结构,但依然可以从森林和林地相关的统计中窥见一斑。

我国政府网站 2021 年 3 月 12 日发布了《第三期中国森林资源核算研究成果》:截至 2018 年,全国林地林木资产总价值为 25.05 万亿元,森林生态系统提供的生态服务价值为 15.88 万亿元,首次开展评估的森林文化价值约为 3.10 万亿元。研究显示,我国林地林木资源持续增长,森林财富持续增加。第九次全国森林资源清查期间(2014—2018 年),全国森林面积、森林蓄积量实现"双增长",森林覆盖率从 21.63% 提高到 22.96%。清查期末,全国林地资源实物量 3.24 亿公顷,林木资源实物量 185.05 亿立方米;全国林地林木资源总价值 25.05 万亿元,其中林地资产 9.54 万亿元、林木资产 15.52 万亿元。与第八次全国森林资源清查期末 2013 年相比,林地资源面积增长 4.51%,林地资源价值量增长 24.87%;林木资源实物存量增长 15.12%,价值量增长 13.70%;总价值净增加 3.76 万亿元,增长 17.66%。清查期末,我国人均拥有森林财富 1.79 万元,较第八次清查期末 2013 年的人均森林财富增加 0.22 万元,增长 14.01%。天然林资源逐步恢复,人工林资产快速增长[①]。

---

① 截至 2018 年,我国林地林木资产总价值达 25.05 万亿元,https://www.gov.cn/xinwen/2021-03/13/content_5592714.htm,最后引用日期:2023 年 10 月 23 日。

上述数据说明了我国林业行业内资产(评估性资产)增值显著,但与国内其他行业相比,依然存在着较大差距。例如,2020年我国医药工业资产总额达42 330.2亿元,营业收入27 960.3亿元。

我国林业经济中的林业资产(资本)经历了一个复杂的运动过程。在新中国成立初期,林业的采运业作为重工业的一部分,为国家财政支持工业建设积累资金立下了汗马功劳(林业的资本贡献)。自此以来,森工采运和营林两种经营机制一直延续到1993年前后。但直到1998年,南方集体林区林产品价格中的绝大部分依然被贡献给公共财政(缴纳各种税费、规费)。以某县1998年松原木平均销售价格为例,其销售价格为435.91元/米$^3$,但需缴纳农业特产税等税收和省政府规定收费96.15元,缴纳国家规定的育林基金、维简费等林业规费86.43元,缴纳县乡村三级规费141.1元,以上各项占售价的74.25%。剔除以上三项费用,林农手中仅剩112元;如果再剔除各项生产费用及人工工资,则林农的纯利润为零。

在这样的历史背景下,林业资本的来源主要是森林资源的自然增值(林木的自然生长)和林产品的市场价格上涨(商品需求拉动)。仅有这两项(评估性资产),林业产业很难在长周期背景下的市场竞争中处于有利地位。因此,探讨林业资本运动的经济发展意义极大。笔者从林业资本的积累、林业资本的保值、林业资本的增值三个方面略加探讨,以引导林业产业克服产业弱点,融入市场经济。

## 一、林业资本运动战略

相对于我国人口总数和国土面积而言,我国不仅是林业资源小国,更是林业经济小国。因此,林业经济的第一要务是扩大林业资产(资本)的绝对积累数量(基数)。在宏观经济结构中,国民经济"三大主体"(政府、企业、家计)、"四部门"(公共部门、民间企业部门、家计部门、国际经济与贸易部门)对林业资产进行的投入,将奠定林业产业发展的资产基础。生态文明建设、环境保护、应对全球气候变化、人民对美好生活的追求,都广泛意味着国民经济和社会发展对林业产业发展的需求日益增加,说明了各经济主体(部门)对林业产业投入的基本理由(重要性和必要性)。乘时代变革东风,增加对林业产业的投入,迅速积累林业资产,要成为务林人的首要经营宗旨。

在此基础上,通过优化林业产业的经营结构(资源结构、技术结构、产品和服务结构、组织结构、市场布局等),确保林业资产的价值均衡。林业资源基础和资产基础是林业可持续发展的核心起点。此后,林业产业应通过林业经营创新(技术创新、组织制度创新和市场开拓),以国土保安、森林文化、森林康养人居和智慧山村为森林附加价值增长极,扩大林业经济增长的基本面,牵引林区、林业经营和务林人向良性循环发展。

## 二、林业资本分类及资源整合模式

按照国家林业和草原局、国家统计局现有的统计方式,林业资本分为林地资产和林木资产两大部分,同时也包括了森林生态服务价值和森林文化价值。在林业产业实践中,这种统计方式不利于林业产业在市场经济中的成果评价。因为在真实的产业运营中,总资产必然包含产业的固定资产(房产、机器设备、林地等)、可变资产(森林及林木、人力资源)、无形资产(林业技术、知识产权、森林文化创意等)。所以,国家统计局依据现有的关于林业总资产的统计指标所统计的林业产业的资产总值必然大大低于林业产业的真实资产总值。

综上所述,林业产业基于资本经营的资源整合模式,应服从于固定资产、可变资产、无形资产的分类惯例,计算的市值应大于或等于总资产的量本利总和。其表达式为:

林业产业总市值≥(固定资产+可变资产+无形资产)×(1+增长率%)

以上表达式符合通用会计成本的计算原则。值得指出的是,森林还是生物多样性的载体之一,其特殊功能和结构,尚无法用现存的各种评价方法进行评估,其经济价值计算也就无从进行了。

## 三、林业企业资本与社会资本的互动

林业是重要的公益事业和基础产业,承担着生态建设和林产品供给的"双重"重要任务。我国政府倡导:加快产权模式创新和金融创新,大力推广运用政府和社会资本合作(PPP)模式,吸引社会资本和金融资本进入林业生态建设和保护利用领域,积极扩大增量,努力盘活存量,有利于优化资金结构,建立健全林业投入多渠道筹措机制,大规模推进国土绿化;有利于深化国有林区林场改革和完善集体林权制度,加快林区经济转型发展,保障林区社会和谐稳定;有利于加快转变林业发展方式,推进林业供给侧结构性改革,提升林业发展质量效益;有利于调动各方面发展林业生产经营的积极性,推进精准扶贫精准脱贫,促进林农就业增收。

立足林业发展实际,充分发挥市场在资源配置中的决定性作用和更好发挥政府作用,创新林业产权模式和投融资机制,引导鼓励社会资本积极参与林业生态建设和保护利用领域建设,为广大人民群众提供优质高效的林业生态产品和生态公共服务,不断提升林业现代化水平,为维护森林生态安全和增绿增质增效做出积极贡献。

## 四、林业资本运营及管理

### (一)行业内融资

客观地说,无论哪个行业都存在生态效益、经济效益和社会效益。但林业行业的生态效益特别大,所以才有可能成为生态价值补偿的首要对象。而在林业内部,并非所有林种或所有林业经营者都能取得生态价值补偿。

近年,有了生态补偿之后,林业部门的现金流状况处于历史最高水平。但林业产业状况依然没有得到改善,其原因在于没有开展行业内融资。

林业行业内融资其实有两条实际可操作的渠道。一条是像日本一直实行的那样——建立"农林中央金库",锁定专有资金并在行业内进行调配使用,充分提高资金的使用效率;同时建立行业内金融合作机构,使行业内所有资金都能相互合作调配,共同提高资金的使用效率。另一条是通过"绿色银行"——森林资源的评估、抵押贷款,使急需资金的林业经营项目能通过自有森林资源得到支持(有时可能是滚动式的,有时可能是地方互助式的),在时间序列上或在空间序列上充分活用林业自身的经济资源。

行业内融资既能提高融资的效率,又能降低融资的成本(与行业外的商业银行融资相比),有利于林业行业发展,是促进林业内生成长的一种有效形式。

### (二)生态与教育联姻

如前所述,既往的生态保护区域中,相当部分都处于经济贫困地带,生态发展与经济发展之间存在着冲突。所以,解决的办法也只能从调剂现金流和建立长期供求结合关系的角度进行创新。在中国,最有效的办法就是使生态和教育联姻。其理由有两个方面:

(1)生态知识的普及教育是当代中国教育中最弱的部分,中国教育与世界接轨的突破口在生态知识的教育普及方面。

(2)在生态保护地区开展生态知识教育(设立项目基地、常年开展经营),可以有效地利用教育行业的巨大现金流(教育行业的现金流是现行各金融机构争夺得最剧烈的地盘)。

### (三) 森林生态旅游的垄断

"砍树不如看树"是指森林生态旅游业的收益水平高于木材经营的收益水平。因为林业经营周期长,所以森林生态旅游作为产业是林业经营必要的补充。但是,若建立新的与林业经营无关的旅游部门并开展森林生态旅游,则会极大损害林业经营者的长期利益。森林生态旅游是林业经营的外部经济性的真实表述。从公共政策的原理上看,政府一般都对具有外部经济性的行业赋予优先经营权,以补偿其对社会公共利益的额外贡献。正因为森林生态旅游是林业经营所附属的外部经济性,所以森林生态旅游业应该成为林业行业垄断经营的产业。

### (四) 资本市场融资

在成熟的林业经济领域中,大中型企业可以通过到资本市场融资来加速企业自身的发展,为林业社会作出更大贡献。但到资本市场融资,并非林业企业所有融资选项中的首选,因为林业是长周期产业,而非资本市场所期望的高回报产业。市场资本为了逐利,必然会逼迫林业上市企业采取短期行为,继而导致林业资源的过度消耗和提前消耗,损害森林生态平衡机制。既往的重大案例中,包含纸浆联合企业和木材加工企业,它们上市后,常常为了报表而支付过少成本、过度采伐森林,导致林农利益受损,采伐迹地更新缓慢。

# 第八章　市场设定设计

人们通常把商品交易的场所称为"市场"。但实际上,商品交易的场所可以是实在的,也可以是虚拟的,因为很多商品(包括物品和服务),只要存在需求和供给并对它们的价值进行交换,实际上就已经存在了市场。因此可以这样说,"市场"存在于有交易的空间之中,不管人们看得见或看不见。

经济学界、产业界的专家学者们对"市场"进行了各种学术定义,堪称复杂至极,笔者不作评说。但市场设定在林业产业设计中具有举足轻重的地位,故有必要对涉及林业产业的市场进行梳理,以便为其合理设定把握方向,奠定基础。

首先,按照林业产业所生产的用于交换的产品进行分类,林业产业市场可分为:木质林产品市场(原木市场、木材加工产品市场、木材关联产品市场、木质能源产品市场)、非木质林产品市场(经济林产品市场、林业种质苗木市场、林产化工产品市场、森林副产品市场)、森林生态产品市场(森林生态旅游市场、森林研学市场、森林康养市场、森林水源市场、森林碳汇市场)。其次,按照林业商品交换的交割场所分类,林业产业市场可分为:现地市场(林区现地市场、区域林产品专业化市场)、非现地市场(商品综合交易市场、海外市场)。最后,按照林业商品交易过程的时期长短分类,林业产业市场可分为:现货市场(林业商品成品市场、当期可交割商品市场)、期货市场(活立木交易市场、林产品期货市场)。另外,与林业商品相对应的林业生产资料市场,被称为"林业要素市场(林地及林权交易市场等)"。

## 第一节　专业化物流市场设定

林业产业的专业化物流市场设定涉及林业生产资料(种源、苗木、肥料、药品、林业机械、半成品等)、消费资料(家居建材、环境产品、林副特产品、森林景观等)以及作为公共生态资源(国家森林公园、湿地公园、水土保持林、城市园林等)的物质流通市场的区域设计、流域设计和专业化分工设计。笔者倡导建立区域化统合市场。此种市场设定,可以大量减少物资的重复运输,提高产业集群的供应链效率,减少市场交易成本,提高经营创新成果的普及效率,进而提升区域产业的市场竞争力。以下举例简略介绍其项目概要。

项目名称:江西省区域化统合市场建设项目。

项目特点:利用鄱阳湖生态区的水系特点,将水陆交通的枢纽地带设定为专业市场地带,充分利用水路作为专业市场之间的交通运输体系;各专业市场之间形成上下游关系,建成完整的价值链、供应链、产业链。

项目内容:本项目拟沿江、沿湖、沿铁路或高速公路或干线公路的枢纽地带设立区域农副产品大市场、工业产品大市场、日用生活品大市场、专业消费品(医用品、学生用品、军用品等)大市场、生产资料大市场、专业化科技成果交易大市场等专业市场;各专业市场之间形成有机联系的上下游关系(价值链、供应链、产业链的互补关系);各专业市场具有完善的市场监督、技术咨询与服务、市场信息服务(电子商务、电子政务)、金融与物流服务、安全与环境管理等基础设施和市场互助合作化机制(宜设立商业中枢型产业公社①)。

项目选址:专业大市场的选址主要为城乡接合部,重点是沿江、沿湖、沿路地带;有条件的地方,可以建成与专业市场相通的运河产业风光带,建设围绕专业市场的"生态乌托邦"式旅游服务区域,建立为商户业主服务的培训学校,设立为顾客或消费者服务的技术培训和技术咨询、中介机构,设立国际贸易、技术贸易专业窗口。

专业大市场举例:药材大市场、学生用品大市场、陶瓷大市场、有机食品大市场、矿产大市场、棉花大市场、有机纺织品大市场、水产品大市场、甲壳素产品大市场、活性炭大市场、林产品大市场、军工产品大市场、智能交通大市场、IT/动漫大市场等。

## 第二节 区域性交易市场设定

对于林区而言,区域性交易市场是林产品价值得以实现(兑现)的基本市场之一。该市场的建成,可以节省林产品交易成本,提高消费者的生态福利水平。因

---

① 所谓商业中枢型产业公社,是指以大型商业企业(或连锁商业企业)为核心的产业公社。

此,区域性交易市场设定的意义重大。

总的设计思路是整合市场周边现有的市场资源,重新规划、改造、配套,建成新的交易大市场。具体步骤是:整体规划,分区经营,产权不变,统一管理,提质配套。

(1) 整体规划。对现有市场周边的资源进行重新整体规划,建立新的区域性交易市场。通过整体规划,市场内外实现资源共享,能更好地实现数字化技术应用,从而提升区域经济的有效供给质量,提升区域内的有效需求满足度。

(2) 分区经营。区域性交易市场的入市商品可以为五金交电、床上用品、针织服装、鞋帽箱包、文体用品、百货日杂、厨卫用品、工艺轻工、医药等商品。打破现有市场格局,设立不超过五个经营区,实行划区经营,杜绝跨区经营。区域内现有不属于小商品类的商品铺位撤出,区域外的小商品类商品铺位迁入。林产品的批发和零售,可以渗透到这样的小商品交易中。

(3) 产权不变。维持现有的产权关系不变,各产权单位享受其产权范围内的收益。

(4) 统一管理。由于新的市场分属不同的产权单位和个人,为避免各自为政、各搞一套,必须实行严格的统一管理。组建由工商、税务、市场管理处及各产权单位组成的市场管理机构,负责市场所有的日常管理维护等工作。产权单位只享受产权范围内的房屋出租收益,其余工作一切交由市场管理机构统一管理。

(5) 提质配套。市场资源整合的关键在于提升市场的质量和品位,增强市场的配套服务功能,彻底解决管理混乱、杂乱无章、脏乱差问题。一方面,培训市场经营管理人员,提升其管理技能水准。在此基础上,整顿市场软件和硬件。将规划区域内的所有市场连成一个有机整体,并使市场内的道路东西互连、南北通透、上下畅通。另一方面,功能配套。市场设备、设施要相应地改造升级,市场的硬件外观要配备良好的文创脚本;改变单一的现货交易形式,逐步完善仓储、加工、运输、配送、质检等多种市场功能,增设商务服务、物流服务、金融服务、信息服务、餐饮休闲服务等多个服务专区,极大地方便业主和采购人员的各类需求。

在区域性交易市场设定中,我们必须坚持一种关键设计理念——市场向山区转移。其理由如下:

其一,与生态需求关联的产品市场、与森林关联的产品市场向山区转移或靠近,可以使林业经营资本完美还原(因为市场经营才是资金回笼的重要战场)。如前章所述,市场向山区转移是对价值链的利益调整,也是适应市场主体对生态环境的客观要求。

其二,市场向山区转移的另一个理由是城镇化建设需要具有中国特色。中国人口众多,从国土安全和生态安全的角度考虑,市场向山区转移可以提升山区小城镇的建设水平,加速城乡生态文明建设,同时提升山区小城镇的教育文化水平,因为市场引导与传播具有决定性的示范作用。

其三,市场向山区转移还有一个重要理由,是IT等现代产业人才向生态优良地区的迁移导致在山区设立市场进行交易的需求增大。如同20世纪80年代日本首都圈的IT企业向地方中小城市迁徙一样,许多IT高级人才回到故乡,其作品(商品)在当地市场进行交易带动了当地服务业的发展。那里的"兼业林家"(平常在公司或公务机构工作,假日、空闲时在家从事林业经营的人家)也十分活跃,林业产业得到了极大振兴。

## 第三节 连锁专业市场设定

连锁专业市场是产业(企业)发展到一定高级阶段实现有效营销的基本经营对象,是一种具有分散链节的网络状有机结合体。连锁本身,既是企业内的资源共享,也方便企业外部购买者(顾客),既节省经营者的采购和仓储成本,也节省顾客的信息搜寻和分析成本,正所谓"专业的人干专业的事,专业的商品到专业的店铺"。此功能非连锁专业市场莫属。以江西为例,其可建立林产品连锁专业市场——林产品大市场。

以林产品大市场为龙头,生产能满足市区生态需求的各类低碳产品(商品),既可实现江西林业的最终价值,又可丰富省城居民的消费福利生活内涵。林产品大市场候选地可以为南昌市罗家集镇、南昌市麦园(省林业科学院辖区)。

市场专业化连锁的有益之处在于林业企业(或务林人)可以规避规模化经营的不确定性风险。

北方的阔叶树种(如杨树等)大规模引种到南方或南方大规模种植油茶、板栗等经济林树种时,会遭到严重的病虫危害,这是一种技术风险(属于生态原因引起的风险),其防范也应当采用技术的方法,例如引进北方的鸟类(可以有效抑制杨树害虫)、种植混交林和防护林等。

规模化经营的更大风险来自由于产品产量增加而导致的价格崩溃或由于生

产者竞争而引发的低成本倾销。消费者文化或收支结构的变化可能改变市场需求,市场需求变化则直接影响规模化经营的效益。

社会发展还有一个显著标志,就是全民创新运动的盛行。创新不仅使技术进步日新月异,而且能迅速加剧文化和生活需求的多样化、个性化,导致规模化产业的效益剧烈下降,规模化经营的风险日益加剧。因此,规模化经营的风险规避已经成为林业长期经营中的一个重大课题。

连锁专业市场设定,应该从上述文理中得到启发:连锁专业市场是一种在较大区域内扩大商品经营规模的有效载体。该载体对林业产业而言,具有相当程度的适应性,值得在南方集体林区的有条件的地区加以推广和普及。

## 第四节　虚拟市场设定

虚拟市场是高度信息化社会发展背景下虚拟经济的衍生产品之一。虚拟市场一般是由一些传统中间商在网上建立的商业网站,这样的一个网站相当于一个商业虚拟社区:将卖方提供的产品集中到一起,为经过严格审查的交易者提供一个交易场所。这个交易场所受明确的规则、行业统一价格及公开市场信息的限制。价格一般是预先制定好的,也可由买卖双方协商确定。买方都是这个特定商业社区的注册成员。

随着电子商务和网络营销的迅速发展,虚拟市场凭借其自身优势,不断侵蚀着有形市场。更多厂商理解虚拟市场发展的广阔空间后,都努力改进企业业务流程,以适应信息时代的高速度商业活动。

众所周知,利用虚拟市场获得很大收益的产业已经扩展到人们的衣食住行。从服装到图书,从食品到住宅,以及电子期刊、信息检索、花店、礼品店、网上教育、人才流通、通信交流等,充分利用网络来提供服务的行业越来越多。

以往虚拟市场的建立存在两种形式:一种是由卖方或买方建立;另一种是由第三方中介机构建立。对于数量众多的中小企业来说,其本身没有能力来建立虚拟市场,同时其购买能力也难以与巨型企业相比,故其难以在建立虚拟市场中取得成效。尽管如此,虚拟市场对无网络技术支持的中小企业仍具有强大的吸附效应。

在林业产业中设定虚拟市场,可以使其"低成本、高利润、高效率"的优势充分发挥出来。更重要的是,林业产业自身为那些无法到林地现场的林产品需求者(顾客)创造了可体验、可交割的经济预期。因此,未来林业产业中,虚拟市场的设定将成为日常茶饭事。

## 第五节 电子商务布局

电子商务改变了当今世界的资源配置状况,即电子商务改变了世界经济的状况,因为经济学本身就是关于资源配置的学问。但由于电子商务能完成传统商务所不能完成的使命,所以其备受企业和家庭青睐。

南方集体林区林权制度改革后,江西、福建等地都相应地建立了林业要素市场①。这种要素市场,主要是通过电子商务加电子政务的信息发布方式运行。然而,林业长周期产业的特点,导致林业产品或资料的信息价值评价遇到极大的困难。因为金融机构(银行及保险机构等)和公众缺乏有关森林及林业资源未来前景和风险的知识,不能作出正确判断,所以林业市场的电子商务活动不如其他短周期产业市场的电子商务活动那样受到青睐。

有效的林业市场电子商务布局,应当基于社会、公众、企业对林业本身的需求,从市场细分的角度加以展开。

社会对林业的需求在于森林和湿地对地球环境的保护和生态平衡作用。从古巴比伦王国的消亡到现代沙漠绿洲的兴起,人们对森林和湿地以及生物多样性的认识已经有了长足的进展。但地球森林面积的连年绝对减少已经成为社会发展的限制因子,所以,电子商务(含电子政务)的第一要务是为社会提供正确的森林和湿地资源消长数据和案例,以提高社会公众对林业重要性的认知。

公众对林业的需求在于森林和湿地可以为公众的生活居住环境提供有价值的生态屏障和生活保障(例如空气、水源、林副产品、森林景观)。因此,林业电子商务活动应当围绕公众生活、生存因子的完善,进行有效的关于森林及林产品知识的推广、教育活动,强化公众对林业的需求和保护意识,进而宣传林业长周期生产过程的劳动特性,特化林业价值的公众推广。

---

① 如江西省的"南方林业产权交易所林业要素交易平台"等。国家颁布的要素市场包括土地、劳动力、资本、技术、数据等要素范畴(见 2020 年《中共中央 国务院关于构建更加完善的要素市场化配置体制机制的意见》)。

企业对林业的需求在于森林和林业资源直接为企业提供原材料和生产经营环境。造纸、建材、家具企业也可以通过电子商务完成市场供给调查、询盘(价)、采购、物流、售后服务等全部贸易流程。

## 第六节 直销模式设定

直销就是直接销售的简称,它是一种销售模式。这种销售模式最大的优点是直接面对终端消费者,中间不经过任何代理商或零售商。直销分为单层次直销和多层次直销两种。前者指直销员在销售中只获得个人零售利润,后者指直销员在销售中不仅获得个人零售利润,还可以通过组织更多销售员共同销售而获得销售额的一部分提成。其销售形式包括电话直销、电视直销、网络直销、数据库直销、订单直销、人员直销等。

林业产业中,发展产品和服务直销事业已势在必行。乡村振兴战略实施和生态文明建设的背景下,林产品和森林生态产品、森林文化创意产品的附加价值大幅度提高。因此,直销模式的推广值得加强和鼓励。加强网络渠道建设,进一步完善电信网络,建立电子商务事业平台,都需要经济主体加强基础设施建设。

林业企业和个体林农应提供个性化的产品与服务。大规模的定制时代已经到来,人们不断地追求个性化产品与服务。为了满足顾客的需求,林业企业和个体林农应当以顾客需求为中心,充分掌握顾客的需求信息;与顾客互动,及时沟通与反馈,掌握顾客的第一手资料;让顾客参与到产品的设计中,精通自身产品(或商品)的优良性能;通过直销模式,满足顾客追求个性化产品的心理,并运用各种方式向顾客提供个性化产品与服务,提高顾客的满意度和忠诚度,促进企业的持续性发展。

林业企业应加强物流设施的建设。直销模式的关键是进行物流体系的建设,用物流来支持直销模式的发展。鉴于此,林业企业应在物流建设上投入一定的资金,引入先进的物流设备与系统,提高经营效率,为发展直销模式奠定基础。

# 第九章　产业政策法规设计

产业政策是指国家根据国民经济发展的内在要求，调整产业结构和产业组织形式，从而提高供给总量的增长速度，并使供给结构能够有效地适应需求结构要求的政策措施。产业政策是国家对经济进行宏观调控的重要机制。

法规则包括行政法规、地方法规、自治法规和经济特区法规。行政法规是国务院制定的规范性法律文件，其效力仅次于法律。地方法规是指省级、市级人大及其常委会制定的规范性文件。地方法规的效力仅次于行政法规，其内部也有层级，省级法规高于市级法规，人大制定的法规要高于其常委会制定的法规。自治法规是民族自治地方的人大制定的规范性法律文件，包括自治条例和单行条例。经济特区法规是全国人大及其常委会授权经济特区所在地的省级人大及其常委会针对经济特区制定的规范性法律文件。

新中国成立以后，林业经济政策的制定和调整与整个国家的经济政策一致，经历了一个曲折的发展过程。与国家宏观经济政策相似，林业经济政策的划分也是以十一届三中全会为分水岭：十一届三中全会以前的林业经济政策属于计划经济政策，此后的经济政策逐步转变为社会主义市场经济政策。从内容上来看，林业经济政策主要包括林业产权改革政策、林木管理政策、林业财政政策、林业税费和扶持政策、森林资源和林产品市场(包括活立木市场、活立木市场)政策、林产品贸易政策，以及作为国家战略的天然林保护工程、生态补偿制度、退耕还林制度等。归纳起来，我国林业经济政策体系主要包括产业政策、财政政策、税收扶持政策、贸易政策、林业产权和非公有制林业发展政策、林业国际化政策等。而在整个林业经济政策中，各项政策之间相互关联，又在内容上彼此独立，共同构成支撑林业发展的经济政策体系(见图9-1)。这些具体政策的目标各不相同，又彼此相接、互相促进，形成一个网状结构模式。

从产业设计的视角看，产业政策法规是产业发展的重要保障体系，既必须具有最大可能的稳定性，又必须具有与时俱进和适应经济宏观变化的可协调性。所

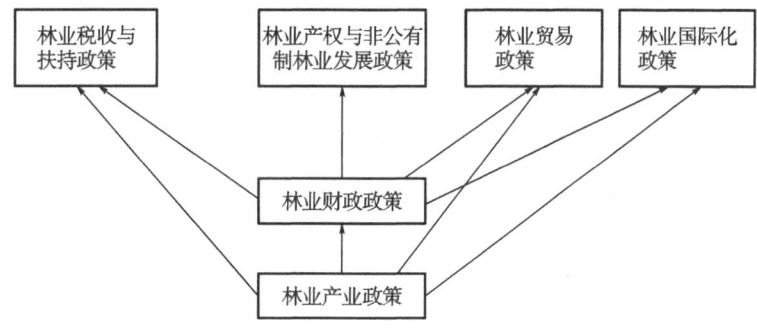

图 9-1　林业经济政策体系构成框架图

以,其导向就成为产业政策法规设计的重要方向。

产业政策可分为产业倾斜政策、产业限制政策、调整性法规、环境政策四种。

## 第一节　产业倾斜政策

产业倾斜政策又称产业支撑政策,这种政策体系无论是在发达国家还是在发展中国家,都在得到不同程度的实施。其要点是对关乎国计民生的重要产业实施重点支持(倾国家之力)。当然,倾斜投入的是重点战略资源、财政资源和市场准入。如日本在战后采取的产业倾斜政策是扶持重化学工业(材料工业)和电子工业,以策应朝鲜战争的军需品生产;而我国在战后复兴的相当长时期内是扶持工业(尤其是重工业)发展,在此期间,农林业为工业的发展作出了巨大贡献(或者说牺牲)。

随着国家发展战略新进程的推进,乡村振兴成为新时代最重要的国家战略之一。与乡村振兴相关的林业扶持政策,都是现阶段产业倾斜政策的必要部分。如天然林保护工程、生态补偿、林业技术下乡、减免林产品税负、活立木抵押融资等多种政策措施,从各种角度直接扶持了林业经营和林农经济活动,并取得了显著成果。

如前所述,林业是个长周期产业,资源培育过程十分漫长。因此,林区和林农生存和发展所需要的以短养长、多种经营的关联产业,也应成为林业产业倾斜政策扶持的对象,并得到长期扶持。其原因在于,林区和林农在市场经济中一直处于弱势地位(缺人才、缺资金、缺技术、缺信息),其所关联的多种经营必然在竞争中不断弱化,最终成为市场经济竞争中的失败者,而失败的结果就是放弃长周期林业产业的培育。

人们常说,森林具有生态效益、经济效益和社会效益。但在林区,因生存需要,务林人向森林索取的是经济效益。经济效益是皮,生态效益和社会效益是毛,"皮之不存,毛将焉附"。这个道理也能从侧面反映出,为什么生态条件越好的地方反而越贫困。

所以,林业的产业倾斜政策,第一是要支持林区发展生态经营事业;第二是要支持林区的务林人发展以短养长的多种经营(或林下经济);第三是要支持林区建立市场,发展林区教育,引进和使用适宜的技术,以促进林区的长治久安;第四是要支持林区建设第三产业,提高森林和林地的附加价值,促进林农增收。林区的稳定发展,必然会带来国土绿化率的提高,为国土保安功能的实现和总体国家安全观的践行增砖添瓦,增强内源生态经济发展的韧性。

## 第二节 产业限制政策

产业限制政策是指需要即时开始收缩产业规模或停止投入产业要素的一系列产业遏制策略,大多数供给侧产业结构调整和产业转型都属于这一类政策引导下的产业限制措施。市场准入控制、资源利用限制、加大融资杠杆、提高市场指导价格、增税调节等,都是产业限制政策的调节工具。林木的限额采伐制度、退耕还林制度、森林禁猎休猎制度、野生动植物保护制度等,都可以看作林业产业限制政策的典型代表。

但是林业产业限制政策的过度使用,会造成林业政策不稳定的经营环境预期,增加林农对林业经济不稳定的忧虑,从而使其放弃森林经营或提前转让未成熟的中幼林,形成市场悲观预期下的低值贴现风潮。这对长周期型的林业产业发展而言,是十分严重的打击。

产业限制政策有时也会来自技术创新成果对传统技术体系的冲突和挑战,例如关闭林区小型造纸厂(甚至土纸工坊)、小型林化厂、简易木炭工厂以及减少针叶树纯林造林方式等,其目标都是通过技术创新或组织制度创新成果改善和优化林业资源的利用,增加森林蓄积量,更好地提供生态效益。

在南方集体林区,某些大型纸浆企业为了适应市场竞争带来的原材料需求剧增的情况,以购买原料林地经营权的方式获得原料林地,并大量设立纸浆原料林基地。但其"经营原料林基地"的结果,是采伐了原有的森林资源之后,并没有兑现所承诺的森林更新,有的只是栽了苗木并放任其自生自灭,有的只插上"封山育林"的牌子并逃之夭夭①。另有某些木材加工企业,在林区政府招商引资庇护的旗帜下,以不正当的低价收购方式取得村集体代管的山林经营权。其结果是引发了该企业与村民的经济冲突,最终导致社会群体恶性事件,当地森林资源遭到了一次掠夺性破坏。从这样的教训中,可以推演出必须对某些资本性扩张向林业的投入实施限制政策。

## 第三节 调整性法规

所谓林业调整性法规,是指能适应林业产业演变的实际、适时根据现在和未来的可能变化对既定制度进行改善的法规体系。

林业经济能获得如此巨大的成就,与林业关联的调整性法规的改善紧密相关。随着时代的脚步,从林业过去被各行各业(甚至财政)索取,到现如今天然林保护工程关联的财政转移支付等即可到达林业经营户的账户,体现着调整性法规的魅力。有关林产品贸易、非公有制林业等的一大批调整性法规,给林业产业对内和对外开放提供了有利条件。

林业产业与工业产业或其他第二产业在经营水平和技术水平上具有巨大鸿沟,在市场成熟度上更是不可相提并论。故以往尽管林产品的市场需求量大且市场价格不菲,但林业经营者(尤其是营林的务林人)却得不到相应的收益率(甚至连维持简单再生产都很困难)。在调整性法规实施的背景下,贸易政策、社会资本准入政策、非公有制林业政策应运而生,昔日的林业经营困境已经迎刃而解了。

在百年未有之大变局下,调整性法规的适度实施有利于总体国家安全观的全面普及和落实。林业发展对生态安全、国土安全、资源安全、生物安全,都能起到重要庇护作用。与"一带一路"沿线国家和地区的经济贸易合作,在统一的贸易准则下,实行各自认可的商品质量标准,打开了林产品自由进出口的通道,融通共享,缓解了我国国内林业发展中生态与经济的矛盾,进一步为完成国土绿化、实现绿色发展的使命提供保障。

---

① 见 2004 年亚洲某纸业集团的环保争议(非法采集中国南方集体林区森林事件)。

不言而喻,根据我国宪法规定,调整性政策法规需要县级以上人民政府、县级以上人民代表大会常务委员会,以地方规章或地方条例的方式予以公布。

## 第四节 环 境 政 策

林业经济中的环境政策可以分为两部分:一是森林和林地作为自然环境和产业环境的一部分时(环境要素)所配置的政策;二是林业产业发展与周边产业或非产业之间的生态关系所涉及的政策(营商环境)。

若作为环境要素,森林和林地能受到必要的关注或重视,这除了社会文化意义之外,同样具有深刻的经济意义。例如,高新技术产业若配置在森林或林业地带,则高新技术产业的从业者可以在更好的生态环境中奋发努力,取得更好的成就,并有更高的幸福指数。其结果是,森林和林地都会受到关注和重视,其生态价值或生态财富价值的意义会更大。但若把化学浆造纸厂建在森林地区,则其黑液污染可能使森林和林地受害且不可逆地污染下游河流,使森林和林地生产力下降,林区居民生活的幸福指数降低。

林业的营商环境极大地影响着林业产业的成果。从产业组织的视角看,林业的产业组织由市场结构、市场行为、市场成果组成。周边产业或非产业的主体,首先会影响市场结构,其次会影响市场行为。林业经营者和其他经营者(非经营者)之间的竞争、博弈、谈合、互融,都会对市场成果产生强烈影响。如前所述,林业和林业经营者在市场上的脆弱性,会强烈地影响市场成果。失败越多,受打击的感受度越大,便容易退出。

充分协调林业与其他产业的关系、改善林业的营商环境,是产业环境政策的题中之义。对这些环境关系的客观规律的研究,依然是产业政策法规体系建设的课题。

# 第十章　教育培训机构设计

如何使关于林业产业高质量、可持续、韧性发展的必要资源、技术、经济机制和市场知识成为务林人的切身知识并使其付诸实践？笔者认为，应从我国的教育、培训体系建设中找到突破口。

众所周知，我国产业教育、培训的体制机构已经十分完善，并在改革开放的浪潮中加速发展，为我国各行各业的经济发展提供知识和技术支撑，作出了巨大贡献，实践了"科学技术是第一生产力"的历史性命题。单就林业产业而言，从纵向的各级林业科研院所到基层的林业技术推广中心、从专业的中等林业技校到专业的林业高等学府，学科专业不仅齐全、层次分明，而且与国际先进水平不分伯仲，迈进了历史最好的时期。

但是，我国林业产业发展的战略性资源——林业发展所需的人才资源，其培育问题仍然是制约林业振兴乃至乡村振兴的重要瓶颈。产业设计注重的第一原则是可持续经营，强调资源可持续、技术体系可持续、经济机制可持续、市场可持续，在此基础上通过知识集成手法来精确构建技术路线、产业路线以形成生产力，并通过协调经济机制、产业政策法规等制度体系改善生产关系，最终使林业产业的从业者——务林人具有充分的林业产业知识和技能并付诸实践。归根结底，林业科学技术、林业教育是为产业实践服务的领域，如何履行其使命，是重中之重。

笔者将林业产业设计下科学技术成果转化为生产力的要项分为五大领域，即资源培育、技术利用、产业运营、市场经营、产业化示范。这五大领域的人才培育刻不容缓。本章重点关注我国林业高等学府[①]和公立科研院所如何在以上领域中实践所列使命。

---

① 我国现有林业高等学府包括：北京林业大学、东北林业大学、中南林业科技大学、西北农林科技大学、西南林业大学、福建农林大学、浙江农林大学等全日制综合性大学；中国林业科学研究院研究生部、各省区市林业科学研究院研究生部等高级别林业研究生教育；各农业大学中的林学院；各省区市林业部门管辖改制的本专科林业及环境工程职业院校，实属学科专业齐全、层次分明。

## 第一节　资源培育学科/专业

森林及其附属的资源体系,是林业产业发展的基础。森林所需要的土地即林地,是资源定植的基石。研究森林及其附属资源体系,掌握林地与森林资源紧密相连的关系,扩大森林资源的规模,改善森林的生存质量,提高林地的生产力,是林业高等学府资源培育学科/专业的第一要务。

森林是各种林木的总称,在资源培育中必须对其进行分类经营。《中华人民共和国森林法》将森林分为五大林种:防护林、用材林、经济林、薪炭林及特种用途林。林种之下必分树种,例如落叶松、杉木、毛竹等。更有按照生态群落特性进行分类的,例如热带雨林、常绿阔叶林、落叶阔叶林等。也就是说,资源培育必须遵循森林成长的自然规律,按照其生态特性、经济特性、生物学特性等进行合理经营。资源培育所需要的知识和技能之多可想而知,其目前的实际情况令人担忧。

以林学专业为例,产业所需的植树造林、种草的专业知识,并不能在专业课程中全面反映,因为受制于人才培养大纲的课时计划偏少,学员的专业观念从一开始就被淡化,导致资源培育知识体系不能深化和系统化,只停留在生态学、土壤学、气象学、栽培学的高度浓缩的基础理论层面,而不会对具体的目的树种(草种)进行精确的实际操作或实践调查。其结果是,在各地的基层林业产业实践中,技术人员无法满足适地适树(草)、造林育林并举的技术要求,从而出现盲目造林(种草)不成林(不成材、不结果)的技术和经济恶果。

现代林学已经进入分子生物学育种、智能化育林的时代,从产业设计的角度考察,林业高等学府(尤其是本科专业)理所当然应当把现代育林知识技术体系纳入人才培养大纲中,增加理论教学课时量,并增加实践、实验基地,完善教学设施,丰富教学手段,强化基础理论,夯实操作技能,务实地培养能担当森林(草原)培育使命的专业技术人才。

## 第二节　技术利用学科/专业

经济学强调其自身是关于资源配置的学问。但实际上,资源配置并不是经济学的目的,把资源有效利用并产生价值(和价值交换)才是经济活动的目的。从这个意义上看,与资源得到有效利用关联的范畴就是技术。换言之,技术是使资源得到有效利用的工具和方法。虽然技术本身也需要知识体系和范式技术(paradigm technology)作为背景和平台,但技术进步和技术创新的目标也是使资源得到更有效的利用,产生(或增加其)应有的经济价值。技术有其自身的时效性和专业性,限定使用的范围是有边界的。所以,让专业的人(掌握了专业技术的人)去做专业的事情,才是可持续发展中应有的逻辑。

大部分林业高等学府中都分设了经济林、用材林、森林采运、木材加工、林产化工、森林旅游等传统专业,或学科调整升级后的森林资源培育与利用、林产工业、森林旅游与生态文化产业等口径宽泛的专业。随着国家教育体制改革政策的变化,高等教育所涉及的林业教育可能会在"新林科"的态势下进一步收窄,也就是说,林业专业会越来越少(专业范围的帽子会越来越大)。

实际上,在林业产业实践中,由于林产品性质的独特性和多样性,其技术利用频度及利用深度决定了林产品在市场上的价值容量。

现在,林业产业的范围不局限于林产品。林地的综合利用和涉林多种经营的开展,也给林业技术领域提供了广阔的空间。生物工程技术、互联网通信技术、大数据技术、物联网技术、自动化及机器人技术等现代产业技术,也迅速渗透到林业产业中,这不仅为林业经济的发展提供了有利的资源配置工具,更对林业高等学府培养加工利用技术人才提出了迫切的需求,"新林科"呼之欲出,亟待改革创新。

## 第三节 产业运营学科/专业

如前所述,任何产业的成长都需要核心技术和技术群的支撑。林业产业的多样性确实需要多样化的核心技术和技术群。产业多样化下,产业与产业间的上下游逻辑关系和价值运动规律使产业间具有链节状的闭环关系(此时可称为"产业链闭合"),使资源(物质和能量)循环得以产生,进而使闭合链接的产业链成为群状结构,分布在经济空间中。此时,其可以理解为"产业集群"或产业群(industries' cluster)。只有研究产业集群的结构、功能和运动规律,才能理解产业集群的经济意义。在此基础上对产业集群进行构建和驾驭,才能有真正意义上的产业运营。

迄今为止,林业教育体制、林业政策思维和视界的局限性,使林业产业运营理论和实践方法附属在一般经济理论或农业经济理论中,不能符合长周期型产业的产业集群特性,致使林业产业经营缺乏系统性的理论体系和实践方法论,林业经济的意义和林产品的价值被大幅度低估,产业集群向衰退的方向演化。其结果是,宏观上呈现出林业经济总值在国民经济总产值中的比例极低,林业产业人口的比例极少,林区山区人口"过疏化",以及生态效益与经济效益之间发生异化(悖论)①。

林业产业运营的知识领域包括以下部分:产业政策法规研究;资源清查及林业社区调查(包含森林及涉林资源分类、商圈调查);制定林区发展战略(包括区域发展规划和流域发展规划);制定经济主体(政府、企业、林农家庭)经营计划书;实施各种项目建设管理(计划、组织、指挥、控制、协调);构建各种产业链优化模型;强化产业安全体系(设定预警预案);基于产业文化融合的技术融合与经济机制融合;产业经纪人制度。

## 第四节 市场经营学科/专业

在经济学实务中,市场是使价值交换最终得以完成的"场所",该范畴既具有理论意义也具有实践意义,因为它既是抽象的也是实质存在的。但是市场的属性与市场形成的初衷——市场形成的设计意义有关。

以市场为主导的经济被称为"市场经济",这些年受到了前所未有的重视,各综合性高校基本上开设了市场营销专业。该专业的核心课程有:市场调查与预测、消费者行为理论、国际市场营销(双语)、战略管理、物流与供应链管理、商务谈判学、营销策划、服务营销、销售管理、品牌管理、网络营销、广告策划。专业选修课程有(各校有差异):博弈与社会、绿色营销、管理研究方法论、大学语文、企业伦理学、经济研究方法论、客户关系管理、企业形象策划(CI战略)、危机公关、整合营销传播、现代营销礼仪、分销渠道管理、连锁经营、旅游市场营销学、体育营销、房地产营销学、医药市场营销学、零售学等。这些所谓的核心课程在各高校之间大同小异,知识重点和实践方式都基本相似。

在各林业高校中,虽然市场营销专业通常都设置在管理学科下,但是其专业内容却基本上与林业领域脱节,在本科主干课程设置中缺乏"林产品营销"或"森

---

① 通常是指生态条件越好的地方经济效益越恶化甚至越贫穷。

林产品营销"这样与林业相关的专业课程,大部分学生没有学过"商品学"和"商品开发学",也不懂"生态学"或"森林生态学",甚至有相当多的学生在林业高校的四年间竟然不能识别校园内的主要绿化树种。在这样的情况下毕业的技术人员,无论如何都是无法对林产品市场或森林产品市场做出正确规划的。

从产业设计的视角看,林业高校的市场营销专业应当设置与林产品营销紧密联系的课程,如:林产品营销学、森林旅游市场营销、森林生态学、林产品价值链工程、农林商品开发学、商品学、有机农业产品营销学、林区电子商务、林业市场学等。

另外,林区市场的设定方法,也应当成为林业高校市场营销专业中重要的知识点。其中,"把市场设在家门口"应作为林业经济中尤其是林产品营销中的重要原则,因为林产品终端市场距离林业经营者越远,则林业经营者的市场收益越低。

林产品和森林产品的多样化,决定了市场营销方式的多样化。从产业发展的宏观战略上看,林业高校有必要将"市场营销"转变为"市场经营"。

## 第五节　产业化示范学科/专业

以产业设计理论为指针,用哲学思维指导产业技术整合,用现代经营理念运营产业的自主创新体系并培育核心竞争能力,结合我国林区社会和经济发展的实际,构建创新领域(技术创新、组织制度创新、市场开拓)的产业化示范进程模式,是我国林业经济生产力发展路径中的"最后一公里",也是"科学技术转化为生产力"的最后一个"接力区"。

以"竹材全循环利用技术成果产业化进程"①为例。竹质新材料产业化进程的基本模式是:①用技术整合与创新诱导产生核心技术—由核心技术诱导产生技术群—由技术群支撑产生核心产业—由核心产业诱导产生产业群;②技术整合在研究开发中进行—产业进程在产业孵化器和科技产业园区进行—可持续发展体系在商业中枢型产业公社中形成—产业企业经营技巧和业绩在中小企业大学校中练成。

从产业设计的视角看,官产学研相结合的产业诱导模式,有利于林业产业核

---

① 江新喜(2016),中央财政竹材全循环利用技术产业化推广项目。

心竞争力的形成。在大学和研究机构中设立职业经纪人制度①,既有利于核心技术向产业的转化(正向转化),也有利于产业需求持续引导形成新学科(反向孵化)。

笔者倡导的基于"生态与教育联姻"和"商业中枢型产业公社"的产业形成模式,值得在产业设计实践中得到强化应用。其内容在其他章节中已经详细解说,在此不赘述。

---

① 职业经纪人制度包含:科技经纪人制度、创业经纪人制度、文化经纪人制度、产业经纪人制度。

# 第十一章 产业安全设计

林业的产业安全,是我国国家安全的重要组成部分。我国国家安全领域主要包括政治安全、国土安全、军事安全、经济安全、文化安全、社会安全、科技安全、网络安全、生态安全、资源安全、核安全、海外利益安全、生物安全、太空安全、极地安全和深海安全等十六个领域。林业产业至少关联着国土安全、经济安全、生态安全、资源安全、生物安全等主要安全领域。

总体国家安全观是一个内容丰富、开放包容、不断发展的思想体系,其核心要义可以概括为五大要素和五对关系。五大要素就是:以人民安全为宗旨,以政治安全为根本,以经济安全为基础,以军事、科技、文化、社会安全为保障,以促进国际安全为依托。五对关系就是:既重视外部安全,又重视内部安全;既重视国土安全,又重视国民安全;既重视传统安全,又重视非传统安全;既重视发展问题,又重视安全问题;既重视自身安全,又重视共同安全。总之,厘清五大要素、把握五对关系,是理解总体国家安全观的关键所在[①]。

从产业设计的立场考量,产业安全成本是产业经营成本中的重要部分。合理设计产业安全,是产业经济效益提升的前提条件。

产业安全设计包含如下内容:生态安全设计、经营安全设计、生产安全设计、灾害管理设计、产业安全机制设计。

## 第一节 生态安全设计

所谓生态安全,是指生态系统的健康和完整情况。生态系统是生物与环境相互作用的系统。此处的生态安全泛指人类在生产、生活和健康等方面不受生态破坏与环境污染等影响的保障程度,包括饮用水与食物安全、空气质量与绿色环境

---

① 习近平(2014),总体国家安全观。

等基本要素。健康的生态系统是稳定的和可持续的,在时间上能够维持它的组织结构和自治,以及保持对胁迫的恢复力。反之,不健康的生态系统,是功能不完全或不正常的生态系统,其安全状况则处于受威胁之中。

对产业或产业群而言,凡是对人类生态安全有不良影响的要素,必然成为产业发展的负能量要素,它将增加产业发展的成本而挤压产业的收益空间。对于林业产业而言,生态安全的意义是双重的——既需要保全林业自身发展的生态安全,又需要将林业的核心资源(森林资源)作为国土保安(生态保护)的屏障,护佑其他产业的生态平衡①。

林业自身是一种靠自然能力演化的产业,其生态条件的变化极大地影响产业成果。因此,研究林业所涉及的生态演化规律并尊重其规律,是产业设计的必要前提。

生态安全设计包含:立地条件设计、生态技术体系设计。

## 一、立地条件设计

立地条件是指对林木生长意义重大的环境条件的总体,由气候(光照、温度、水分、空气等)、土壤(土壤组成、结构、物理及化学性质以及土壤有机物质等)、生物(主要是植被)、地形(山地、丘陵、平原、坡度、坡位、坡向等)诸因素综合构成。对立地条件进行的设计,不是大规模改造立地环境因子的设计,而是要掌握立地条件的特点,因地制宜地(即循立地因子而道法自然地)设计产业的配置路径和方式,最大限度地确保立地因子与产业经营因素之间的动态平衡。例如,改善小气候、改良土壤、调整植被(包括生物群落保护、避免刀耕火种等)、水土保持和避免陡坡开垦等综合性项目,就是对立地条件的基本设计。立地乃生存立身之地,不可妄作也不可不为,宜妥善处之。

## 二、生态技术体系设计

生态技术体系泛指林业生态工程技术体系,旨在为林业生态工程顺利建设和稳定高效发挥生态防护功能提供一系列关键技术,形成保障林业生态工程可持续经营的重大技术支撑。该技术体系包括:防护林体系合理布局及规划技术;以立地类型划分与适地适树为基础的造林技术;水土保持林体系空间配置、稳定林分

---

① 2009年12月,温家宝总理在哥本哈根国际气候变化大会上再次指出:"中国是世界人工造林面积最大的国家。我们持续大规模开展退耕还林和植树造林,大力增加森林碳汇。"

结构设计与调控技术;水源保护林体系空间配置、稳定林分结构设计与调控技术;复合农林业高效可持续经营技术;困难立地特殊造林与植被恢复技术;抗逆性植物材料选育及良种繁育技术;低效能防护林改造复壮技术;森林病虫鼠害及火灾控制技术;林业生态工程信息管理与效益监测、评价技术。依据林业产业的基本目标和立地条件进行的上述技术体系设计,就是基本的生态技术体系设计。但无论设计怎样的生态技术体系,对自然生态体系而言,激进则败,应避免大规模突进、盲目索取,并应谨记恩格斯所指出的:人类对大自然的每一步征服行动,都要遭到大自然加倍的报复。

## 第二节　经营安全设计

"经营"在中文中是个独特的名词兼动词,大体上解释为"经度营造、谋略、筹划、策划"等。笔者在教授经营学时,更是把经营学定义为"关于创业与组织发展的学问",在其方法论部分偏重于经营技巧(战略)和经营业绩的积累。当循着经营学的思路来考察林业的经营安全时,经济主体(林业企业、林户等,此处可统称为经营者)的创业和组织发展便进入视野。林业经济主体的经营安全,至少是决定林业产业安全的重要部分。

在经营学中,笔者曾表述"经营者的人性特征将表现在经营者的创新特质中"。正因为如此,经营安全实质上首要指关于经营的人和组织的安全。对于林业经营而言,由于其长周期和产品多样性的特点,务林人作为经营者具有"林业经营者"的独特性格,值得格外关注和关怀,因为"多种经营、以短养长"伴随着其职业生涯的始终。从这种意义上说,林业经营者(务林人)的个体或组织生涯的命运,连接着林业产业的兴衰。这也说明"以人为本"原则将是经营安全设计中的重要原则之一。

经营安全可以由创业安全和组织发展安全两部分构成。

### 一、创业安全

创业安全意味着经营项目的从无到有和从小到大。创业的必要性来源于产业长周期下的以短养长,是长周期背景下产业生存的必要性。"多种经营"是一种具有有机关联的组合经营,适合林区长周期背景下的自然演化型林产品产出特

点,也适合成为务林人个人或组织的创业项目。"多种经营"中的"多种",是指种类多,这个"多"来源于林地或森林中衍生产品的种类和规模,不能人为地过量攫取,甚至"予大于取"更有利于可持续经营。所以,多种经营是一种"东方不亮西方亮"、积少成多而多多益善的林业经济生活方式,与时下的"林下经济"概念不谋而合。创业安全设计的基本要点是把握林区多种经营是创业活动的主战场。对资源量入而出、精打细算,创业才能生存。

## 二、组织发展安全

组织发展安全意味着林业的长周期特性是与务林人的组织特性相适应的。换言之,任何个人都无法应对长周期的森林成长所形成的自然演化规律,只有稳定的经营组织发展,才能伴随森林和林木的稳定培育。组织所具有的经营资源成长特性,决定组织的成长特性。通常,所谓的经营资源是指人、财、物、时间、信息、关系、空间。经营资源中任何单个资源的成长,都会导致整个资源间的协调重组,稀缺和互补成为经营技巧中的日常事。但林业的时间和空间特性,限制了其信息和关系特性,导致了人力、财力、物力资源的偏倚,更加加剧了林业企业组织的经营脆弱性。所以,组织发展安全设计的重心是如何建立和稳固林业企业组织。互助合作组织(林业合作社、森林公社、"公司+基地+农户"等)的建立和发展,是组织发展安全设计的必选项,值得充分探讨。

另外,经营安全设计还可能涉及经营者道德风险和个人伦理风险控制,其相关内容将在其他章节中详述。

## 第三节 生产安全设计

众所周知,生产过程中的瞬间安全事故,总是伴随着生命财产损失。但是在日常的经营管理中,经营者或当局者总是把安全成本(或者说可能的损失)放在一个不确定性预算的位置。一旦有事,安全事故的现场就会完全改变场景;应急处置后面目全非且不可逆转——"一失足成千古恨"。

但是,生产安全事故的缘起有若干方面。第一是经营决策失误,盲目冒进的战略方针通常都缺乏保障体系;第二是质量标准和安全标准的匹配不合理,导致资源滥用或"过载"引起副作用;第三是缺乏全过程的安全管理,流程断层引起乱流熵,使正常的安全系统崩溃;第四是对不可抗力的应对策略不足。

生产安全设计的基本原理依然是:"从源头开始治理",预防为主,预防与制度治理相结合,安全管理措施贯穿生产的全过程,质量控制与安全标准制度控制协调运行,积极引入保险以应对不可抗力。

鉴于关于安全管理的知识已经全面普及,读者可自行查阅,在此不赘述。但有必要对林业产业中生产安全设计的几个要点进行提示。

基因安全是物种安全的重要部分。在产业设计中,务必精确识别目的树种(品种),防止假冒伪劣种源进入生产环节;还要防止外来有害生物的侵蚀;需要专业技术人员参与设计。

林地安全是国土安全的重要部分。在产业设计中,务必确保林地具有均衡的生产力以维持生物群落的稳定,尽量杜绝林地空心化(无人区),完善人与林地和森林的和谐共存机制;在设计中加入中庸哲学元素,在乡土特色下完善林地生产力建设规划。

肥料和农药(林药)安全不仅关联着生态安全(农业面源污染),而且关乎林业生产自身的可持续发展。在产业设计中,尽可能采用自肥、自保①体系,有条件时可以设定有机农业(林业)作为商品生产方向,以促进国民的食品和纤维产品安全。

森林防火、森林病虫害防治、森林乱砍滥伐(包括盗伐)管控是林业生存安全中的日常关键工作。产业设计中,要将防火林带、生物防治、资源消长检测设施等作为生产的基础设施进行建设。

## 第四节　灾害管理设计

虽说"在天灾人祸面前,人人平等",但如果对灾害管理得当,则防灾减灾仍然是可能的。灾害管理不等于应急管理。

灾害管理学就是利用灾害科学的理论研究如何通过行政、经济、法律、教育和科学技术等各种手段对破坏环境质量的活动施加影响,调整社会经济可持续发展与防灾减灾的关系,通过全面规划、合理利用自然资源达到促进经济发展并安全

---

① 自肥是指森林自身的枯枝、落叶、落果还原到森林土壤,有时也强调在针阔混交林中增加落叶树的比例以提高林地土壤肥力;自保是指森林或林地自身的病虫害防御机制,如鸟类动物对有害昆虫的控制等等。

少灾的目的。灾害管理学主要从宏观上、战略上研究灾害问题,包括灾害预测、灾害决策、防灾规划、减灾战略及经济政策研究等范畴。

产业设计中的灾害管理设计,不是灾害管理学的翻版,也不是应急管理学的翻版,而是通过对经营资源进行周密考量,预设资源之间的替代关系,模拟未来技术的多向异性(韧性),从而为预防和应对灾害建立计划、组织、领导和控制系统。这些系统所需的资源和成本,都是预先由产业设计而来。当然,在这样具有不确定性的未来经营决策中,产业设计思考的基本方式是"背着包袱往前走"、平战结合向未来。

灾害管理设计的基本内容有:防灾减灾计划设计;防灾减灾组织设计;平战结合的项目设计;防灾减灾预算设计;灾害救援及复旧管理计划设计;产业链韧性设计;防灾减灾的互助合作机制设计;备灾产业体系设计①。

## 第五节　产业安全机制设计

产业事故频繁发生或突发重大产业安全事故带来的社会和经济损失总是巨大的,且"城门失火,殃及池鱼",无辜的人们牵连其中,社会和经济发展的步伐受阻。

经济主体(政府、企业、家计)在产业安全机制构建中,具有不同的角色分担。政府通常承担辖区内公共安全的策划和领导责任。在辖区有安全事故时,政府承担着公共救助和善后任务。企业通常承担在安全责任范围内的事故责任。当其需要救助时,可寻求与政府或其他企业的联合互助。家计部门则通常需要承担任何殃及自身的事故责任,在重大事故或灾害面前,唯有自助、互助、公助。

从产业设计的视角看,经济主体"各自为政"的安全机制构建,毫无疑问地会消耗大量的或过量的经济成本。因此,在各个产业层面完善安全机制设计,是产业高质量、可持续、韧性发展的必然要求。

产业安全机制设计的主要内容有:全产业的安全监督管理机制设计;产业间安全管理联动协调机制设计;产业安全质量标准设计;产业安全的公助互助自助机制设计;产业安全事故的统计调查分析体系设计;产业安全教育培训机制设计;产业安全的保障体系设计等。

---

① 备灾产业体系可考虑备灾能源产业体系、备灾食品产业体系、备灾医药产业体系、备灾住宅产业体系等。

# 第十二章　产业文化设计

"文化也是生产力",作为经营观念已经深入人心。文化生产力可以分为两个部分:产业文化生产力和消费文化生产力。从这种意义上看,产业文化设计实际关联着产业文化生产力,消费文化引导设计则关联着消费文化生产力。

产业文化的发祥地是企业(包括公共生产部门),企业文化极大地影响着产业文化。企业文化的承载体可以归纳到企业的生态伦理、经营哲学、文化传播技术、文化意象之中。

## 第一节　生态伦理设计

所谓生态伦理,是指人类处理自身及其周围的动植物、环境和大自然等生态环境关系的一系列道德规范,通常是人类在进行与自然生态有关的活动中所形成的伦理关系及其调节原则。人类的自然生态活动反映出人与自然的关系,其中又蕴藏着人与人的关系,反映出特定的伦理价值理念与价值关系。人类作为自然界系统中的一个子系统,与自然生态系统进行物质、能量和信息交换。自然生态构成了人类自身存在的客观条件。因此,人类对自然生态系统给予道德关怀,从根本上说也是对人类自身给予道德关怀。人类自然生态活动中一切涉及伦理性的方面构成了生态伦理的现实内容,包括合理指导自然生态活动、保护生态平衡与生物多样性、保护与合理使用自然资源、对影响自然生态与生态平衡的重大活动进行科学决策以及人们保护自然生态与物种多样性的道德品质与道德责任等。维护和促进生态系统的完整和稳定是人类应尽的义务,也是生态价值与生态伦理的核心内涵。

政府工作人员和企业家在进行产业决策和企业经营决策时,在取社会和经济发展公约数的同时,必须面对行政伦理、经济伦理和生态伦理的拷问。诸如财政转移支付的对象选择、技术创新成果的支持方向、"规模经济"抑或"规模消费"指针的应用领域决策、产业核心技术的普及推广以及影响社会和家庭支出的各类重要消费品的规格标准等,都会实质上影响社会经济、生态环境、居民家庭生活的平衡秩序。所以,其对生态伦理设计的必要性不言自明。

林业产业设计经常要面对的是营林技术的选择(例如栽培纯林还是混交林、造林更新还是伐根萌芽更新、集约经营还是粗放经营等)、采伐技术的选择(长伐期还是短伐期、皆伐还是择伐、高伐根还是低伐根等)、加工利用技术的选择(原木利用还是板材利用、全株利用还是部分利用、剩余物利用等)、生物多样性保护技术的选择(保护区的面积大小及保护级别设定等)、木材产品利用方法的选择(一次性利用还是多次利用或半永久利用、循环利用)。这些选择不仅与森林和林地的生态稳定有关,更与林业企业的收益程度和居民的消费效率(支出金额)有关,同时也关联着森林或林地的外部经济性①。

因此,生态伦理设计应当坚持尊重生态规律、量入为出、有利于未来、低碳节约、适度收益、持续利用的伦理规范,把激活产业文化生产力进行到底。

## 第二节 经营哲学设计

在产业文化中,企业的经营哲学总是与企业创始人的经营理念紧密相连。

经营哲学(business philosophy)也称企业哲学,是企业特有的从事生产经营和管理活动的方法论原则,是指导企业行为的基础。企业在激烈的市场竞争环境中面临各种矛盾和多种选择,必须有科学的方法论来指导。由既定的逻辑思维程序来决定企业行为,这就是经营哲学。例如日本松下公司的"讲求经济效益,重视生存的意志,事事谋求生存和发展",就是其战略决策哲学。

企业经营哲学若强调低碳环保,则崇尚功能专一简洁、经久耐用的商品生产;若处处为女性消费者着想,则杜绝开发多功能而高价格的商品生产;若总是要为生态文明作贡献,则会选择零排放的循环经济模式;若尊重员工发展,实现双赢,则会开展在职培训和建立员工进修制度等,明确遵循可持续发展的、多赢的逻辑

---

① 外部经济性又叫经济活动外部性,是经济学的一个重要概念,指在社会经济活动中,一个经济主体(国家、企业或个人)的行为直接影响到另一个相应的经济主体,却没有给予相应支付或得到相应补偿,就出现了外部性。外部经济性亦称外部成本、外部效应或溢出效应(spillover effect)。外部性可能是正面的,也可能是负面的。

关系。

经营哲学设计包含如下内容：企业价值观植入设计、企业市场观念设计、企业效益观念设计、企业创新观念设计、企业未来（长远）观念设计、企业社会观念（生态观念）设计、企业民主观念设计。

## 第三节　文化传播技术设计

"好酒不怕巷子深"，是因为文化传播有效率；而"好酒也怕巷子深"，则意味着文化传播乏力。既然文化传播的效率和非效率对产业的经济意义如此之大，那么文化传播技术的价值也就特别重大。

文化传播又称文化扩散，指人类文化由文化源地向外辐射传播或由一个社会群体向另一群体的散布过程。文化传播取决于文化的实用价值、难易程度、文明声望、时代适应性和抗逆性等多种因素，可分为直接传播和间接传播。前者通常由具备文化的人们通过商队、军队等途径直接传播某种精神或物质方面的文化内容，如新的有机农业技术的发明创造等；后者表现为一种比较复杂的文化扩散能力，主要指某一社会群体借用外来文化特征中的原理，进行文明创造活动的极具刺激传播，如欧洲最终发明瓷器是在知道中国瓷器大约200年之后。

文化传播技术进步，使新时代的精神文明建设达到了新的高峰。依托信息技术进步，文化传播技术（也称传媒技术）得到了全面发展，各层次、各类型的文化传播技术琳琅满目。从纵向传播到横向传播，从公共传播平台到自媒体，以及从有线到无线、从人传人到物传人、从平面媒体到音频视频媒体，无不体现文化传播技术的发展呈现出多样化。

文化传播技术设计，应坚持实事求是的原则，按照企业自身的经营条件，选择可持续发展的真实内容并通过媒体技术进行传播。在林业产业设计中，文化传播技术的选择可结合生态条件优越的资源，将视频音频的互联网络传播、自然资源自身的固定样式视觉传播以及各种运输工具的表面广告传播作为选择方向。

## 第四节　文化意象设计

意象是文艺美学中的概念，而文化意象从属于意象，是相对于自然意象而言的。文化意象大多凝聚着各个民族的智慧和历史文化,其中某些文化意象还与各个民族的传说有关。在各个民族漫长的历史岁月中,它们不断出现在寓言、文艺作品中,逐渐形成为一种文化符号,具有了相对固定的、独特的文化含义,有的还带有丰富的、意义深远的联想。当人们提起它们时,彼此间能心领神会,很容易达成共同认识。而不同民族由于生存环境、文化传说、历史传统、价值取向不同,其文化意象也会不同。意象是中国文化特有的范畴,很早就出现于中国古典哲学、美学与文论中。"意"概指审美主体的意识、心志、情义、旨趣等心理内涵,表现于艺术作品,则指其思想含义、精神内容、精神境界。"象"来自物,又不是单纯的物。它是从具体的大象形象概括而来,不仅成为形象与想象的共名,而且指点了具象思维的中国文化的丰富内涵。

　　文化意象设计之于林业产业,的确有值得仔细关注之处。首先,长周期林业的时间价值(年轮)是一个完美的突破口。其次,务林人的胸怀、睿智和以短养长的经营技巧,可以点亮公众的眼球。再次,森林产品的多样性来源于森林物种的多样化,物种演化的功能和结构知识能带给顾客多样的想象空间,使其得到智慧的加持。最后,文化意象设计,依然需要增强创新能力。

# 第十三章　消费文化引导设计

消费文化是指在一定的历史阶段中,人们在物质生产与精神生产、社会生活以及消费活动中所表现出来的消费理念、消费方式、消费行为和消费环境的总和。

消费文化来源于消费者。消费文化也是具有生产力的文化。如前章所述,消费文化引导设计关联着消费文化生产力。消费者的消费行为构成拉动市场的驱动力之一。但消费文化的影响远非只是驱动经济发展那样简单,消费者的消费行为对森林和林业发展的影响巨大(例如居民购房,木材家具购置、林地领养,森林旅游等),进而对森林生态系统的影响也巨大。

## 第一节　消费伦理设计

在市场经济背景下,"有钱人很任性、狂买不停"的现象,从消费伦理观点来看,是有伦理缺陷的消费,因为这会过度刺激供给,拉动市场需求向更大规模发展,可能引发激烈的企业间同质产品竞争(包括价格战)。企业在新的竞争态势下囤积或大量采购初级原材料,使资源稀缺状况加剧。

作为消费者,从家庭生活的幸福指数和收入预算制约出发,量入为出、留有余地的支出,是家庭持家者的本意和流行。不买不需要的商品、不买过量的商品若能成为时尚,则市场可平稳运行,对生态环境的破坏性最小。不买法律禁止买卖的商品、不抬价购买稀缺资源的商品,则生产企业的守法经营能给社会带来福祉。

所以,消费伦理设计(严格地说,消费伦理应当是被倡导的)是在倡导文明消费的基础上,对消费行为加以引导和激励(正向激励和负向激励),促进市场平衡,进而促进自然生态系统平衡。

消费伦理设计包含的主要内容有:公共资源合理利用阈值、稀缺资源合理利用阈值、低碳节约引导的可持续福利体系、个体及团体合理消费范式设计等。

## 第二节 公共消费的生态经济学辨析

公共消费通常是指政府采购公共服务和产品,也包括对公共产品(道路、水库、公共避难所等)的维护保养和对特定服务人员的转移支付等。站在公众的视角看,公共消费牵连着两类成本:一类是纳税人的缴纳税费形成的转移支付;另一类是公共产品的产品折旧。公共支出中的转移支付,可能对生态系统造成影响(正向或者负向);对公共产品的维护保养支出,其折旧具有极大的不确定性,因此也需要进行风险控制分析。

生态经济学,是从经济学角度研究生态系统和经济系统所构成的复合系统的结构、功能、行为及其规律性的学科。主要研究内容有:生态经济系统的结构、功能和目标;经济平衡与生态平衡之间的关系及其内在规律;经济再生产与自然再生产之间的关系和规律;人类在生态经济系统中的各种经济活动同时带来的经济效益和生态效益的相互关系;人口、资源、能源、生态环境、城乡建设等问题之间的内在联系;防止环境污染、恢复生态平衡的投资来源及效果评价;等等。

公共消费的实质性内容是对公共事业进行投资。在市场经济下,公共事业投资是拉动经济发展的主要手段之一。运用生态经济学的实践手法对公共消费进行分析,可以得出公共消费能改善生态经济效果的结论。鉴于大量学者对此研究甚多,在此不赘述。

## 第三节 家庭智慧型消费的文化引导

家庭智慧型消费的文化引导,首先可以演化为"如何做聪明的消费者"的命题。笔者曾经在《消费者的哲学》中这样写道:"除了自给自足经济之外,任何个人、家庭、团体、企业、政府机构,都具有作为消费者的一面。如果你是消费者,你如何做一个聪明的消费者?消费经济学也许会给你一张处方:①仔细计划,按计划消费;②列出必须采购的清单,按单采购;③货比三家,充分获得竞争信息;④选择真正换季促销的商品,选择有售后服务和品牌完善的商品;⑤不要冲动购物,不要相信广告,要相信大用户的评价;⑥在采购重要和复杂的商品前,尽量取得专家的指点;⑦注意商品的使用和维护方法;⑧注意发现和避免促销和销售合同陷阱;⑨建立和参与消费者联盟,维护自身的权益。"

通过对家庭财富积累曲线进行分析,笔者发现,个人的支出节约可以导致个人生涯财富曲线的正向推移,优良的家庭文化(家风)可以导致家庭财富的积累,并且在代际财富延递中处于有利的地位。现代家庭处于当今各种智慧技术包围之中,在吸收各种先进技术改善持家条件的同时,应结合家庭实际情况,转向家庭智慧型消费。

## 第四节 "生态财富"论

作为务林人,长年生活在林区,与青山绿水打交道,理应懂得把身边的生态资源变成生态财富。只有生态财富转变成经济财富,绿水青山才能真正变成"金山银山"。

生态财富又称自然财富,是社会财富的重要组成部分。生态财富是指能够满足人类生产和生活需要的自然对象、自然条件,既包括作为加工对象的自然资源,又包括由森林、草地、土壤、大气等多种自然生态环境组成的生态体系。

根据已有的研究成果,可以将生态财富按照四种方式分类。

(1) 按财富是否具备生态性可划分为:生态财富与非生态财富。所谓生态财富,即以资源安全、生态安全、环境安全和社会安全为前提,有利于人与自然和谐发展的财富。反之,则是非生态财富。例如森林、河流、植被、湿地、太阳能等都是生态财富。

(2) 按生态财富的存在形式可划分为:有形生态财富与无形生态财富。所谓有形的生态财富,是指以固体和液体形式存在或看得见、摸得着的生态财富,例如雪山、草地、各种动物和植物等等。所谓无形的生态财富,是指有关生态财富的知识产权,例如有关生态建设、环境保护的专利权、商权标和版权等等。

(3) 按生态财富是否经过人为加工可划分为:原生态生态财富、人造生态财富和组合式生态财富。所谓原生态生态财富,是指自然形成的生态财富,例如,原始森林、河流、湿地、雪地、各种野生动植物等等。所谓人造生态财富,即经过人类加工生产出来的生态财富,例如无污染农产品、环保汽车、节能建筑材料等等。所谓组合式生态财富,即原生态生态财富与人造生态财富的最佳组成,例如举世闻名的三峡工程。

(4) 按照世界银行衡量国家(地区)财富的新标准,以生态性为尺度,可以把一国的生态财富划分为:生态人造资本、生态自然资本和生态人力资本。一般而言,人造资本可分为生态人造资本与非生态人造资本;在自然资本中,也可以分为生态自然资本和非生态自然资本;人力资本同样可以分为生态人力资本和非生态人力资本。生态人力资本是指那些德才兼备、有创新能力、有工作能力、受过良好的生态教育、具备生态环保人格的生态人才。

对于务林人来说,生态财富具有可达性,即看得见、摸得着,但也弥足珍贵。如何享受生态财富带来的幸福生活,是一个值得长久关注的课题。

对于消费者来说,若要接近生态财富,则需付出若干代价。

## 第五节 "生态福利"论

生态福利是务林人从生态系统中获得的福利。生态福利可以通过测算得到总值,总值可分为三个部分[①]:从生态系统的供给服务功能中获得的福利(直接获取农林土特产品、薪柴、水资源等)、从生态系统的调节服务功能中获得的福利(减少的自然灾害、病虫害、损失,以及生态补偿)、从生态系统的文化服务功能中获得的福利(与生态旅游相关的经营收益)。生态福利还可以分为直接福利和间接福利,从供给服务功能中获得的福利为直接福利,从调节服务功能和文化服务功能中获得的福利为间接福利。

林区的生态环境条件得天独厚,优于平原农村,更优于城市。但其经济发展状况不如平原农村,更劣于城市,呈现"生态环境越好,经济越落后"的悖论。

对于务林人来说,生态福利具有可用性,即靠得住、用得上,身处其中,生活无忧,值得好生经营。

对于消费者来说,与作为生产者的务林人交换生态福利,也需要付出相应代价。

---

① 生态系统具有三大经济功能:供给服务功能、调节服务功能、文化服务功能。

## 第六节　世代相传的中华智慧

中华民族关于森林和林业产业经营的知识,是一个伟大的智慧宝库。从传统的采种育苗、造林育林到综合利用、生态修复,从基因工程到生物多样性保护,从河长制、林长制到一二三产业融合的林下经济,林业经济的领域不断扩大。在生态文明的旗帜下,林业科学技术不断创新,林业产业的装备水平不断提高,林业人才培养体系不断完善。更重要的是,生态文明建设目标家喻户晓,进一步增进了国民对生态文化的参与程度。祖国绿化,未来可期。

林业经济中的产业设计,当吸取中华民族智慧宝库中的精华,以生态文明建设使命为己任,以振兴山区林区为目标,将林业经济高质量、可持续、韧性发展坚持到底。

# 附 录

# 附录一　林业产业变革的真实信号

《立方米革命》(节选)
——中国林业新时代的号角

作于 2004 年 5 月至 2008 年 9 月

## 一、从住建产业株式会社说起

中本利夫先生是现在日本著名的住建产业株式会社社长。中本家族曾经创立的公司叫作"中本造林株式会社",是一个中规中矩、严格按照林学套路经营的造林企业,在二十世纪六七十年代经历了由日本林业走向世界林业的过程。那个时期,中本造林株式会社距广岛市的宇品港只有 60 多公里,但把公司的木材产品运到港口,然后进行销售,居然没有办法与从新西兰进口到港口的木材产品进行竞争!中本社长非常震惊也对此感到不可思议。为什么会是这样?难道日本林业的传统经营出现了问题?难道在日本著名大学里学过的林业经营理论全部成了谎言?经过一番激烈的挣扎和冷静的思考之后,中本社长决定带足盘缠亲自到新西兰考察。

经过日本政府推荐,日本十大综合商社之一的日商岩井株式会社派海外部的精英陪同中本社长到新西兰协助调查。这次调查使中本社长明白了几件重要的事实:一是新西兰的海岸松(辐射松)生长非常迅速(每公顷每年能生长 30 立方米木材)、材性良好(适合作日本住宅的结构用材,且机械加工性良好);二是从新西兰水运到日本各港口的运费很便宜(木材是由专用的木材拖船运输的,成本异常低廉);三是新西兰政府非常欢迎发达国家的企业到该国投资经营林业(有大片海岸土地用于林业经营)。

这次调查以后,中本先生重新审视了日本林业的经营模式,决心以国际合作的形式打造林业经营的新平台。数年以后,中本先生创立了住建产业株式会社,并相继在新西兰、美国和中国上海建立了合资或独资企业。其中,他最先在新西兰购买了9万公顷林地(每年生产100万立方米木材,其中40万立方米运回日本进行制材加工,其余的60万立方米运到中国上海进行加工后,转销至世界其他地方),受到了新西兰政府最热烈的欢迎。住建产业株式会社最紧密的合作伙伴是日商岩井株式会社。住建产业株式会社是现在东京证券交易所的实力派上市公司,也是日本林业企业的龙头之一。

## 二、单株价值超过立方米木材(日本柳杉)

日本京都府的北山地区,是日本全国著名的"人工美林"地区,这里出产的日本柳杉原木的价格也是全国最高的。1988年,笔者在那里经过仔细调查,发现有两种原木的价格十分值得重视。一种柳杉原木叫作"磨丸太"(migakimaruta),其加工方法是用高压水枪冲剥树皮,然后用油锯在木材的纵向中央开一条槽(以减少木材干燥时的自然应力),然后进行干燥。这种木材通常被用作日式建筑客厅的装饰柱(通称"床柱,tokobashira"),每根(直径约30厘米、长度为5米左右)的市场销售价格在20万至30万日元,而当时的普通柳杉原木价格仅为每立方米8万至12万日元!另一种柳杉原木叫作"绞丸太"(shiborimaruta),其加工方法是在柳杉人工林采伐前3至4年时把加工成天然花纹状的竹条(或硬塑料条)用铁丝绑扎在树干上(树皮外面),使木材采伐时具有外在的印痕花纹(凹陷状),然后采用与"磨丸太"相同的加工方法进行加工并销售,其市场销价高达每根40万日元!

需要说明的是,日本是个崇尚"木文化"的国家,只有符合日本文化需求的木材,才可能有高附加价值。上述的例子是当客厅文化与高附加价值的木文化相关联时,对应的木材商品才具有如此高的市场价格。

## 三、间伐材的价值坟墓

日本战后造了1 000万公顷的人工林,约占日本全国森林面积的40%。从经营的角度看,人工林必须经过抚育间伐才能成林成材。但是日本的林业经营者后继不足的现况,制约了日本林业抚育间伐的正常进行。

1988年秋天,笔者在市场调查时发现,从日本柳杉人工林中进行间伐,所生产的间伐材的成本约为每立方米5万日元,但是若加上运费和市场交易成本,则至少达到每立方米6万日元。而森林木材交易市场上,每垛木材(约合5立方米)的销售价为24万日元左右。这样的市场销售价与间伐材成本之间的差距是一个负数,显然,如果没有政府补贴,间伐材已经进入了价值的坟墓。虽然人工林经营需要抚育间伐,虽然间伐材也有使用价值,但是市场经济规律却给这种可能性带来严峻的挑战。

从此之后,日本政府采取了两项举措:一是通过各种方式对抚育间伐进行财政补贴;二是鼓励使用国产木材(包括所有进行义务教育的学校和政府公共部门)。

### 四、备长炭高利润的缘由

在日本,由乌冈栎、青冈栎等硬质木材烧制的木炭被称为"备长炭",它是日本家喻户晓的燃料精品。同时,它还衍生了许多"备长炭文化",其商品价格在日本一直居高不下。

由于利益的驱动,日本商人和厂家最终把烧制"备长炭"的技术传到了中国。在改革开放的浪潮中,中国森林中的"硬杂木"成为日本"备长炭"的原料,"备长炭"的出口创汇也给中国木炭产业带来了丰厚的利润(每吨备长炭的平均价格超过2万元人民币)。但是,自中国政府实施天然林保护工程之后,备长炭的出口受到限制,备长炭的出口利润就更加受到了限制。

究其原因,"备长炭文化"的源远流长不得不说是一个重要的背景。由文化造就的附加价值是很难因为资源的不足而上下波动的,加之硬杂木的自然生长需要很漫长的年月,的确是一种稀缺的资源。所以,"备长炭文化"造就的附加价值和"备长炭"原料的稀缺性决定了"备长炭"的高利润。

### 五、竹纸做墙纸的文化价值

湖南省桃江县是"中国十大竹子之乡"之一,该县曾经利用竹材加工的剩余物作原料生产出一种竹纸——迷信用纸。在盛产期,该迷信用纸的价格为每吨1 400元至1 900元人民币不等;而到后期,由于环境保护法规的限制和市场需求量的增加,该迷信用纸的价格上涨到每吨2 400元人民币。但到2006年底,桃江县残存的61家造纸厂终将全面关闭(全部关闭时的销售总额达到25 000万元以上)。

自2003年开始,笔者一直致力于桃江竹纸的产业升级工作。之后的几年,笔者曾经将桃江竹浆试用在许多新材料中(包括做成纤维状活性炭和做成家具用衬纸板),但进程并不十分顺利。直到2005年鹤野晖先生从日本带来了某大公司用竹纸做成墙纸的进程报告,这项工作才真正取得了进展。原来,日本自2004年4月1日起实施了新的《建筑基准法》,法律确定的四个大的方面是:民用建筑必须全面贯彻"抗震、防火、无VOC(挥发性有机气体)释放、环境友好"的基本方针,废除了塑料墙纸、石膏板等传统建筑材料。所以,新型墙纸的开发也成了新的利润增长点。用桃江竹纸做墙纸,符合日本国民的审美习惯,加上竹文化的独到特点,新型竹纸墙纸受到了广泛关注。

从技术上看,竹纸墙纸不需要像普通文化纸那样进行化学处理,因而对环境的污染少,成本低廉。从经济价值上看,因为竹纸墙纸中添加了诸如复合触媒、活性炭等净化空气的功能物质,增加了墙纸的附加价值,所以,其单价可以确定在较高的水准(例如,初期出口日本的竹纸墙纸报价达到每吨20 000万元人民币以上,约是普通竹浆纸的4倍),极大地提高了竹纸产业的价值水平。

人们也许感到奇怪,但其实真正起主导作用的是竹纸的文化要素。因为桃江竹纸的表面风格(不进行任何工业化加工)非常适合日本住宅的文化特点,加上日本国民对竹子具有良好的感觉,所以墙纸是日本家庭的艺术品,而不是工业品。基于此,日本国民才对桃江竹纸有如此强烈的需求。

## 六、歪脖子树的文化与经济意义

笔者曾经在母校做过教师。母校有许多不同类型的学科专业。有次,笔者引导大家来讨论关于阔叶树(林业部门曾经称其为杂木)的经济价值问题。杂木是阔叶树的别称,但人们经常想象的是不能成材的"歪脖子树"。林业经营中,在栽种针叶树时,人们经常要砍掉那些歪脖子的杂木。

生态学的专家批评这种做法违背了生态学原理,因为纯针叶树林经常导致土壤肥力下降且物种单一化导致森林的抗性下降。

艺术设计专家说:歪脖子树其实比直通通的针叶树更具有艺术观赏价值,因为其富于变化而给人的生命力的感觉才是艺术创造的本源。

经济学研究的专家说:市场上流行的针叶树材多了,可以满足大众化的需求,但那是低价值的商品的特征。若市场上,大家都没有把杂木作为主要商品销售,却反而更能满足个性化的需求,可能取得更好的卖价。再说,市场上人们对价值的认识也是变化的,现在价值低的东西将来经过文化发掘或是技术创新,可能变成高附加值的商品,像森林资源类的自然界天然形成的产品更具有价值的储蓄性,其长期抗市场风险的能力也许比大规模的工业化产品更强。

一位文学作家说:歪脖子树木长得慢,正应对了"浓缩的都是精华"的道理,也许这样更能得到自然的灵气,受到人类的追捧,反而具有文化收藏价值。

这样的讨论让笔者备受启发和鼓舞。最终,笔者选择了把歪脖子树的经营与文化附加价值、与物种多样化以及与生态伦理相结合来认识。也就是说,在今后长期的营林过程中,我们应当善待阔叶树,摒弃或淡化目的树种的概念,让物种多样化的理念贯彻营林过程的始终。

### 七、竹胶板产业的坎坷历程

当张齐生院士发明了第一块用竹材做成的胶合板时,他也许并没有想过人类使用竹胶合板要持续多少年。但是,竹胶合板产业的确经历了整个产业兴衰的全过程。

人造板的历史尤其是胶合板的历史,赫然地告诉我们一个道理:树木的生长与人类需求的增长是不可能同步的,所以需要使用工业技术手段来补足树木生长的缺陷,达到人类使用木材的目的。从100余年前日本发明了木材胶合板到现在,胶合板的历史中隐藏着各种博弈:技术与经济、技术与生态、技术与文化、政治与经济等等。

出口到日本的竹胶板的比例很小就是一个例证。20世纪80年代末期,清水秀辉先生向笔者说明了为什么这样:日本的工匠用惯了他们的木材胶合板,他们在施工现场要用手工锯,用钉锤,因为日本的工程很精细,而且工匠的人力费用很高;中国的竹胶板在日本的施工现场鲜少能派上用场,因为它们无法通过使用普通的手工工具进行施工(用手工锯和用钉锤都很困难)。其实这里是两个结果:一是文化上难以接受(胶合板是日本人的原创);二是经济上不合算(进口成本和人工成本都很高)。所以,清水秀辉先生当时就发明了一种竹纤维胶合板(可以满足手工施工要求的胶合板),但是由于其成本过高和产业界的抵制而没有得到实施。

竹胶板在中国国内得到了大规模的应用,这是因为在中国改革开放的30年中,人们对木竹产品的需求不断增长。在这30年中(竹胶合板的产业历史大致与改革开放的30年同步),随着社会经济发展由量变到质变、由大众化到个性化、由单一化到多样化、由封闭型到国际化、由计划经济向市场经济转变,林业乃至竹产业中的竹胶合板产业也相应地经历了与社会经济发展同样的历程(从实际来看,林业的历程相对滞后于社会经济发展历程)。中国竹胶合板产业前20年是稳步上升并迅速发展的,后10年经历了由鼎盛发展到震荡衰退的过程。笔者在2002年调查了桃江县境内的竹胶合板企业,当时,每块标准板的经营利润仅为1元人民币,且行业内竞争极为剧烈。2008年,北京奥运会拉动了部分竹胶板的需求增长(建筑模板和车船底板、集装箱底板的需求增长),使竹胶板厂的复工率增加。但金融危机后的景气衰退,又迅速地将大部分竹胶板企业抛向深谷,直至破产。

### 八、"树皮渣山"的今昔情怀

2001年,笔者作为大智新型建筑材料研究所(湖南的高新技术认定企业)的法人代表,在深圳参加中国国际高新技术成果交易会时认识了内蒙古森工集团的牙克石栲胶公司的郎宝山总经理,因为他们那里生产的落叶松树皮单宁胶,可以用作我们公司的竹炭竹纤维胶合板的胶黏剂。2001年8月和2002年3月,笔者分两次去牙克石访问,那里的"树皮渣山"给笔者留下了深刻的印象,并由此引出一段情怀。

那时正值国家林业局实施天然林保护工程,之后,大兴安岭林区开始限伐或禁伐。但漫山遍野依然还残留着落叶松采伐后的树皮,这些树皮被收集到牙克石栲胶公司进行综合利用,以提高其附加价值。利用的基本方式是用热水抽提出单宁(用于生产栲胶,后来经南京林业大学进行改良,制造出可以替代酚醛树脂胶的单宁胶黏剂),抽提后的树皮渣由于不含有淀粉和糖类,所以不容易腐败,被堆放起来用作热电厂的燃料。

牙克石栲胶公司当时号称亚洲第一大栲胶厂,其所用的单宁抽提技术来自苏联,其生产设备来自丹麦和德国。在工厂的一个大的空旷地上,有一个外形像大山的堆积坡,郎总经理告诉笔者,这是抽提之后的树皮残留物(约有40万立方米),职工们把它叫作"树皮渣山"。由于热电厂用不完,这个"树皮渣山"还会越来越高。

笔者对这座"树皮渣山"有着浓厚的兴趣。后来,经过与该公司的刘力总工程师进行磋商,笔者了解了"树皮渣山"的很多实情。大兴安岭(内蒙古森工集团和黑龙江森工集团)年采伐落叶松约520万立方米,树皮产量约28万吨,每7吨树皮可以生产1吨栲胶。单宁被抽提后的树皮渣中,含有43%的木质素(按干重计算),而"树皮渣山"就成了一个真正的本质素"宝库"。为此,笔者和刘力总工程师进行了许多技术实验(其中包括干馏实验和树皮木炭人造板的制造实验),留下了一段难以忘怀的记忆。

1996年,日本森林综合研究所(筑波)取得了由木质素制造碳纤维的技术专利,这个专利的划时代意义就是把木材剩余物的利用推向了一个高附加价值和高度竞争的平台。因为21世纪是材料科学革命的新世纪,而碳纤维所关联的新材料又是这个领域的佼佼者。沿着这条技术路线思考,木质素的绝对含量是"树皮(或其他木质废弃物)—木质素—中间产物—碳纤维—尖端材料"这条黄金产业链的关键,跟传统的木材产量(严格地说是木材的立方米体积)无关。纸浆黑液、纺织纤维黑液、树皮残渣中,充满了木质素的凝聚物。由此衍生出一个既与林业相关又与林业截然不同的新产业。

2002年3月,牙克石依然在冰雪料峭之时,笔者在栲胶厂的研究所里和刘力总工程师一起进行了几项有意义的实验。其中,通过树皮渣的干馏实验,我们取得了木炭、木醋和树皮木焦油,并用木炭、单宁胶和竹纤维试制了热压型"落叶松树皮木炭人造板"。此后,笔者回到湖南株洲,在自己的研究所里进一步实验,用落叶松树皮木焦油试制成了高级碳素材料。2002年6月,笔者又使用落叶松单宁胶黏剂试制成了导电型竹炭竹纤维人造板。

牙克石的落叶松"树皮渣山"对笔者产生了一次启迪。中国所有的"桉树皮山""杉树皮山""杨树皮山",又可以为中国林业创造多少价值呢?

## 九、超级活性炭带来的思考

用于双电层电容器(通称超级电容器)的活性炭,在最近20年里得到了前所未有的改变。因为超级电容器已经成为能源工业的一个重要部件,成为高技术社会的一个基本平台,所以,它所用的活性炭被冠名为"超级活性炭"。2000年4月,日本东京产业技术研究所株式会社(ITC)委托笔者做一些用棉布干馏而成的炭样品。笔者在湖南的资兴东江大智科技新型材料厂用自行制造的干馏设备试制了第一批"布炭"。在制备这些布炭样品的过程中,笔者得到了"棉醋"等前所未闻的副产品;由于棉纤维中木质素含量少,所以棉醋中的焦油量也少,也就意味着棉醋比以往生产的竹醋的品质更为纯正。布炭样品被送到东京后,不到两个月就传来了"用于超级电容器十分理想"的消息。当然,这样的技术变化带来的是更大层面的经济价值的变化。

2001年,笔者在日本东京普通的电子元件市场谋到了几只双电层电容器并拿到湖南某著名大学进行检测,的确显示了卓越的电性能,其体积小、效能高,令人叹服。后来ITC的专家告诉笔者说,普通的活性炭是按吨报价的(例如普通药用活性炭的出口报价为每吨600美元),而"超级活性炭"却是按"克"来销售的(例如ITC的销售价格为每克20日元,约合0.2美元),如果将普通的棉质材料(实际操作时是用服装厂的棉质废料)作为活性炭原料的话,其附加价值是普通活性炭的100倍以上。更多的实验数据显示,天然纤维原料生产的活性炭更适宜于制造"超级活性炭"。因此后来笔者又尝试用竹材的短纤维(源于竹材造纸纤维)进行实验,得到了与棉质材料相近的结果。

当然,到现在为止笔者也不可能攻克制造"超级活性炭"的技术难关,因为除了原材料的性能之外,赋活工艺和成型工艺等也相当复杂,尚待我国的林产化工技术专家共同攻克。如果我国拥有一流的"超级活性炭"和超级电容器制造技术,加上我国是世界著名的天然纤维材料生产国的优势,那么,21世纪将是真正的中国的世纪。

### 十、海外松(辐射松)与速生丰产林的对决

我国南方用材林中杉木速生丰产林的标准生长量是每公顷每年11.25立方米,而新西兰的海岸松(辐射松)人工林的平均年生长量是每公顷30立方米。辐射松不仅生长快,而且材型均匀、材质好、直径粗大,便于机械加工。杉木人工林没有辐射松这样的技术优势,却是中国南方集体林区的主要目的树种,备受林业经营者的青睐。

从经营层面看,新西兰辐射松人工林的经营与中国南方杉木人工林的经营相比,有一个无与伦比的优点,那就是税费减免和政府扶持政策的彻底化。杉木人工林在经营过程中,要经历诸如造林审批、苗木调拨、抚育间伐审批、主伐审批、木材运输审批、木材及林产品销售审批等多个行政管理手续,每过一次手续都会产生管理成本。中国的林业经营者在木材生产的整个价值链中处于弱势地位,即收益的大头在靠近市场的地方,而行政管理又产生大量的财务成本,所以当木材作为基础材料的时候,价值链的下端则会产生更多的价格放大型波动(俗称"牛鞭效应")。如果林业经营者将每立方米木材集中进行加价的话,价格上涨信息被房地产经营商放大,其涨价的幅度可能是林业经营者生产价格涨幅的数倍以上。更为突出的是,杉木人工林的木材销售价格,与进口的新西兰辐射松的木材价格已经十分接近,这就意味着我国南方杉木林生产的木材已经进入国际竞争阶段,其发展瓶颈有两个:一个是技术瓶颈;另一个则是行政管理成本(如规费过多、林业规

划布局不合理、林业行政效率低下等引起的成本变化,最终导致林业经营者在终端市场的价格构成中所占比例极低)。

从林业经济的角度看,辐射松人工林经营者处于恒常的经济运行状态,能在价值链上求得平均收益水平;而杉木人工林经营者则处于不恒常的经济运行状态(不可持续经营的状态居多),在价值链上永远被锁定在低利润端,不可能求得平均利润水平。因此,林业经营者中相当多的人会陷入造林越多则越穷的局面——"异化"局面。

以上列举的十个事例,清晰地展示出中国林业面临的若干态势,它已经翻走了属于"立方米关系"的历史一页,林业新时代的号角已经吹响。

# 附录二 理论研究的苦境

## 《江西林业调查随想》(节选)

自2008年5月至2010年1月,由于参与江西省林业厅主持的林业生态文化建设规划和江西特色可持续发展体系建设规划工作,笔者独自深入现场,调查了省内48个县市区和8个国家级自然保护区以及部分国家森林公园和省级自然保护区。虽然夜以继日且略显仓促,但与关键的人谈关键的事、随遇而安式的现地起居、到典型地区抓典型案例,是本场调查研究的特点,收获之多是当初未曾预想到的。规划工作之余,笔者将随想记录于后,以供日后复核、进一步研究之用。

### 一、摇篮文化与蜡烛文化

许多赣文化的研究者都曾经称江西文化有摇篮文化的特征,似乎是说江西是多种文化的发祥地,又似乎是说江西有良好的教育基础,为国家培养了许多优秀人才,还有一层意思似乎是说江西的人才流失严重……颇有摇篮意味——长大了就走了。

笔者也曾多年从事林业行政和林业经营工作,本人断言,江西的林业行业超越了摇篮文化,已经变身成为蜡烛文化——是个舍身贡献的行业。

在汪东兴同志兼任江西省农林垦殖厅第一任厅长时,据说省政府院内的三分之一、南昌市内的五分之一都属于农林垦殖部门机构的驻扎地。

多年以来,农林垦殖业贡献了木材、林产品,支撑了建设初期国内轻工业、重工业的原始积累,但其自身却逐渐衰退,在国内GDP中占的比重越来越低,就业人口越来越少,就业人口的平均收益也相对偏低。就江西而言,虽然其森林覆盖率已经居全国领先水平(达到60%),但林业职工和林农的收益水平依然处于较低的层面,社会福利尚未达到应有的状态。

更有在经济建设中林业利益被剥夺的现象。例如在某著名生态旅游县(号称中国最＊＊山村),林业部门不仅不能参与经营,而且每年还要填补大量的招待费(支付上级领导和兄弟地区同行的接待)。又例如在某著名边境林区县,不仅某著名景区被强行外包(名为招商引资),而且连已划分为国家自然保护区的景区也同时被失去了经营主导权,林业部门仅是一个做前期工作的工具,林农和林业工作者无任何经营收益,甚至亏了家底。

## 二、林业——在市场经济中衰退的产业

南方集体林区成了林业进行市场经济试点的核心区。但试点的结果并不理想,人们期待的森林资源增加、生态体系恢复、林业产业振兴、林业文化向上的局面并没有完全形成。究其原因,主要是文化和政策方面的理论研究和实践方策都没有到位。文化是与科学和教育相关联的,而政策又与法制体系相关联。

南方集体林区在文化和政策两个方面具有天然的缺陷。一是林区分布在极端复杂的地理和人文环境中,林情林况的差异巨大,具有漫长而又多变的历史文化,不能只用一种教育方式或没有选择的技术措施进行经营。二是教育和科学技术的普及极为缓慢,大大落后于北方国有林地区。在市场经济运行条件下,林农和林业职工不仅相对缺少经营能力,更不可能互助合作、共同应对剧烈的市场竞争。在买方共谋的情况下,南方集体林的单个林权拥有者,注定会成为买方共谋者的羔羊。

买方共谋是南方集体林区使用非常频繁的商业权谋——市场经济的经常附随物。在价值链上看,种树总是不如砍树,而砍树不如卖树,卖树不如卖家具、建材……现在衍生为砍树不如看树,说的是越接近消费者和市场,其利益空间越大。而林农处于市场利益信息的盲区位置,其贸易普遍依赖长期打交道的木材(或林产品)收购者,这些收购者形成的买方共谋(非消费者共谋),主宰着南方集体林区的价格。所以,林业在市场经济中衰退的真正原因,是无法从市场取得合适的经济利益以维持可持续发展。

## 三、青山依旧在,只是没柴烧

轰轰烈烈的林业产权制度改革须谨防林权流转的未来陷阱。

南方集体林的林权改革已经经历了一段时间。有些事例虽然个别,却颇值得思考和关注。那些拥有林地和林权的林农,由于缺少经营能力或基于别的考虑,

会决定出售林权或林地使用权。可是当明白（或发现）自己的出售决策不正确或自己处于不利地位时，他们常常会采取一些违背市场交易行为的举动，例如到山上去砍柴甚至砍树自用等。比屋前有青山，自家却没柴烧、没树用更加剧烈的情况就是林种的变化带来的环境刺激，例如果树栽培、牲畜饲养、产品加工等。居住环境的激烈变化会给这些出售了林权林地的居民带来剧烈的文化刺激，导致社区和谐出现问题。

还有一个现象是在某县林权流转交易所看到的。一般，个体林户交易的单价较高（据评估专家说相对合理），而集体林地交易的单价则相对较低（低于评估专家给出的评估价）。笔者推测其中的缘由可能在于集体林地的代理人与买方之间具有某种利益共谋。

### 四、生态移民的经济与文化博弈

为了生态建设而进行移民的措施现在已经实施。在几个自然保护区都出现了这样的情况：一方面，核心区必须疏散人口并实行强制迁移，然后进行安置（建移民村或建移民镇）；另一方面，限制在缓冲区和实验区的居民的经营活动。

问题出现在移民措施实施之后的很长一段时间里。一方面是文化问题，他们失去了传统的家园，导致文化主体的缺失——作为中国人都能体会到的那种无法"叶落归根"的文化痛楚；另一方面是在新的经营环境下，人们对家业发展的迷茫和对过去事物的留恋。

笔者的师兄在很多年以前讲过一个故事，那是湖南东江水库建设时的移民村的文化经营故事。居住在城市移民村的村民，把过去长期在自己家的牛带到城市和自家人住在一起，即便到医院去看病也带着，然后拴在医院门前的行道树上，牛粪就撒在医院门口。而习惯了用竹片做手纸的村民根本就不接受水冲式的厕所，所以厕所时常被堵塞。为移民村村民建的美食街经营项目开始也做得一塌糊涂，因为他们习惯了自家做的饭菜，而无法满足顾客提出的各种食谱要求。所以，最终师兄们采取了让这条街上每家居民只专业做好一个菜，由各家的拿手菜组成共同食谱的办法，来应对游客和顾客的不同要求。这个故事告诉笔者，移民的生态文化博弈其实是需要时间和技巧的。

### 五、林业产业衰退的后果——经营人才不足

每到一个林区县，笔者都会特别关注一下那里的林业产业经营问题。但是答

案经常是这样的：这些项目虽好，但是没有经营人才；或者，这样的好事情国营不可能做好，除非个人或私营去做。大部分林业局的干部认为自己现在是公务员，单位或个人都不可能直接从事企业经营活动。而过去的国有林场则大部分被改制或被租赁经营，所以江西的国有林场或国营林业企业中的相当部分已经失去了主体经营功能，成为市场经济中的被动收租人。也就是说，如果江西林业要进行经营创新或技术创新来建立规模化产业的话，则大都需要进行所谓的招商引资才行。这就意味着林业产业体系在江西省内实际上是十分脆弱的——一个森林生态强省却是一个林业经济弱省。

经营人才不足的根本原因是体制单一化、政策一边倒。

## 六、林业教育的异化——高等林业教育的退化

林业行业的衰退也导致了我国高等林业教育的退化。我国大部分林业高等学校已经没有了林业专业，而代之以形形色色的现代学科专业。中等林业专业学校也基本消亡。过去以林业为专业名称的大学中，其实80%以上的毕业生甚至不知道大学校园中有哪些种类的行道树，更不用说要如何经营林业产业了。20%甚至更多比例的学生和教师们，他们知道"生态学"这个名称，但不知道生态学的真正含义。90%的学生没有参加过义务植树或生态学实验课。

林业高等教育也开设市场营销学课程，但是没有一所大学真正主编过林产品营销学，也没有被分配到林业机构的毕业生从事过真正意义的林产品营销。现在的林业教育机构和林业科研机构也都基本上驻扎在城市附近或城区内，既不到山区去植树造林，进行林产品加工，也不到城市去建立林产品市场，进行林产品贸易，而仅会高举林业生态大旗从公共预算中分配经费。

## 七、生态前方空洞与管理、科研的后方漂移

毫无疑问，保护区的核心区、林区的森林地带是生态效益形成的中心地带，但这些地带基本变成了"无人区"。核心地区的无人化，既增加了管理成本（这种管理成本是消极的管理成本，因无人区远隔而造成的信息交流成本基本上是沉没成本，是不被认可的成本），又导致了科学研究和经营管理的空洞化。

大部分国家级自然保护区的管理机构主体都已经迁移至城市或者近郊，但核心区或核心地带的办事机构基本上仍处于不修缮的状态，通往核心区的道路正在逐渐荒废，科研项目逐渐减少，宣传教育的经费和力度都在下降等，其未来状况令

人担忧。

## 八、林业生态、资源、产业的支撑点消亡

在林区建设和林业经营中,一个令人费解的现象是大户文化的虚拟化。

江西部分地区(尤其是赣东赣北地区)的林业发展主要依赖政府补贴和招商引资,其理论依据主要是发展大户,而大户理论正是所谓的规模经济理论的实证。但是潜在的危险在于这些大户中的相当一部分属于"候鸟文化型"。在某县43万亩已经流转的林地面积中,有30万亩被浙江籍大户购买,其余13万亩的大部分被当地的县乡名流购买。作为商品的购买者,他们只对商品的经济价值加以关注,而并不需要对其生态效益负责。但当其经济效益具有风险而无法规避时,他们也会选择将这些商品进行流转。如果不能正常流转,他们则会采取掠夺式的经营措施,最终使这些商品的生态效益下降。

并非全部大户都具有经营能力。有些大户原本就在林区建有半成品或原料加工厂,在银行具有良好的信誉。所以,当大户进行资源扩张时,意味着这家企业可能取得更多的利益空间,一般从银行融资也会得到支持。许多外籍大户的终端产品(商品)基地都在其本部所在地,更临近市场,其本部的收益远远大于森林资源流转地的收益。所以,森林资源流转地就相当于"候鸟越冬栖息地"。

鄱阳湖边某县境内的国家森林公园,原属该县的国有林场,但县政府一直决策要找一个大户(招商引资)进行开发。国有林场领导人担心被招商后,林场最终会变成大户的佃户。当问及能否从本地招商或由职工承包经营时,大部分县政府领导都面露难色,反映说上级领导不会同意。究其原因,可能是"外来的和尚会念经"。

从林业经营的本源看,林业经营自身是一项土著事业,"留鸟文化"重于"候鸟文化",产业的根基应当是世代相传的。所以,追求规模经济和急功近利,都会导致森林资源的衰退。森林资源衰退了,林业经营的人口自然就会减少,经济效益继而减少,生态效益也就随之减少。

## 九、文明激进与森林文化的冲突

自然保护区和国家森林公园核心区的生态移民与退耕还林状况令人担忧。

某县县长也是林业专家之一,他介绍说,在生态建设中,生态移民要与城市化建设同步进行,要让村民变居民,并在工业园区就业。类似的情况在其他县市区

也极为普遍。

核心区的生态移民以及后来的退耕还林,使曾经祖祖辈辈耕作的农民和林农放弃了他们的生存技巧,而被迫接受城镇生活的改造,同时还必须适应新的家庭生计。这对家庭来说,是一次惊心动魄的生存变迁和文化冲击。人类文明的激进与这些以森林文化为主体的林农之间形成了巨大的反差,由此发生了许多深层次的文化问题。

不懂经营之道、不懂生存技巧的农民一旦被迁入城市后,首先面临的是生存和生活问题,这方面政府的确给予了充分补偿,但是随之而来的社会发展难题是文化教育、社区管理、项目经营,以及市场竞争等各类问题。部落歧视也是他们可能在城市遇到的社会问题之一。

城市激进文明本身并不完全是生态合理的,我们尚需要向土著居民学习森林文化和生态生活的方式。保护生态的前提是热爱生态。

### 十、"政府"主导过程中的国有森林流失黑洞

领导重视经常被视为中国特色政府行政的一部分。在林业经济发展中,领导重视也的确是林业发展受到社会重视的一个重要方面。但如果领导层中出现腐败行为时,则会有以下现象:

#### (一)生态补偿受益者的移位

生态补偿政策的出台衍生了一个生态效益生产者的代理阶层,这个阶层的形成原因之一就是"政府"主导。代理的主要形式可以列举如下:①国有林地的经营外包(必要时将周边部分集体林或林户的个体林地低价征用),形成所谓的规模经营(含森林旅游和经济林基地);②政府主导招商引资,在优先满足厂商需求时,厂商低价长期租赁国有林地。这两种代理方式实际上是一次性补偿原国有林经营者,而将长期利益让渡给厂商,使国有森林的长期可能收益永久地流失。

#### (二)国有林地的"行政"蒸发

在"政府"主导的过程中,有时会出现行政操作导致国有林地面积缩小的情况。以某边境林区县为例,过去多年的森林档案中确定的 3.3 万亩的国有林地,在被"政府"主导的招商过程中,被外籍承包者指摘为只有 2.5 万亩,且最终被行政确定为 2.5 万亩。这样一来,0.7 万余亩的国有林地被完全蒸发了。

## 十一、橘子熟了、林子绿了、村子穷了

"南丰蜜橘就是南丰的金牌",这是南丰当地的流行语之一。2009年是南丰蜜橘的相对丰年,所谓相对,是因为2008年的冻害曾使南丰蜜橘歉收。在南丰县城里,橘农就告诉笔者:今年的橘子不好卖,橘贩子压价,好的只能卖到每斤5毛5分钱,差一些的就变统装货,每箱(约50斤)只能卖到10块钱。因为种橘子亏了,种得越多亏得越多,所以就到县城来打工了,但是工作也不好找。

"金牌"不值钱,这是为什么?

笔者在紫宵镇瑶田村的一个农户家里住了一晚,第二天又去村里到村民家的橘林里收剪橘子。橘农一边收剪,一边诉说,眼泪差点掉下来。每株橘树在前面4年里投入了至少200元,去年被冻害剥夺了收益,今年又遇橘贩子压价,好的最多只能卖到每斤6毛钱。家里2 000株橘树,仅今年就投入了1万元,而橘子只卖到了8 000元。这个村最惨的一户橘农家有2万株橘树,亏得最多。

这个村子的山林也十分茂盛,乍看的确是个秀美的山村。所以,橘农普遍思考转种杉木林。当地的杉木林生长十八九年就可以采伐,卖价还不错,重要的是初期投入少。

数年前,上级领导动员百姓种南丰蜜橘,还出台了补贴政策,并预告南丰蜜橘的价格可以达到每斤1元5角,收益可观。此外,老橘农的示范作用也巨大。但是后来的实践证明,规模化经营是不可缺少组织化和互助合作化的。一是因为南丰蜜橘的种源不可能在短期内迅速扩大,所以就有假南丰蜜橘的苗木流入南丰,导致品种衰退;二是因为政府不可能帮助橘农卖橘子,所以橘贩子就可能形成价格同盟,压价收购橘子;三是外地的橘农会仿冒南丰的产地品牌,长期以来,外地产的"南丰蜜橘"在大城市畅销,真的南丰产地蜜橘反而滞销。

这个村的人口在不断减少,旧房、空房、危房的数量在增加。本地务农农户家庭收入的增加幅度很小。务农人口中,大部分是50岁前后及60岁以上的中老年人,以及尚在接受义务教育的孩子。

令笔者印象深刻的是,城镇化建设的副作用对农山村社会经济发展的影响也不可小觑。

紫宵镇的城镇化建设据说是不错的。然而瑶田村到中心村的那一段公路却一直没有铺装,除了拖拉机之外,车辆进出不便,物流更是受阻。村民对笔者说:你能否帮我们带信给党委书记,请求修好通往我们村的两公里道路?

是啊！大城市为了刺激内需，可以修建五星级的厕所和路灯，为什么不能帮助南丰人民修通两公里的道路，让他们卖出金牌蜜橘呢？

还有一个值得注意的方面，就是弱势群体在市场经济中依然存在生存危机。

政府主导或者政策引导农民种植南丰蜜橘以提高产地品牌的知名度和规模效益，却没有认真组织农民实行集约经营和互助合作化。所以，当第三利益团体——各种中间商形成利益共谋时，橘农就成为可以被各个击破的弱势群体，在市场经济中出现生存危机。

另外，种植南丰蜜橘的橘农还要应对浙江、福建以及本省靖安等地假冒产地品牌的竞争，但实际并没有真正应对。所以，南丰种植金牌蜜橘的橘农今后的生存实难预测。

### 十二、国民教育的生态需求

在国民教育中，家庭教育、社会教育和学校教育缺一不可。但是目前，我国的国民教育中至少缺少通俗易懂又能普及的生态常识教育，举数例于后。

#### （一）义务教育的生态知识空白

我省某林区县的中心小学里，任教20余年的语文老师、数学老师告诉笔者：义务教育的教材不适合林区，因为其知识更新慢，缺乏与实际的联系，更缺乏与生态相关的内容——除了啄木鸟和青蛙之外，义务教育当中几乎没有明显与生态学关联的自然知识。在与学生进行实际交流中笔者也发现，甚至连父母为什么要在山林中进行劳作的原因都不知道的学生其实不在少数，孩子们根本不关心林区为什么要造林、怎样经营森林。教师们还反映说：教师教法的重点是抓升学率，不关心孩子们将来是否能成为山区林业经营接班人的问题。

#### （二）名人的生态知识盲区

中国的名人效应在现实生活中其实很重要。买什么能补什么（例如买一样补五样）、过节要送什么礼（例如今年过节不送礼，送礼只送＊＊＊）、网络流行游戏（例如菜园偷菜）、网络流行语等，受名人引导或被名人代言的现象十分普遍。但笔者发现，这些事物当中合乎生态学原理的知识很少，甚至有些是反生态学的。名人愿意参与这些与生态无关的活动，一方面可能与经济利益有关，另一方面则只能判断为其生态知识为零。

既然是社会名人，就要对社会文明建设做贡献。而生态文明建设又是社会文明建设的重要组成部分，生态文明知识的学习也应成为名人行为的时尚。

包括 CCTV 在内的媒体名人在播送国内外有重大意义的节目时,经常缺少生态文明建设的宣传(例如春晚、插播的广告等)或宣传的生态学知识不够。所以,名人的生态知识盲区问题其实很深刻。

### (三)领导人的生态规划空洞化

发展才是硬道理,可持续发展更是硬道理——这样的理念已经深入我国各级领导层的议事日程中。但是,地区领导人之间的 GDP 增长攀比中,非绿色的成分其实很多。向上级政府呈批的生态经济(或循环经济)区建设项目,在最后的实际执行中可能蜕变(或演变)成为道路建设、房地产建设、水利工程建设、能源项目建设等可以迅速增加 GDP 的工程竞赛,使具有绿色生态效益的项目工程缩水。例如:道路建设中对林区道路建设的关注极少,水利建设中对水源涵养林建设的关注极少,能源建设中对自然保护区建设的关注极少,房地产建设中只关注小区绿化,不关注名木古树保护,区域经济建设中只关注中下游环境污染治理,不关注增强上游的森林生态效益,生态旅游项目建设中只关注旅游部门的收益,不关注为生态旅游付出极大牺牲的林业部门的利益,等等。

这样的现象在中西部不发达地区尤为严重。

## 十三、森林执法的结构性缺陷

江西作为南方集体林区之一,在森林执法方面存在着结构性缺失。主要表现在如下方面:

### (一)执法队伍缺失

以自然保护区为例,野生动植物保护方面的执法虽然有法律制度可依,但行政事业预算及事业体制限制使野生动植物保护队伍在本质上未能成为一个完整的执法体系。所以,在具体执法实践中,行政执法主要完成前半段的调查、监督和行政通达,后半段的纠错、处罚等工作则相对依赖于森林公安或地方司法机构。时间越长,执法队伍缺失的后遗症越严重。

### (二)有法可依观念淡薄

林业法律体系的完备,是森林执法工作有法可依的前提。近年,不断完善的林业法制体系建设为森林执法的有法可依提供了保障。

但是,森林法律体系与相关行业法律体系的执法尺度相比,尚有许多有待改善的地方。在相对公共区域(例如道路)的执法方面,对公共法律体系的依附性较大。

### (三) 按程序执法观念淡薄

森林执法的程序问题颇有学术探讨意义。因为森林生产周期具有长期性,所以森林法律体系的事务性程序相对比较复杂。按程序执法时,可能会产生一些程序执行中的顺序越位或程序节点短缩问题。因此,执行法定程序还需要兼顾执法成本和及时性,以提高行政效能。

### (四) 关联执法缺乏协调性

自然保护区的执法通常需要与林政、路政、渔政和水政执法进行协调。但是目前来看,其协调性总体上不是十分完美。

## 十四、林业收益的主要分配机制缺位

### (一) 林产品市场的政策歧视

政府不帮企业卖产品,这是笔者在江西调查时遇到的最多的一种关于行政理念的情况。该理念认为市场经济就是把经济、市场、生产、经营管理全部交由企业去做,政府不需要干预,更不能去代办——这样的理由成为江西行政机构不关心企业成长,尤其是本地企业成长的托词。

江西林业也受这样的思潮影响。迄今为止,江西省内尚未建立起真正的林产品市场。2007年,江西省林业厅曾经批复建立赣东北林产品市场,但其主要宗旨是为了支持地方政府的招商引资,之后并没有运营真正的林产品市场。因此,江西的林产品主要被运输到外省进行销售,甚至林业部门所需的家具和办公用品也大部分从外省的家具用品厂进行采购。

现金流最大的林产品市场在本省不能得到发育,其利益还原的机会几乎等于零,也就是说,外省设立的林产品市场赚的是江西林产品的钱,但这些钱的最后归属不是江西林业。

在省内行政事务中,江西省对引进外省林产品企业的重视程度远高于对省内林产品企业的培育程度——对林产品市场的政策歧视导致江西林业自身的资金回流速度缓慢,利益积累差,森林资源的更新速度慢。

### (二) 国有林场的政策歧视

在前几年的市场经济浪潮中,江西省内某著名国有林场中被作为某＊＊＊博物馆的风景林受到招商引资的掩蔽。但其经营机制最终被演变成为承包制,之后,该林场发展的后劲尽数丧失,那些被划定的风景林连抚育间伐的可能性也丧失,甚至该林场职工进入×××博物馆也要支付门票费。

国有林场被改制,被瓦解,是基于国有林场是国有企业,而国有企业在市场经济条件下由于是非效率企业而被蒙上一层非被打破不可的面纱。江西林改之后,有些国有林场由于运作生态公益林资金的需要被重新组建(合并或重新建立),但其与县市区林业局的关系很微妙,有与各县市区林业局级别相同的(例如同属于正科级),有隶属于林业局的(副科级或正股级),其运营规模以现行的生态公益林面积所能得到的生态补偿资金为限,且绝不从事林业经营。

在林业上级管理机构中,国有林场采用招商引资方式(引进私有经营项目)经营可以得到政策支持,而国有林场自身申请经营项目则至少在习惯上得不到支持,这种情形已经成为惯例。在笔者看来,其原因有两个:一是领导机构在观念上的误区,长周期的生态公益事业更需要公有制进行经营,这是社会主义市场经济的主流;二是国有林场经营不善不是体制有问题,而是由长期没有培训经营型人才且经营人才的政策机制有缺陷造成的。

笔者认为:中国林业也是这样,多样化的林业体制可以提高中国林业经营的效率,但是只有社会主义市场经济才能拯救中国林业的未来,才能使中国林业成为国土保安的基石之一。

### 十五、城市的五星级厕所与林区的希望小学

社会公平与教育行政的商业化极大地制约着林区教育事业的发展。

江西消防部队与井冈山市教育局共建了井冈山大井希望小学。2009年时,该小学仅有6名学生(小学一年级3名、小学二年级3名)和2名在职教师(但在册教师22名)。大井希望小学位于井冈山自然保护区属下的大井林场内。林场的衰退导致员工子女人数减少,因此当年大井希望小学也就前景不妙了(据胡校长介绍说,2010年该校可能终止招生,停止办学,教师全部由市教育局另行安排)。

像井冈山这样的革命老区,林区希望小学的结果尚且如此,其他林区的教育事业想必更是艰难。究其原因,林区的生活环境、教师的生活待遇和工作待遇、教学条件、学生的升学条件等都存在不同程度的困难。

与林区希望小学境况大相径庭的是城市中的所谓的名校。名校的商业化程度极高,学生进校的门槛也高。其中有些名校得到政府及相关机构的支持,甚至

厕所达到五星级的也不少,所谓品牌价值极高。

和谐社会建设的第一要义是公平,但是教育行政的商业化导致的结果首先是失去社会公平。社会公平首先应当是教育公平,但经济建设的政策公平影响着教育公平,从上述林区教育的衰退中可以看到这种因果逻辑关系。所以,和谐社会建设离不开科学发展观。

### 十六、林业系统的振兴之路

江西是全国率先重视生态经济建设的省份。但一个生态大省的林业系统如何能成为不衰退的行业?其振兴之路可以考虑以下方策。

**(一)战略性前瞻**

把"三大体系"(林业生态体系、生态文化体系、林业产业体系)建立在中国特色的社会主义经济体制上。因为社会主义市场经济并未排除可以促进中国林业发展的其他三种经济体制(社会主义计划经济、资本主义计划经济和资本主义市场经济),体制的共存本身也是中国林业发展历史中的必然。

单一的市场经济体制在林业经营中占主导地位,可能导致森林生态资源基础的崩溃。原本脆弱的林业经营体制如果没有互助合作化的引导而被迅速引入市场经济体系中,就相当于人为地分割出更多的小生产者,这些小生产者也就只能按照亚当·斯密的价格波动规律被动地被大资本所左右,最终沦落为佃农。而在这场经营竞争中的赢家也不见得好景特长,因为在市场经济大潮中还有更大的经营资本者从高层进行剥夺(包括林产品下游的房地产商、纸浆建材工业巨头,还包括那些立地条件特别优越的国外林业经营企业)。当林业经营者的利益被剥夺干净时,林业地区也就变得相当萧条了:无人经营的林地增加——需要更多的公益性预算投入;中学和小学从林区撤退——林业的后继人口更加不足;无人生活区面积增加——生态保护的成本剧增(因为生态系统的无序演化可能导致更多的对人类的伤害,例如野猪、蛇等对人类的侵害);甚至可能被一些不法分子建立法外盲区(如种植罂粟、大麻等)——社会治安治理成本增加。

当时,"三大战略"(科教兴国、人力资源强国、可持续发展)在林业地区的实施,是江西林业系统发展的前瞻性基础。而战略性前瞻的必要前提是完善江西特色的林业发展体制。

中国的国土保安至少需要40%的森林覆盖率做基础,而江西已经达到60%以上。所以,江西林业的重点是把森林生态资源大省变成林业经济大省。完成这种战略转移的前瞻性思维就是"三大体系"和"三大战略"一个也不能少,其突破口是培育本土林业经营人才和建立本地林产品大市场的有机结合。

### (二)驾驭低碳经济

全球重视的低碳经济是森林生态大旗得以迎风飘舞的基本时代背景。林业行业在低碳经济时代的最基本策略,就是用经营创新和互助合作体制引领先进技术向林业领域转移,在吸收、消化、改良的基础上,用生态环境的综合优势组建新的经济体系,从而驾驭低碳经济,达到振兴林业经济的目的。

林农、林区和林业经营("三林")是贯穿"三农"问题的特殊领域,不能简单地用社会主义新农村建设的一些概念加以套用,而是要从国土保安和生态经济两大源头的认识高度去理解。所以,在宏观政策上,要把低碳经济的着眼点和突破口放在林业和森林的复兴上。例如我国全国的森林覆盖率要达到40%以上才能基本满足国土保安的要求,因此要花大力气加强全国的植树造林,而植树造林又必须在科学化、机械化、全民义务化、专业化的基础上进行。

从这种意义上看,电子商务、新能源体系(风力发电、太阳能、小水利、小型热交换发电等)、远程教育、卫星通信、专业技术教育、生态旅游、安居工程等建设项目都应当优先在"三林"地区普及,公共预算及刺激内需的投入都应当向生态环境建设源头倾斜。

国家级自然保护区要成为低碳经济建设的示范点,应当在自然保护区的实验区大力普及风力发电、太阳能发电、生物能源的有效利用、新型生活方式(节能减排式生活方式)以及新农村现代化建设项目;林业科研机构和国家森林公园、国家湿地公园等林业事业机构要引进企业经营机制,大力发展能导入低碳经济先进技术体系的经营项目,振兴林业产业,为森林生态体系的复苏提供人才和资源基础。

### (三)培育经营人才

江西林业行业培养本土经营人才已经成为燃眉之急。

在林业行政及事业机构中,林业经营知识的缺失问题亟待解决。林业行政干部、林业关联高校、林业科研机构等主体,要善于利用市场,用森林生态这个金饭碗在市场利益博弈中找准自己的价值砝码,赚取应得利益并还原到林业经营的各个环节,用经营知识(战略技巧和业绩的组合)赢得经济地位和社会地位。所以在林业行政机构中,如果可能,应设立总经济师职位(其基本职责是指导和培训在林业行政事业机构中的经营人才),为林业经济决策提供咨询。

设立专业的林业经营培训机构也是解决国营林业事业单位、林业企业和林户经营问题的重要途径。培训机构应该在现有的国家级自然保护区、省市的科研院所、省内的关联高校,以及现有的林业技术培训基地中建立。

开放式中小企业大学校(日本的中小企业大学校非常有参考价值)也比较适合江西省的省情,由政府机构中的专家、高校专家、科研院所专家、企业中的专家以及有第一手经验的林户兼任讲师,是迅速提高江西全省林业经营知识水平的一个捷径。

集体林区以行政区划为基础鼓励建立森林合作社、实施互助合作化经营是今后长期培养林业经营人才的一个基本方向。

在滨湖、水域、湿地区域建立湿地及湖面经营合作社,也是应当确定的一个经营人才培养方向。

### (四) 守住资源前方

森林资源、湿地资源是林业产业赖以生存的基本资源,这种资源的特点是破坏容易恢复难,出售容易收回难,长周期比短周期更有利益。所以,从资源经营的角度思考,森林资源和湿地资源的本体都不应当轻易加以流转,而是要让森林资源和湿地资源的衍生资源多产生经济效益。例如森林生态旅游中,以森林为背景的野外拓展、科普教育、国防教育、野生动植物驯养、森林副产品的采集/加工/利用,以及水上运动、湖面及滩涂经营项目等,都可以作为短期和中期经营项目。

森林资源和湿地资源是林业产业的造血基因资源、工作母机、创业的原始股,所以,经营的第一要项是守住资源前方,其次才能稳定经营。

### (五) 留住青山

"青山"在某种意义上是一种被默认的文化资源。青山是家乡、故乡、生长的地方、有生态价值的地方等词语的类义词。留住青山,就留住了文化,留住了好的生态环境。青山是林业振兴的基本资本。经济越贫困的地区,青山资源越容易丢失(因为现金需求比长远需求更迫切)。一旦青山能廉价取得,则"青山无材"的现象就会加剧,无材的青山很长一段时期将荒芜。荒芜的青山是文化衰落的表象,其缺乏向心力,缺乏亲近感。最终,青山绿水与自身的生活环境形成隔阂,生态就变成贫穷的代名词了。

我国是个既需要改善生态环境,又需要提高林产品产量的国家。所以,让林户尤其是不发达地区的林户留住青山,就需要对林户进行补贴(生态补贴),更需要在青山的文化精神传播方面悉心引导,不能让城镇化建设的浪潮淹没了青山。

### （六）垄断林产品市场

通过掠夺森林资源进行原始积累的初期经济建设时代早已结束。在低碳经济和环境高调改善的时代，林产品经营产业拥有巨大的现金流。用巨大的现金流维系森林生态环境的良好运行，继而促进林业产业体系的迅速振兴，是建立"垄断林产品市场"的理论依据。

刺激内需、提高就业率，可以从林产品经营中找到突破口。第一步是用国家外汇积累从其他林业发达国家购买林地经营权或木材，交给国内林业系统进行经营，以增加国内的林产品和木材供应量，降低森林采伐量，提高林业福利水平；第二步是在国内迅速扩大植树造林规模，争取10年内国土面积的森林覆盖率达到30％，使中国的森林对生态的贡献率迅速增加；第三步是再用10年左右的时间增加森林覆盖面积，使森林覆盖率达到40％，林产品能基本自给。以上三步都需要国家有对林产品市场进行垄断的经济机制，确保林业利益才能迅速发展生态的优先作用。换句话说，在垄断林产品市场经营的机制下，可以实施"生态救市、以林业振兴增加公民就业、持续扩大内需"的经济发展战略。

### （七）促进林业经营创新

通常的经营创新包括三个基本面：技术创新、组织制度创新、市场开拓创新。在基本面上可以衍生出其他创新（例如文化创新、管理创新等）。由于历史的原因，虽然江西森林资源的总量不断增加，但其经营水平却在不断下降，林业经营者以及林业人口都在逐渐沦为经济和社会发展中的弱势群体。因此，就林业经营创新而言，既往的"三定（山定权、树定根、人定心）"和林权制度改革，确实为林业可持续发展奠定了经营基础。江西林业发展的未来展望就是坚定不移地建设具有江西特色的林业可持续发展体系，不断引导林业经营者进行经营创新。

让林户在社会主义市场经济体制下重新建立互助合作化组织结构，是江西林业经营创新的重要内容。诚如马克思在100多年以前所说的"全世界无产者，联合起来"一样，林业经营由于商流、物流、信息流都处于相对分散、滞后和周期长的状态，易于在市场竞争中处于不利地位而被湮没，所以就更加需要建立具有社会主义性质的互助合作组织，用组织内的分工形式应对日益繁杂的市场经营业务，以提升林业经营水平和效益。

林业经营创新的第二个重要方面是分类指导。因地制宜、适地适树、物种多样化的林业特色本身就孕育着分类指导的基本文化，所以，一切从实际出发，对经营资源进行精确整合，以林业可持续发展为最终目标，才能实现创新的真正内涵。

### (八) 行业内融资

客观地说,无论哪个行业都存在生态效益、经济效益和社会效益。但林业行业的生态效益特别大,所以才有可能成为生态价值补偿的首要对象。而在林业内部,并非所有林种或所有林业经营者都能取得生态价值补偿。

近年,有了生态补偿之后,林业部门的现金流状况处于历史最高水平。但林业产业状况依然没有得到改善,其原因在于没有开展行业内融资。

林业行业内融资其实有两条实际可操作的渠道。一条是像日本一直实行的那样——建立"农林中央金库",锁定专有资金并在行业内进行调配使用,充分提高资金的使用效率;同时建立行业内金融合作机构,使行业内所有资金都能相互合作调配,共同提高资金的使用效率。另一条是通过"绿色银行"——森林资源的评估、抵押贷款,使急需资金的林业经营项目能通过自有森林资源得到支持(有时可能是滚动式的,有时可能是地方互助式的),在时间序列上或在空间序列上充分活用林业自身的经济资源。

行业内融资既能提高融资的效率,又能降低融资的成本(与行业外的商业银行融资相比),有利于林业行业发展,是促进林业内生成长的一种有效形式。

### (九) 生态强国教育基地建设

生态文明建设是中国现代化建设的重要组成部分。正因为林业是生态效益的重要源头,所以才更需要以林业行业为依托,建设生态强国教育基地。

生态文明从教育抓起,是基于"国民教育是国家的三大支柱之一"的理念。中国特色的社会主义教育也应该比资本主义教育更加优秀——通过建设生态强国教育基地,培育大量有生态建设知识的文明建设之师,用宏大的生态建设队伍,迅速把我国建设成为生态文明大国。

与许多国家战略项目一样,依托林业行业建设生态强国教育基地,既可以提高林业经营的效益,也可以拉动内需,推动产业融合,为国家创新作出巨大贡献。

### (十) 生态与教育联姻

如前所述,既往的生态保护区域中,相当部分都处于经济贫困地带,生态发展与经济发展之间存在着冲突。所以,解决的办法也只能从调剂现金流和建立长期供求结合关系的角度进行创新。在中国,最有效的办法就是使生态和教育联姻。其理由有两个方面:

(1) 生态知识的普及教育是当代中国教育中最弱的部分,中国教育与世界接轨的突破口在生态知识的教育普及方面。

(2) 在生态保护地区开展生态知识教育（设立项目基地、常年开展经营），可以有效地利用教育行业的巨大现金流（教育行业的现金流是现行各金融机构争夺得最剧烈的地盘）。

### （十一）森林生态旅游的垄断

"砍树不如看树"是指森林生态旅游业的收益水平高于木材的经营收益水平。因为林业经营周期长，所以森林生态旅游作为产业是林业经营的必要补充。但是，若建立新的与林业经营无关的旅游部门并开展森林生态旅游，则会极大损害林业经营者的长期利益。森林生态旅游是林业经营的外部经济性的真实表述。从公共政策的原理上看，政府一般都对具有外部经济性的行业赋予优先经营权，以补偿其对社会公共利益的额外贡献。正因为森林生态旅游是林业经营所附属的外部经济性，所以森林生态旅游业应该成为林业行业垄断经营的产业。

### （十二）与尖端产业的结合

尖端产业一般都拥有较高的市场利润空间，对国家（或地区）GDP的增长具有举足轻重的作用。但尖端产业自身通常需要相对完备的生态环境和稳定的人力资源基础。森林地区所具备的生态环境既适合尖端产业的发展，也适合高级人才的生活定居。20世纪60年代，日本熊本县建立"日本硅谷"、创立"临空产业"就是极好的例证。

尖端产业的产业关联效应和高收益水平与森林地区林业经营的紧密结合，由于降低了产业的环境管理成本、稳定了人才需求，可以促进地区GDP的迅速增长和国民真实福利水平的大幅度上升。

林业与尖端产业结合的另一个重要理由，是现在的尖端产业，尤其是新材料产业的重要原料来自森林或森林副产品（例如用于超级电容器的高性能活性炭来自竹木加工剩余物，用于生物医药的重要中间体壳聚糖则可以从森林昆虫中大量提取）。

### （十三）市场向山区转移

与生态需求关联的产品市场、与森林关联的产品市场向山区转移或靠近，可以使林业经营资本完美还原（因为市场才是资金回笼的重要战场）。市场向山区转移是对价值链的利益调整，也是适应市场主体对生态环境的客观要求。

市场向山区转移的另一个理由是城镇化建设需要具有中国特色。中国人口众多，从国土安全和生态安全的角度考虑，市场向山区转移可以提升山区小城镇的建设水平,加速城乡生态文明建设,同时提升山区小城镇的教育文化水平,因为市场引导与传播具有决定性的示范作用。

市场向山区转移还有一个重要理由:IT等现代产业人才向生态优良地区的迁移导致在山区设立市场进行交易的需求增大。如同20世纪80年代日本首都圈的IT企业向地方中小城市迁徙一样,许多IT高级人才回到故乡,其作品(商品)在当地市场进行交易带动了当地服务业的发展。那里的"兼业林家"(平常在公司或公务机构工作,假日、空闲时在家从事林业经营的人家)也十分活跃,林业产业得到了极大振兴。

### (十四) 加工工序向林农分解

微观经济学的原理强调,生产线集中有利于降低生产成本,从而有利于市场竞争。但现实生活中,"种树不如砍树、砍树不如卖树、卖树不如加工"的现象其实很普遍。这样的结果最终导致没有人愿意种树,而更愿意砍树和卖树。

解决问题的基本办法就是把生产线的工序向林农进行分解——用"公司+农户"分散加工的办法进行林产品深加工,使收益分配相对公平。虽然把工序向林农分解进行产品加工的成本增加(因为需要向林农支付加工费),但产业基础资源得到极大限度的发展,产业可持续的程度更高,企业的社会信任和政治信任程度更高。

把工序向林农分解的另一个前提是组装工厂应当设立在城市与林区的结合地带并相对靠近林区。林农一旦被植入生产工序后,通过学习、磨合和熟练过程,在严格的质量管理机制下,能稳定地提供专业化程度很高的产品,保障组装生产线(甚至有些直接进入物流领域)的正常运行。因为林农为了取得长期利益(对生存质量很重要的利益),会悉心地珍惜这种工序分解所带来的福利。

### (十五) 集约经营、全林利用

经济林和用材林都是适合集约经营的林种。适度规模的集约经营,可以加快林业地区的经济和生态发展,但是需要注意的事项其实很多。第一,集约经营的前提是有良好的技术构成(即技术组合)和良好的市场稳定性,因为在制定经营目标时首先需要确定技术可行性和市场可行性;第二,集约经营需要用技术的多样性和经营多角性来化解未来的技术风险和市场风险,所以必须兼顾产品的有效利用和全林(林地、景观、森林生态文化)的有效利用;第三,集约经营应当有金融支持方面的保险机制,因为无论什么样的速生丰产林种,其经营周期都是比较长的(相对于林业以外的其他产业),一旦经营环境出现不利或错位,产业就会"颗粒无收",所以,树立全林利用的集约经营观,在进行林业经营决策时显得十分重要。

### (十六) 规避规模化经营风险

北方的阔叶树种(如杨树等)大规模引种到南方或南方大规模种植油茶、板栗等经济林树种时,会遭到严重的病虫危害,这是一种技术风险(属于生态原因引起的风险),其防范也应当采用技术的方法,例如引进北方的鸟类(可以有效抑制杨树害虫)、种植混交林和防护林等。

规模化经营的更大风险来自由于产品产量增加而导致的价格崩溃或由于生产者竞争而引发的低成本倾销。消费者文化或收支结构的变化可能改变市场需求,市场需求变化则直接影响规模化经营的效益。

社会发展还有一个显著标志,就是全民创新运动的盛行。创新不仅使技术进步日新月异,而且能迅速加剧文化和生活需求的多样化、个性化,导致规模化产业的效益剧烈下降,规模化经营的风险日益加剧。因此,规模化经营的风险规避已经成为林业长期经营中的一个重大课题。

### (十七) 从幼儿园建设抓起

客观上说,社会发展竞争和经济文化竞争在幼儿园时代就已经开始。用天然林产品和自然生态知识来满足幼儿各个发展时期的物质文化需求,是中国林业振兴中的一个独具特色的途径。把化学卡通和西洋游戏从中国的幼儿教育中驱逐出去,代之以振兴中国林业为背景的生态文化知识和林产品教具、玩具,不仅能增加林业的市场需求,更能增进中国儿童和家长的身心健康,提高国民福利水平。

从市场营销的角度看,从幼儿园抓起,是培养中国式"顾客忠诚"的伟大实践创举。其基本做法:一是依靠党管教育的基本理念(生态文明从娃娃抓起);二是向肯德基和麦当劳学习(依靠对孩子需求的研究和连锁经营手法);三是对中国的父母亲传播一套生态爱国的实践知识。

### (十八) 林业文化站是乡村文化主导力量

立足于乡土的林业文化站,其有望成为乡村文化的主导力量。因为现行的城乡建设规划中,城镇化程度会大大超越乡村化程度。更因为退耕还林后,林业人口的比例会有所提高,所以林业工作站演变成为林业文化站(或兼文化站)的时机已经来临。

未来的林业工作站兼林业文化站,不仅需要履行林业经营、管理的责任,更要背负在林区引导建设和谐文化的重任。所以,林业文化站自身必须健全生态文

化、管理和制度文化、服务文化,传播生态知识和生态技术,同时还需要培育和管理林产品市场。

最重要的文化引导和传播来自市场,每个商品和经营路径中都存在着(或潜藏着)特定的文化内涵。所以,林业工作站转型为林业文化站之后,无论是市场经济还是互助合作经济,都能利用其文化力,从而提升林业的生产力,正所谓"林业文化创造价值,创造生产力"。

**(十九)建设无税无费区**

作为生态补偿机制的一环,在森林地区或湿地保护地区建立林产品或生态产品经营的政府挂牌保护区(即无税无费区),既可以节省行政成本,又可以激发当地经济的活力,缓和和解决经济建设与生态保护的矛盾。

实行天然林保护和生态公益林保护的地区,从目前的实际情况看,依然是经济不发达的地区。所以,用经济发展政策支持生态源头地区建设,是我国应当坚持的一条有社会主义特色的道路。

**(二十)林区希望工程**

江西林业地区的人力资源需要得到长期保障,因此,从发展的底流就要开始进行倾斜性扶持——实施林区希望工程。

(1)林区大学。把现代科学技术和生态知识植入林业地区的关键,是在主要林区建立面向林业发展的职业技术学院(相当于曾经的劳动大学),并使人们能不受学历和职业的限制而自由入校学习。林区大学可以使大部分公务员、企事业职工、林农得到自由学习林业知识和技巧的机会,从而成为林区建设的主力军(相当一部分人可以成为"兼业林户")。

(2)林区中小学。在主要林区,把生态和林业经营知识编入义务教育教材,使林区少年儿童从小就接受生态文化和可持续发展教育,立志成为林区建设的主人(和接班人)。

(3)林区"大学生村官"项目。从国内农林高校的相关专业中挑选优秀学生进行岗前培训,对其进行专业知识、经营管理知识、社区发展知识和项目运营知识等的集中传授,并从政府预算中单列林业社区发展项目资金,对大学生村官进行扶持。

(4)林区生态市场项目。对于以满足公民的生态需求为目的的生态旅游(森林浴、湿地观光、医疗康复、林区科普、野外拓展等)、林副产品综合利用等低碳商品开发项目,政府应通过立项予以支持。

## (二十一)湿地及保护区经济发展

今后湿地及自然保护区的经济发展问题应当列入林业发展的重要议事日程。这是因为湿地及自然保护区是宣传生态文明建设和进行林业科学实验、提供范式技术的基本区域。

(1) 社区振兴计划。保护区与当地社区之间是一种唇齿相依的关系,保护区的发展依赖着社区经济的振兴。所以,社区振兴应当作为保护区经营工作的重中之重。计划单列的保护区的社区发展项目,在江西省内的8个国家级自然保护区内进行试点,是具有可行性的。社区建设的基本目标是强化社区的经济发展,以经济发展促保护、促和谐,以项目运营保生态补偿,以专业大学生村官确保人才队伍。

(2) 湿地和保护区生态旅游。由林业部门主导开展生态旅游项目,是目前解决湿地和自然保护区经济窘困的首要方式。因为只有当林业部门取得经济收益的同时,增加保护区的人气,才能使湿地和自然保护区的经济地位和社会地位得到提升,继而才能吸引和留住人才。

(3) 幼儿与女性教育计划。在保护区管理处的驻地内因地制宜地开展幼儿与女性教育,是把生态保护工作做到根底的基本方法。大部分的国家级自然保护区管理处都已经迁移到县级市城区范围内,从硬件条件看都具备了开展幼儿与女性教育的基础,其中有些保护区甚至可以设立有特色的幼儿园(既能从幼儿教育开始传播保护区的自然生态知识,又能开展项目创收,支持可持续发展)。

(4) "大学生村官"项目。在国家级自然保护区和国家森林公园地区引进"大学生村官",有利于社区建设,有利于确保林业人才,进而有利于林业地区的可持续发展。从全国农林高等学校挑选优秀专业人员充实国家级自然保护区和国家森林公园的乡村社区建设队伍(作为"大学生村官"),并从这些"大学生村官"中选拔优秀人才充实林业建设队伍,是确保林业人才的有效途径。

具体做法:由各省呈报"大学生村官"计划人数,从教育部毕业生计划中进行调配(计划下达至农林院校)。国家林业和草原局提出"大学生村官"项目预算,由国家财政拨款提供预算。预算内容为四大部分:一是培训基地建设费用;二是社区建设项目费用;三是"大学生村官"人头事业经费;四是"大学生村官"培养经费。预算下达至各省林业局。省林业局在各保护区建立"大学生村官"培训基地。培训内容为:持证上岗知识(林业法规及自然保护区专业知识)、社区经营管理知识、社区建设项目运营知识。

（5）教育标本采集与制作。其既作为向社会传播教育的基本工作，也作为保护区的经营项目。

（6）驯养与繁殖。驯养和繁殖那些具有经济价值的动植物，不仅是保护区的科研工作之一，而且是向社会传播教育的基本工作，同时是保护区社区经济发展计划中的经营项目。

### （二十二）省会城市林业的核心示范

作为生态宜居文化名城或作为动感都市，与水体文化相得益彰的即是城市森林文化。城市呼唤森林，即城市呼唤生态。

（1）城市园林绿地与城郊林地绿化合并计划。城市园林绿地建设与城郊林地绿化建设统合经营，可以大大提高城市林业的效率，并便于城区和城郊统筹绿化建设经费，增强可持续发展能力。

（2）林产品大市场建设。以林产品大市场为龙头，生产能满足市区生态需求的各类低碳产品（商品），既可实现江西林业的最终价值，又可丰富省城居民的消费福利生活内涵。林产品大市场候选地为：南昌市罗家集镇、南昌市麦园（省林业科学院辖区）。

（3）城市教育的后花园建设。生态与教育联姻，使城郊林业区域建设成为城市教育的后花园，极大地实现森林的经济生态作用和教育的社会作用。候选地为：南昌市新建区象山林场、南昌市麦园。

（4）振兴生物医药计划。以南昌市林业局所辖的桑海制药企业和济生制药企业为龙头，积极发展生物医药，也是振兴城市林业的方法之一。对制药企业减免税率，并令其对所需特定药材栽培的产业进行扶持，既可确保企业所需生产原料的供应，又可促进经济林（尤其是药材基地）的发展，实现双赢。

# 附录三　凝练理论基础

## 《产业设计与林业经济的相关性研究》(节选)

作于 2006 年

### 一、我国林业发展中存在的问题

#### (一) 我国林业资源的压力巨大

改革开放以来,我国的造林绿化事业进入了一个快速发展的新阶段,取得了巨大的成就。根据第五次森林资源清查结果的统计,我国林业用地面积合计 26 329.47 万公顷,森林面积 15 894.09 万公顷,全国森林覆盖率为 16.55%。其中,经济林覆盖率 2.11%,竹林覆盖率 0.45%;活立木总蓄积量 1 248 786.39 万立方米,森林蓄积量 1 126 659.14 万立方米;全国合计针叶林面积 6 985.79 万公顷,蓄积量 632 670.86 万立方米;阔叶林面积 6 449.78 万公顷,蓄积量 493 988.28 万立方米。截至 1998 年,我国人工林保存面积达 3 425 万公顷,居世界第一位。但若按总人口平均,则我国人均拥有的林业资源数量极为不足。与此同时,我国已成为世界上荒漠化最为严重的发展中国家之一。到 1999 年底,全国荒漠化土地总面积为 267.4 万平方公里,占国土总面积的 27.9%。

#### (二) 林业中产业设计水平低下

虽然在我国当今国家级和省级经济技术开发区以及其他形式的各种开发区的建设中,产业设计的理念在有意或无意地被使用着。但是,从开发区的产业设计总体上看,产业设计还是低层次、低水平的,对生态自然资源、矿产资源的综合利用率还不高,产生的资源浪费与环境污染仍相当严重。研究发现,这既与企业在追求产值增加、利润增长过程中一直没有形成产业设计理念有关,也与政府、企业、公众对产业设计技术手段重视程度不够有关。

显然,面对相对稀缺的资源、资源消费快速增长的势头、较低的资源综合利用率以及日益严重的环境污染,且随着我国经济总量的进一步增大,若不切实转换经济发展理念,探寻保持经济可持续发展的新路径,那么,支撑我国经济增长的资源、环境将无以为继。

### (三) 林业经济机制制约林业经营

从价值链的形成规律上看,林业关联收益最高(利润率最高)的部分是在销售市场,其次是房地产和建材/家具行业,其他依次是森林旅游、纸浆、林化产品(含药材)、原木等经营领域。造林和营林处于价值链的底边,且林业技术服务在各行业技术服务中的收益程度处于底层。从资本保值增值的属性上看,经营医院的保值增值性最高,其他依次是学校、酒店、商场等。因此,未来林业收益中可特化发展的领域(经济主打领域)应当考虑以建立自营市场(流域大市场、林区门户大市场、区域专业性市场)为载体,以森林生态环境为优势(房地产和家具建材产业联姻),以高保值增值性项目(医院、学校、酒店、商场)为核心的特化产业体系,形成对营林造林的反哺机制(即所谓的生态补偿机制)。

从逻辑上看,林业经营者是林业经济效益的受益主体,而大众(广义而言是世界各国人民)是林业生态效益的受益主体。林业经营者进行林业经营主观上产生经济效益,而客观上产生生态效益被大众利用,但是生态效益的受益者并不会主动地对林业经营者进行生态价值的补偿。生态效益的受益者在精神文明的指引下,有可能参与义务造林营林活动,部分地回报林业经营者,但是不能提供对林业经营者的经济补偿。因此,政府及国际组织应当把林业作为"外部经济性"的典型部门,制定产业倾斜政策,优先允许林业经营者从事与获得林业生态补偿相关的经济活动。而林业经营者当中也应当有一大批人经过市场经济的磨砺,成为产业经营的领军人才。

### (四) 市场发育不完整

虽然专家学者对林业的商品市场进行各种研究,但由于中国林业市场关键参数还存在诸多不确定性,因此市场参与人数少,需求低,无法形成竞争价格。价格的非竞争性和可能存在的买方垄断导致目前的林业经济不能实现经济效率。由于林业产品独特的自然和经济属性,它的数量和质量信息都难以被市场参与者彻底掌握,往往造成信息的不完全和不对称,从而影响林产品市场的经济效率。

林业经济服务对象可能是众多具有不同偏好和需求、地理上分散偏远的小土地所有者或经营者,交易成本较大。从理论上讲,与林产工业和能源项目节能减排的成本相比,造林、再造林项目尽管具有较低的成本,但在实际中可能产生巨大的交易成本,可能大幅度降低对投资者的吸引力,从而降低交易规模。

林权的清晰界定是林业经济发展的前提和基础。在林业市场中,林产品供应的主体是林业经营者。但由于中国缺乏操作规范和交易平台,林地使用权和森林、林木所有权难以合理流转,林业经营者特别是非公有制主体的收益权没有得到保障,如承包经营合同得不到有效维护、林业税费负担过重,这不仅挤占了经营者的合理收益,也使得经营者缺乏动力,增大了投资回报的风险和投资者的心理障碍。

如果从"三林"问题的角度来考察,可以归纳如下。

林农问题的范畴包括:①林业人口不足;②林业人口受教育程度偏低;③林农收益偏少;④医疗及其他社会服务、福利水平低;⑤尚缺乏安全保障机制。

林区问题的范畴包括:①我国的森林资源明显不足,森林资源的质量下降;②林业基础建设相对较弱;③林业企业经营管理不善。

林业经营问题的范畴包括:①我国林业管理体制改革缓慢,束缚林业经济的发展;②林业企业生产技术落后,研发能力差;③我国林业产业结构不合理,发展不平衡。林业企业还普遍存在劳动密集型企业多、技术密集型企业少的不合理的产业结构,致使林业生产效率低下,影响林业经济的发展。

## 二、产业设计模式总体框架设计

### (一)构建产业设计模式的必要性

所谓模式是指某种事物的标准形式或使人们可以照此实施的标准样式。这种标准形式或标准样式只能是在特定条件下可以遵循的,离开特定条件,模式也是可以变化的,尤其是对于产业化模式而言。影响产业的因素多样而复杂,各种实施的条件千差万别。因此,产业化模式是指产业化形式的一般规范及产业化各组成要素间关系的基本界定。研究产业化模式是构建产业设计模式的起点。

**1. 产业化模式是产业化实践的遵循**

产业化是产业组织形式的全新变革,过去传统的产业组织模式被打破,形成全新的产业经营方式,就必须遵循科学合理的产业化模式。尤其是林业生产经营活动,长期形成的传统的产业组织思维定式和方式,已构成了对林业产业发展的严重桎梏。从传统的定式发展为一种全新的产业化方式,如果没有特定模式加以遵循,就不可能达到林业产业化的目的,林业产业化也不可能顺利进行。

**2. 产业化模式是协调产业化各方面关系的准则**

产业化的核心问题是所涉及的各方面关系的协调,其中包括龙头企业与市场、龙头企业与资源培育基地以及林农、中介组织、非林企业等之间的关系。若不进行很好的协调,这些关系之间的联结就会受阻,致使产业化不能正常运转。产业化模式对利益机制、约束机制等进行界定,对各方面的关系进行协调,能够保证它们密切联结,使产业化链条有机链接,保证产业化顺畅运行。

**3. 构建产业化模式也是适应不同条件、促进各产业协调发展的保证**

不同条件下的产业化发展模式是不同的,尤其是林业的特点所决定的时空条件的不同更为明显。但过去,林业生产经营活动对这种不同条件考虑得比较少,并采取一种统一的经营模式经营不同条件下的林业产业。例如,各森工企业林产工业的发展没有结合当地具体情况、突出特色和优势,基本上都是发展"三板",造成了产业组织的雷同和产业发展的迟缓。从不同条件出发,构建适应具体条件的产业化发展模式,既体现产业化对生产、交换行为的要求,又符合经济发展的实际,达到产业化各主体的效益目标,夯实各产业发展的根本保证,同时,也使所构建的产业化模式更具可操作性。

## (二)确定产业设计的基本路径

产业设计是一项技术性很强的系统工程,不仅要以一定的经济理论为基础,而且要有生态学、政府行为学、数学、统计学、工程学、伦理学等方面的综合知识做支撑。因此,要完成一个特定区域空间的产业设计,通常要组成一个产业设计团队。

根据我国现阶段经济发展的实际,在某一特定的区域空间确定产业发展,可遵循如下基本路径。

(1) 选择特定区域空间的一个或若干个主导产业。在选择主导产业时,一要考虑从当地优势资源中筛选出1~2个主导产业或支柱产业;二要考虑确保当地自然生态环境不被破坏;三要考虑主导产业或者仍可以成为新的主导产业的主要从属产业,这主要取决于技术推进的速度。

(2) 根据主导产业规模,确定相应的主导产业企业群。为保证产业市场具有竞争活力,必须有意识地控制或约束主导产业企业的规模,以便借助市场竞争的力量,促使主导产业中的企业实施技术创新战略,不断提高主导产业企业的资源综合利用率和尊重、回报生态环境的意识。

(3) 根据主导产业的正产品、负产品及主导产业与其他产业关联程度的高低,选择从属产业。在产业设计中,把主导产业在生产过程中所产生的所有有形或无形的物品均看成产品,而只把主导产业想要生产的产品看作正产品,把主导产业为生产正产品而伴随产生的其他物品看作负产品。事实上,目前国内外对根据主导产业的负产品确定从属产业的研究比较少,特别是与生态环境保护结合起来研究的就更少。因此,它成为产业设计中最难解决的问题之一。应注意的是,选择主导产业的从属产业,还必须考虑从属产业之间的联系,即从属产业之间的主产品、负产品的相互交换的形式和条件等。

(4)根据产业的可能市场规模,确定产业各自的产业企业群。其思路与根据主导产业确定相应的主导产业企业群的方法大同小异,不过其难度会随着产业种类的增加而增大。

(5)根据产业的正产品、负产品及产业与其他产业关联程度的高低,确定从属产业。然后,依此规律确定其他相关产业及企业群。

### (三)产业化一般模式的构建

根据一般产业化内涵的界定,产业化的一般模式为:以市场为导向,通过龙头组织的带动,形成上连资源基地,下连市场,由产业链联结的一体化组织形式。产业化一般模式如图附3-1所示。

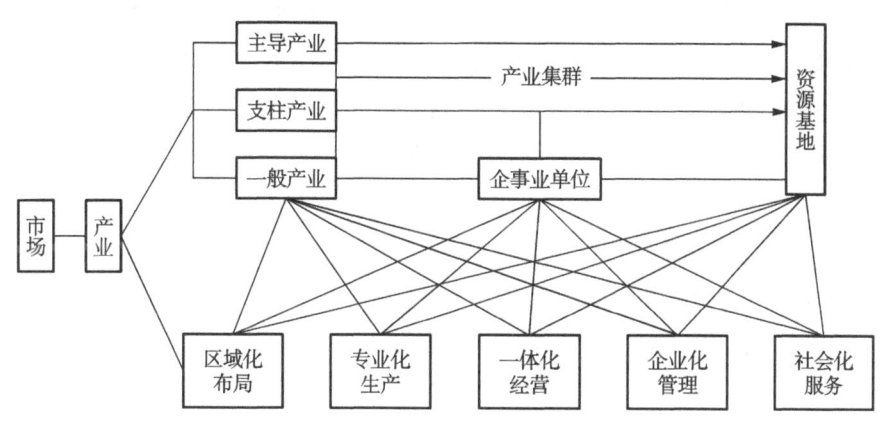

图附3-1 产业化一般模式示意图

在这一模式中,起核心作用的是龙头组织,它是整个产业化发展的关键。龙头组织可以根据不同的情况构建不同的组织,有些情况下可以是加工企业或企业集团(如林产品加工企业),有些情况下可以是流通企业(如林产品交易中心)或其他组织(如中介服务组织)。这样,由于龙头组织的不同,形成不同的产业化形式。资源基地可以是分散、独立的经营个体或其联合体,也可以是龙头组织自己建立的资源基地。龙头组织与资源基地的关系,可以是紧密的,如加工企业所拥有的资源培育基地、人造板业与相应的原料林基地、浆纸业与纸浆林基地等,也可以是通过合同形式而建立的一种联结,如加工企业与森林资源培育企业或林农的联结。这样,又由于龙头组织与资源基地关系的不同,产生不同的产业化模式。服务组织是一类独立的经济组织,它对资源培育企业、龙头组织、市场等提供各类有偿服务活动,包括市场体系建立、市场信息搜集与发布、对企业生产经营活动的各种服务等。

根据上述分析,产业化模式可概括为以下几种类型。

**1. 加工企业(集团)带动型模式**

这种模式是基于市场、社会需求,以加工企业或企业集团为主导,以产品加工、销售为龙头,根据资源条件,重点围绕一种或几种市场需求潜力大的产品进行生产、销售,并与资源生产基地有机结合形成的"风险共担、利益共享"的一体化经营模式。这种发展模式运转的关键在于加工企业,因此,这种发展模式对加工企业的要求较高。它要求加工企业必须与市场密切相连、有广阔的市场前景和较大的市场占有率、具有较强的实力,以先进技术和高新技术为先导,具有较高的管理水平,拥有精深加工的能力,从而达到产品的高技术含量、高产出率、高附加值。这样的加工企业才具有带动作用,才能带动相关产品的生产乃至相关产业的发展。这一模式的特点是加工企业与生产基地形成统一的生产经营体系,其中两者的联结方式关系到这一经营体系的正常运转。最为普遍的联结方式是合同或契约,也可以通过股份的方式联结,但都应有加工企业对生产基地的扶持和生产基地对加工企业长期稳定的资源供应。

**2. 流通企业带动型模式**

这种模式是以流通组织(通常是建立专业市场或交易中心)为龙头,通过流通组织与产品加工、生产基地的联结,带动区域专业化生产,实行一体化经营的模式。这种模式的特点是以市场流通带动特色产业的建立,以特色产业带动区域经济的发展。这一模式运转的条件,一是流通企业或专业市场的构建,二是形成特色产业的规模化。这两个条件相互制约、相辅相成,共同推动该产业化模式的运行。没有知名的流通企业或专业市场,特色产业不可能得以发展;而特色产业达不到一定的规模,流通企业或专业市场也不可能得以建立。因此,两个条件缺一不可。该产业化模式较适合具有特色资源并形成一定规模的区域或企业。

与此模式相联系的一种变型产业化模式,就是主导产业带动型模式。其特点是以区域的主导产业为依托,带动产业化的发展。该主导产业的确定依托于区域的特色资源或特色产业,如旅游业等,带动相关产业的一体化经营。当然,这种特色产业也必须形成一定的规模。

**3. 合作组织带动型模式**

这种模式是在分散经营主体独立经营的基础上,利用某种较为合适的联结方式组成联合体,以联合体为龙头带动各经营主体的一体化经营。这种产业化模式能够克服以往分散经营的种种弊端,降低经营主体的经营风险,有利于经营主体外在行为的内部化。在比较分散经营的情况下,这是发展产业化经营的一种较为理想的模式。

上述所提出的产业化模式都是适应特定条件、特定产业类型而成立的,不同条件,如产业性质等不同,其适宜的产业化模式也是不同的。如农业、机械加工业、建筑业、林业等,其产业化模式各不相同。目前,在各产业化发展中,农业产业化起步较早,发展较快。各地都根据区域特点,形成了较为稳定的农业产业化模式。归纳起来,目前实施的农业产业化模式主要有:公司企业模式,也就是在一个产权独立的实体中,对某种商品的生产、加工和销售相继各阶段进行统一、连续经营,是连续的生产阶层(包括销售阶层)在一个厂商内部协同运行的模式。合作社模式,也就是在农户家庭经营的基础上,建立一系列跨户、跨村、跨乡镇、跨区域的合作经济组织,以组织产前、产中、产后诸环节的服务为纽带,联系、团结广大农户建立、形成种养加、产供销、贸工农一体的利益共同体。根据不同条件,这种模式又可分为社区合作经济组织、专业合作经济组织、农村合作基金会等形式。合同生产模式,是指独立的农产品生产经营单位,根据农业产业化经营的关联需要,彼此间签订产销合同,规定农产品生产的品种数量、质量规格、供货时间、价格水平,以及生产的技术服务等,以确立缔约方相应的责权利关系的模式。农业产业化模式与载体关系如图附3-2所示。

从一般意义上讲,林业作为大农业系统的组织部分,其产业化模式应遵循一般产业化模式及农业产业化模式。但从产业特性上说,林

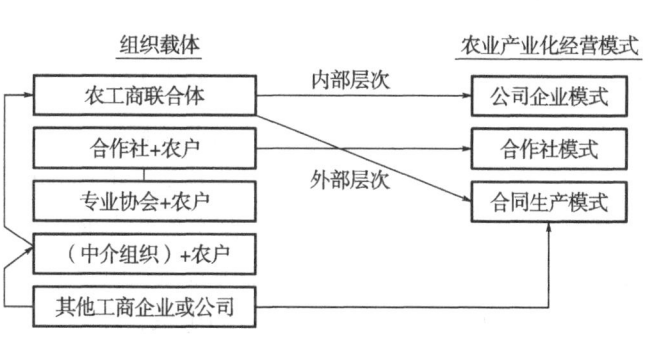

**图附3-2 农业产业化模式与载体关系图**

业产业化模式(尤其是国有林区林业产业化模式)又与一般产业化模式、农业产业化模式有明显不同,需构建适合林业特点的林业产业化模式。

## 三、产业设计在林业中的运用

### (一) 产业设计与林业经济的关系

林业是由多种不同产业复合构成的。从总体特征来说,林业具有产业事业复合性、多种效益综合性、经营管理社会性、经济运行复杂性等特征。历史悠久的林业要实现从传统经营方式向现代经营方式的转变,林业产业化应是一个理想的模式。以市场需求和社会需求为导向,以生态、经济、社会效益为中心,以森林资源及生态环境产业为基础,正确确定主导产业和支柱产业,分区、分类生产,协同经营,实行企业化管理、社会化服务,形成市场牵龙头、龙头带基地、基地连林农,产供销、贸工林、林科教相结合的一体化经营体系。产业设计要求在林业建设中形成战略思维,稳定山林权,扩大森林资源总量,建立林业特色市场,培育高附加价值和高利润的关联产业,培养行业领军人才,抓住世界林业和经济中的特别机遇补充完善国内资源,实行产业倾斜政策,建立健全中国特色社会主义林业发展的核心价值观。

(1) 产业设计与林业资源相互依托。林业产业化经营的物质基础是森林资源,基于此,林业产业化不同层次的多条产业链才得以形成。

(2) 产业设计是为了发展林业经济而提出的新的经营方式。林业产业化经营寓产业发展于生态环境建设之中,林业产业的发展为生态环境的保护和改善提供了技术和资源的保障,从而促进了生态环境的不断优化,而生态环境的优化又为林业的进一步发展提供了良好的基础和条件。产业的发展增加了人们的就业机会和提高了人们的收入水平,良好的环境又为人们创造了丰富的精神产品。这样,通过林业产业化经营,产业、社会发展与环境优化之间形成了良性循环,使经济、社会、环境效益协同发挥。

(3) 两者的结合是经济和公益的统一。以森林资源为经营物质基础的林业产业化,其生产具有两重性,一方面是商品林生产,另一方面是公益林生产。两种生产的产出种类是密不可分的。商品林生产主要产出经济产品,同时也产出生态环境产品;公益林生产主要产出生态环境产品,同时也产出经济产品。林业产业化是经济性和公益性的统一。林业的公益性经营不仅仅是属于林业内部的事业,它具有较强的社会性。林业所具有的生态、社会效益,使它与人类的生存与发展之间具有密切的关系。

## (二) 林业经济中引入产业设计的基本原则

**1. 以遵循科学发展观为原则**

科学发展观,第一要义是发展,核心是以人为本,基本要求是全面协调可持续,根本方法是统筹兼顾。

(1) 以人为本的原则

林业工作者、林农以及涉林民众是林业社会的主体。从精神利益和物质利益两个方面关注和协调主体发展,一切以主体的成长和发展、公平受益为目标,就是林业社会的以人为本原则。根据江西林业社会主体的现状,从现阶段开始至今后5~10年,"以人为本"原则的基本任务就是普及林业生态知识,推广生态循环的产业技术,既增强主体的基本人文素质,又加强培养其进行社会生活的基本经济能力,使林业社会主体与其他产业人口之间达到受益公平和教育公平。林业的社会主体脆弱,则森林资源的效益脆弱;林业的社会主体强大,则森林的社会效益和经济效益良好,生态平衡作用显著。在科学发展观的指导下,建立公共平台,以人为本,优化林业生态环境,实施四大计划。充分挖掘林业地区的历史、宗教、文化、教育资源,打造、提升和优化林业生态环境,构筑林业生态环境体系。

(2) 全面协调可持续原则

林业生态环境包含着制度文化、产业文化、生活伦理和知识创新等诸多方面。建立完备的林业生态法规和制度体系、政府部门和公共事业机构率先实施生态行政,是林业生态制度文化的起点;规范涉林企业和个体经营者的经营行为、一切以保护和扩大森林资源为宗旨、建立循环经济体系、通过产业融合手段提高经济效益和环境效益,是产业文化的生态准则;尊老爱幼、勤俭节约、勤劳致富、保护环境、爱护地球共同家园、为子孙后代造福,是生活伦理的重要内容;把综合防灾、新型互助合作运动、产业集群、知识集成作为林业生态教育的重要内容,在政府、企业、家庭和学校开展有利于可持续发展的新知识/新技术教育,是知识创新的重点。林业生态环境建设是一个系统工程,必须坚持全面协调可持续发展的原则。

(3) 统筹兼顾原则

林业生态环境体系建设不可能短时期完成,而是一项长期的战略任务。因此,无论软件建设还是硬件建设,都需要进行总体规划、分步择机实施。对现有的林业经营资源(人、财、物、时间、信息、关系、空间)应进行整合,突出发展重点并兼顾长短结合,在部门内部互助合作的基础上,实现有限资源共享、滚动前进。林业生态环境体系建设还要注重区域和流域特色的有机结合。在区域特色方面,既要体现承接发达地区产业转移当中有利于生态建设的资源利用项目的优势,又要抵制短期经济效益可能导致长期生态失调的所谓高技术项目的实施;在流域特色方面,要区别上游和下游之间的文化差距,因地制宜地建立能使上下游呼应的制度和产业体系。

**2. 坚持理论与实践相结合**

在战略思路上,林业的第一要务是要有爱林、护林的人。爱林、护林,应当从娃娃抓起,从领导抓起,从名人抓起。

林业是以长周期资源经营为特色的产业,需要人们的长期需求作基础。满足需求是经济学的起点。社会对林业的需求不只是木材和森林。社会对林业的一切需求,都可以转化为林业经济的发展内容。对大众实施林业生态知识教育和生态文化体验,是培养"顾客忠诚"的根本措施。森林和林业带给人们的精神满足,是人类知识积累的重要方式——不可逆积累。知识积累得越多,人们对林业和森林的爱心越多,生态文化的氛围就越浓厚,林业的附加价值就越高;林业的附加价值提高了,林业经营者才能实现长短结合和受益公平。经济发展需要重视战略资源,森林是林业经济的重要战略资源,而与森林资源相结合的高素质的产业人口,是战略资源的重中之重。

把战略思路转变为现实的关键是掌握正确的实践手法。在林业生态文化体系建设的经营实践中,要遵循以下原则。

(1) 分类指导原则

我国森林资源分布广阔,人文历史悠久,区域及流域特色显著,尚有多民族聚居。根据各地方的特点,因地制宜、分类指导,有利于建立起具有特色的林业生态环境体系。现阶段可以按平原林业、少数民族林业、城市林业、山区林业、特色林业、林产工业、林业文化产业等进行分类,对林业生态文化体系建设进行指导,并随着实践的进展择机进行论证、调整。

(2) 生态经济原则

林业生态经济包括5个方面:①生态经济的发展。要树立生态资源观。积极推动能源消费结构调整,促进阳光型、能源型经济的形成与兴起;加强废弃资源的循环利用,使垃圾变成财富;充分认识荒野的重要作用,它不仅是生态系统的重要调节器,而且具有生命支撑价值、经济价值、消遣价值和审美价值。要树立生态生产观。其根本目标是生态环境经济化与经济运行生态化,表现为提高绿色生产意识,推广绿色生产,发展绿色产业。要树立生态消费观。实现消费方式的生态化,倡导适度消费、节约消费、绿色消费。②生态环境的改善。加大投入,注重运用经济手段,强化对水源、土地、森林、草原、海洋等自然资源的生态保护;控制污染物排放总量,加强工业废水和城市污水的生态化处理,推进污水垃圾处理产业化,从源头防治污染,全面提高环境质量;加强环境检测和评价,提高环保监管水平,切实加强生态环境保护。③生态政治的兴起。要求政府根据人与自然的协调关系来制定和推行政策、法规、制度、教育等,对生态环境问题进行调节;促进公民的政治参与和民主协商;鼓励并支持环境保护的各类NGO(非政府组织)参与生态环境建设与保护。④生态科技的应用。科学研究和技术应用要能够促使整个生态系统保持良性循环,能为优化生态系统提供智力支撑;科技要与社会的生态化进程紧密配合,要接受自然科学所解释的规律的限制,要以无害环境为前提或主导方向,积极预防科技应用可能引发的负面效应;应从生态、人文、美学等各方面建立起合理的科技价值体系,避免以单一的经济指标来评价科技的优劣,引导科学技术健康、持续发展。⑤生态文化的繁荣。要大力发展水文化、山文化、花文化、竹文化、茶文化、森林文化、湿地文化、野生动物文化、生态旅游文化、绿色消费文化等生态文化,以人与自然和谐发展的价值观取代人统治自然的价值观,以相互联系的有机世界观取代机械论,以多样性统一的生态化思维取代机械论的分析思维,形成尊重自然、热爱自然、善待自然的良好氛围;增强全民的生态忧患意识、参与意识和责任意识,提高公民保护环境的积极性、主动性、创造性,从而形成具有强大群众基础的生态环境建设力量。

(3) 文化多样性原则

文化多样性是文化和谐的基础。林业生态文化更要以人为本、以人所存在的环境为行为参照物。群落清晰、错落有致、各安生命、秩序井然,才是生态文化体系的本来面目。要允许各类、各层次文化团体参与林业生态文化体系建设,鼓励企业、个体经营者和社区以不同方式建立林业生态文化媒体和经营林业生态文化产业;提倡以互助合作方式建立生态文化产业,尤其是在林区和边远地区,应大力发展林业社区货币①,建立具有林业特色的文化联盟。

(4) 模块化与项目并举原则

林业生态文化体系建设应采用模块化定义与项目管理并举的方法。模块化定义有利于统一布局和加强共性建设,而项目管理则更适应于文化的个性化、多

---

① 社区货币通常是在具有公益意义的局部地区采用社区(地域)约定的价值尺度发行的支付工具,以与通常的法定货币相区别。社区货币的有利之处在于不受通货膨胀的影响,在社区内具有交换价值,便于社区内的资源共享,同时还具有合理避税的功效。

样化和特色经营。实施林业生态文化体系建设时,要迅速完善基础建设模块,即必建模块;根据自身的能力和条件选择 DIY 建设模块,即项目选择模块;在特色明显、条件成熟的地区还应追加特色建设模块,即优势选择模块。

### (三) 构建林业产业化模式的指导思想

构建林业产业化模式必须遵循以下指导思想。

**1. 林业产业化模式应能反映林区和林业可持续发展的要求**

构建的林业产业化模式应能反映林区和林业可持续发展的要求。首先,林业产业化模式应以生态环境与林区资源的永续利用为基础,使生态效益、经济效益、社会效益的综合水平最佳;其次,林业产业化模式应突出在时间、空间、活动三维系统内的公平;最后,林业产业化模式应体现林业各产业间以及林业与林区内各产业间的有机联系,以林业产业的发展带动整个林区社会的发展。

**2. 林业产业化模式应能体现市场和社会需求导向**

以市场及社会需求为导向是构建林业产业化模式的前提。无论是林业产业链群的构建、龙头企业的培植及规模大小,还是森林资源基地的建设,最终都由市场及社会需求决定。市场及社会需求决定林业各产业间的关联、林业产业的布局,同时,市场及社会需求拉动林业各产业的发展。

**3. 林业产业化模式应能体现科技的支撑作用**

林业产业化应以现代科学技术为支撑,林业产业化水平的高低取决于现代科学技术的运用程度。因此,在构建林业产业化模式时要体现科技的支撑作用,以高科技的运用促进林业产业化各环节的发展。目前,我国林业科技成果的转化较低,制约着林业产业向高级化方向发展。实行林业产业化,企业应成为技术创新的主体,并使创新科技成果与林业产业化实践密切关联。

**4. 林业产业化模式应能使林业产业内外关系恰当协调**

林业产业的内部关系是指林业产业中的森林资源培育、木材及林产品加工、森林生态环境、多资源利用、销售、服务等产业的相互关联,外部关系则指林业产业与其他产业如农业、牧业、水利等的关联。林业产业化模式应能体现林业产业内部各产业间的紧密联结,以及林业产业与国民经济中各相关产业间的联系,而不是相互孤立和封闭。

**5. 构建有特色的林业产业化模式**

不同地区、不同时期,由于资源禀赋条件、技术条件、所有制、市场化程度等的不同,林业产业化发展模式也不可能是完全相同的。林区有着丰富的资源,有生物资源也有非生物资源,但不同地区(企业)的资源条件和特色也是不同的。从实际情况出发,突出优势,以资源为基础实施林业产业化,应针对不同的资源特点构建不同的林业产业化模式,形成各具特色和优势的林业产业化格局。

### (四) 产业设计在林业中的具体运用

林业经济发展的一个新的切入口,是开展林业生态文化体系建设。生态文化体系建设应强调以林业经济工作为重心,生态文化体系应以林业经济发展为基点,林业经济发展应以人与资源协调发展为前提。在此,笔者以江西林业为例进行论述。

江西林业的可持续发展,需要林业生态文化渗透到三个连锁过程、四个要素层面。

三个连锁过程即:供应链①、价值链②、产业链③。

四个要素层面即:资源、技术、经济机制、市场。

从林业资源基础上看,江西是中国的林业大省之一,却是林业经济小省。除竹林加工利用方面的有些领域的经营水平在国内具有一席地位外,总体来说,林业资源利用仍处于高消耗、低产出阶段,作为一个传统产业还不能适应经济发展的需求。解决该问题的两个基本方向:一是要树立林木合理利用、节约利用、综合利用的整体观念,从资源的内涵上扩大再生产;二是导入新技术、新产业理念、新经济机制,从外延上扩大资源种类和数量规模,以实现森林、林业系统的永续、高效利用。

从技术发展上看,产业核心技术的演变通常是产业可持续发展的基本动力之一(科学技术推动)。以竹产业为例,竹质新材料技术是现阶段本产业的创新型核心技术。所谓竹质新材料,是一种以竹材和农林加工剩余物(尤其是竹材剩余物)为主要资源,以高度复合技术为载体,用于环境和尖端产业的基础材料。竹质新材料的主流产品包括纳米级纤维竹炭活性炭、导电型高温竹炭、高级精制竹醋液、高性能电极材料、竹中空纤维、竹材过热水抽提物等,这些新材料将在 21 世纪的许多新兴产业领域发挥重要的作用。

从市场发展上看,竹林产品的商品化范围日益扩大并涉及生活、文化、产业的各个层面,消费需求不断高度化、多样化、个性化,产业链从基础产业延伸到尖端产业,产业间的互动、融合不断朝着知识集成和产业设计的方向收敛,这就为新

---

① 供应链是资源由原材料供应到半成品、成品,最后成为商品进入市场消费的物流过程的总称。现代供应链通常被纳入企业资源计划(ERP)进行管理。

② 价值链一般是指"研究开发—采购—制造—流通—市场营销"的价值运动过程。

③ 产业链是指核心技术及其技术群支撑的产业与关联产业的紧密关系。一个产业可以衍生出若干关联产业,例如有机农业所形成的有机食品和有机纤维产品,可以衍生出有机食品产业和有机纤维产业。

的产业——市场关联规划提供了新的价值链发展领域,成为新一轮产业发展的驱动力量(市场需求拉动)。市场的价值实现是林业经济循环发展的重要载体,因此,林业市场的设置和运营是产业设计乃至林业经济运营的重要组成部分。

从经济机制上看,宏观经济政策和微观经济利益的调整,都直接影响着林业产业人口与关联产业人口以及产业内不同环节间劳动人口的利益分配,这种利益分配又形成对资源增长、技术发展和市场发展的反馈调节。

生态文化产业,如果以物质文化遗产和非物质文化遗产为依托,还可以划分为:建立在非物质文化遗产上的文化产业形式,如民俗博物馆、乡土文化旅游村、"乡土博士"、大百科比武场(能工巧匠公园)、区域特色文化节、文化物流中心等;建立在物质文化遗产上的文化产业形式,如历史公园、自然地质公园、物种博物馆、物种保护区等。

生态文化与科技产业同样应当形成产业集群。这种集群的构建需要通过由微观到宏观的辩证过程加以完善。其微观过程是寻找产业群的构成要素和构建机制,主要内容包括核心产业要素、产业群的构建、群机制、可持续发展纲要等;而宏观过程则是探索产业群的结构形式和实施方法,其主要内容包括相关产业群项目的地区分布及项目概要。

根据产业设计模块化的原则,列举三种产业模块,以供参考。三种模块的设定内容(参考性指导内容,括号内为参考性建设项目)如下:

(1) 基础建设模块(文化站、宣传中心、网络平台、会员联盟、林/农家乐、基础教材、专业科普读物、林业技术职业培训学校、电子商务/政务平台、林业生态文化丛书等)。

(2) DIY①建设模块(动漫作品城、体验/互动交流区域、保护性资源领养/认养/冠名、手工/制作工坊、旅游/休闲中心、森林文工团、社区货币利用区域、写生/素描/创作基地、名胜保护区荣誉公民纪念、能工巧匠竞选、亲子恳谈中心、家政交流中心、生态百科讲坛、小商品纪念制作工房、森林文物收藏/拍卖/转让/承包、代言人/佳人竞选、名山/名水/名人/名作展、不法经营黑名单情报协会、野外素质拓展基地、国防教育/生态教育基地、国际交流活动村等)。

(3) 特色建设模块(林产品大市场、自然生态村、公司+农户+基地、自然博览/博物馆、自然生态节庆/庆典、婚庆生育纪念林区/林带、公务员生态公益活动基地、森林产科医院、森林连锁商场/酒店、森林文化礼品工房、森林产业馆、儿童

---

① Do It Yourself,意即"由自己进行装配"。

森林生态馆、生态知识学位教程等)。

### (五) 林业产业化模式总体框架设计

以市场需求和社会需求为导向,以高科技为支撑,以明确的分工为前提,以生态环境改善为条件,根据区域优势,确定林业产业的发展方向,形成相对集中的林业产业群。在产业群中,确定少量的主导产业,其他产业以前瞻效应和回顾效应与主导产业构成产业体系,并与主导产业一同构成产业链。主导产业或企业向上带动资源培育业的发展,也就是说,资源培育要与主导企业密切相连,根据主导产业或企业的需求决定生产结构,进行资源的培育。主导产业或企业向下带动相关企业或行业为之服务,打破部门或行业的界限,形成相互融合的体系,使区域内的环境,资源培育,产品生产、销售、服务一体化。同时,通过组织体系的完善,使各环节的利益关系协调一致。这样就形成了"市场牵龙头,龙头带基地"的林业产业化发展模式。林业产业化模式框架如图附 3-3 所示。

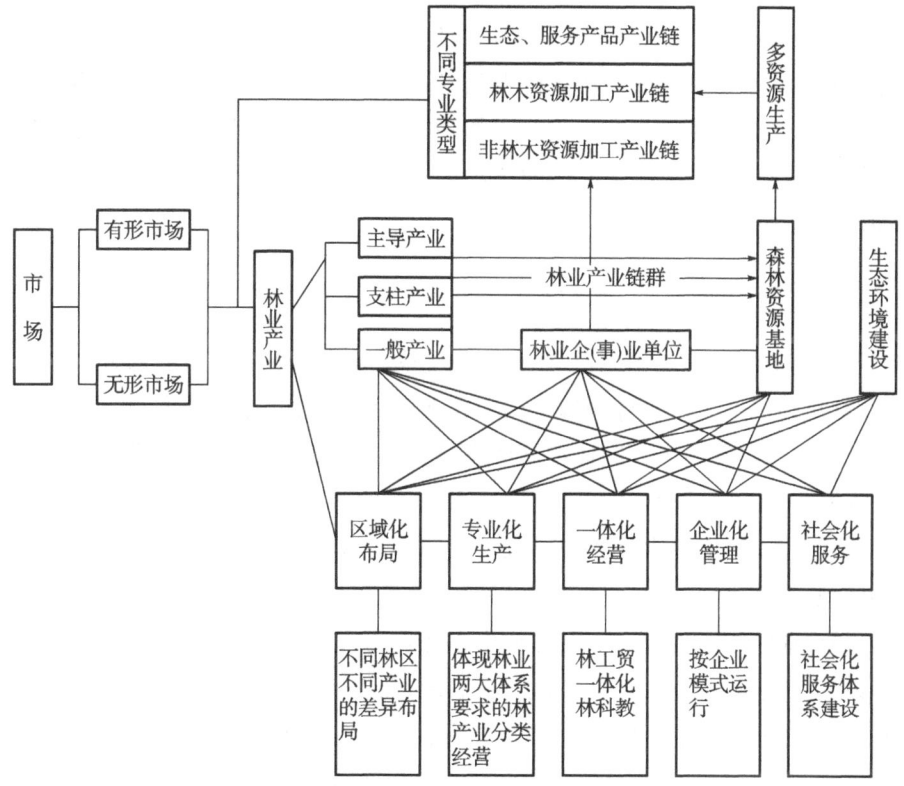

图附 3-3 林业产业化模式框架

# 附录四 政策实践

## 《江西省林业生态文化建设规划纲要》(节选)

## 林业生态文化产业

### 一、文化产业观念

建设林业生态文化,既可以提高林业生态的附加价值,又可以为林业经济的文化化和林业生态文化的经济化提供现实的桥梁。生态文化的产业化,不以消耗森林资源为代价。生态文化产业的竞争,主要是生态基础、生态风貌、生态文化和人力资源能力的竞争。生态文化的产业化,是林业长短结合、立体经营、提高产业附加价值的主要手段。

### 二、产业发展战略与方向

从价值链的形成规律上看,林业关联收益最高(利润率最高)的部分是在销售市场,其次是房地产和建材/家具行业,其他依次是森林旅游、纸浆、林化产品(含药材)、原木等经营领域。造林和营林处于价值链的底边,且林业技术服务在各行业技术服务中的收益程度处于底层。从资本保值增值的属性上看,经营医院的保值增值性最高,其他依次是学校、酒店、商场等。因此,未来林业收益中可特化发展的领域(经济主打领域)应当考虑以建立自营市场(流域大市场、林区门户大市场、区域专业性市场)为载体,以森林生态环境为优势(房地产和家具建材产业联姻),以高保值增值性项目(医院、学校、酒店、商场)为核心的特化产业体系,形成对营林造林的反哺机制(即所谓的生态补偿机制)。这就要求从林业中特化出收益程度高,又适应解决"三林"(林农、林区、林业经营)问题的产业部门。

## 三、文化产业设计

文化产业是一个天然具有集群特性的产业类型,它与数码(数字经济)、网络、报刊、影视、演艺、出版、设计、电信、旅游、娱乐、会展、制造、中介、营销等部门相互渗透,与其有很大的产业关联度。区域性特色文化产业群建设,其关键是形成群聚效应。产业集群的效应主要表现为外部经济效应、人才聚集效应、知识创新效应和集群力量效应,是形成区域性文化产业核心竞争力的基本依托。

具体说,生态文化产业的形式包括:与自然共生——自然回归型文化产业,比如森林产科医院;高技术组合——现代功能型文化产业,比如新智能交通项目;城市中心——成长极(平衡型)文化产业;产业零排放——环境友好型文化产业。

生态文化产业,如果以物质文化遗产和非物质文化遗产为依托,还可以划分为:建立在非物质文化遗产上的文化产业形式,如民俗博物馆、乡土文化旅游村、"乡土博士"、大百科比武场(能工巧匠公园)、区域特色文化节、文化物流中心等;建立在物质文化遗产上的文化产业形式,如历史公园、自然地质公园、物种博物馆、物种保护区等。

文化载体型产业重点引导项目概要列举如下。

(1) 休闲文化产业群:以庐山、三清山、三爪仑、武功山、三百山、鄱阳湖、仙女湖、婺源等名山胜地、国家森林公园、地质公园、国家级自然保护区以及遍布全省的古镇和古村落为依托,充分利用江西得天独厚的生态环境优势,开发观光性特色农园、特色林园、特色果园、特色牧场、民俗风情展示、漂流、荡舟、攀崖、登山、越野、农家与渔家生活体验、采集、垂钓、观鸟、观星(天文观测)等休闲产业,形成相关产业链,并与新农村建设相互促进。

(2) 神农百草园项目:中华农耕文化瑰宝;中华医药学瑰宝;大众农耕文化传播;大众医学知识传播;颁发炎帝传人、百草博士证书。

(3) 生态(家庭)庭院项目:家家有本生态经;家庭节约技能大赛——家庭节约博士证书;家庭生态知识百科全书;家庭生态用品专业店——社区便利店;"一居一品运动"——家庭生态特色建设。

(4) 生态政府(公共事业)项目:星期五休闲着装制;循环经济从名片开始;低排量公务用车;晋级纪念植树制度(公务员造林基地);公共建筑立体绿化;消灭一次性用具;室内绿化通用苗木制(苗木盆栽);公务员用生态及循环经济教育课件(IT动漫课程);政府生态贡献的公众评价制。

(5)生态学校(校园)项目:校园生态文明公约;节水运动及中水利用;校园食堂及超市商品的去包装化;旧货流转及跳蚤市场的规范化;师生互助合作社制度(接受学生的物质出资)。

(6)复合生态及观光农业经营项目:本项目拟以生态复合技术为载体,进行农业立体经营,并以观光农业为特色,提高农业经营效益。复合生态技术包括最新的现代农业科学技术(优良品种、新法耕作、田间管理、防灾、综合利用、立体经营等)的应用,而更重要的环节是使消费者和复合生态农业的经营者进行零距离交流——开展观光农业的经营。本项目拟通过选择不同的复合生态技术类型与立体经营组合模式设立观光农业区域,完善各种经营机制(包括"公司+农户"的组织机制和顾客/农户的互助合作机制),把现代农业与环境观光、农业与市场营销有机地结合起来,使之成为区域经济的新亮点。主要项目模式举例如下:①猪、沼、果、鱼经营模式;②稻田饲养小龙虾模式;③生态山庄作物领养模式;④有机食品与城市酒店、宾馆的"一馆一品"模式;⑤大中小学涉农实验基地联营模式;⑥城镇居民乡村体验"社区货币"模式;⑦农业发明家创业中心模式;⑧区域农业生态旅游节模式等。

(7)东方绿舟江西基地建设项目:本项目拟引进上海东方绿舟(公益事业机构)的经营管理模式,在江西设立其分支机构(江西基地),开展以环保、国防教育、科普、革命传统教育为主题的城市教育休闲活动,使青少年在娱乐当中增强修养,提高文明素质。

## 四、生态技术的发展

科学研究和技术应用要能够促使整个生态系统保持良性循环,能为优化生态系统提供智力支撑。科技要与社会的生态化进程紧密配合,要接受自然科学所解释的规律的限制,要以无害环境为前提或主导方向,积极预防科技应用可能引发的负面效应。应从生态、人文、美学等各方面建立起合理的科技价值体系,避免以单一的经济指标来评价科技的优劣,引导科学技术健康、持续发展。

生态技术载体型产业重点引导项目概要列举如下。

(1)森林生态型产科医院项目:拟建在森林生态佳境中的产科医院;传播优生优育知识;开展自然生态环境中的月子护理;开展育儿纪念植树、造景;提供天然/有机食品的种植和加工体验;给父母和孩子的礼物(含有植物种子的纸尿裤——可天然降解并在土壤中发芽生长;含有净水剂的牛奶瓶——可以净化水质;含有育儿百科知识的竹简摇篮——兼顾不同语言文化;森林休闲社区货币——环境贡献奖励;木质"母婴纪念相册";婴儿第一声——出生纪念CD碟;婴儿的足印、手印纪念石碑——永久保存版;森林音乐、风光碟)。

(2)大纤维产业一体化项目:人造板、纺织、造纸产业的废弃物排放是现在环境污染问题的重要源头之一。本项目旨在解决纤维产业对鄱阳湖区域的污染问题。项目拟将天然纤维原料大规模进行集中加工并完成废弃物的处理后,再分散到人造板、纺织、造纸企业进行终端产品制造,以减少对环境的污染。本项目所采用的天然纤维原料来自农业(棉、麻等)、林业(竹材、木材、草本)、资源再生利用业(废纸、废布、建筑残材等),核心技术为纤维热磨、废弃物的生物酶降解以及综合利用等。本项目还可以为江西特色地方产品(如婺源土纸、特色传统纺织)的升级换代提供资源基础。

(3)高性能活性炭产业项目:本项目以本省的生物资源为基础,生产制造高性能活性炭(比表面积达到每克2 000平方米以上、具有优良电性能的活性炭),并以此为原料生产制造超级电容器(双电层电容器)。超级电容器是21世纪能源及电子产业的关键原料元件。目前,发达国家和我国相关产业都已经开始试制或使用超级电容器。超级电容器主要用于通信、国防设施、交通工具等能源系统中。超级活性炭的主要原材料为天然纤维、木焦油、竹焦油、石油焦等天然物质。我国的湖南、浙江、上海等都已经建成初具规模的研发和中试基地。国际上,日本(如日产、旭硝子)、韩国(NESSCAP等)、美国等都相继建成了面向世界市场的生产线。而我国也将成为超级电容器使用及消耗大国,超级电容器的市场前景极其广阔。

(4)甲壳素新材料产业项目:本项目拟采用鄱阳湖区域的水产及昆虫资源,生产以甲壳素为核心的生物新材料产品。该项目的主打产品为水溶性壳聚糖、壳寡糖及生物多肽。主要原料为鄱阳湖地区丰富的虾蟹壳类、昆虫类资源(水产养殖虾、蟹,稻田养殖小龙虾,乡村和城镇养殖麻蝇)。本项目可以诱导形成生物医药(提高免疫力、抗肿瘤、降低胆固醇等)、有机食品、新型纺织、新型复合材料等高附加价值产业。甲壳素是地球上仅次于纤维素的生物资源(biomass),其应用范围涉及食品、化妆品、医药、印刷、纺织、化工、环保、纳米材料等多个领域。

(5)林产品大世界建设项目:森林生态系统是鄱阳湖生态系统的重要源头。林业经济的成败是森林生态系统是否健全的至关重要的决定因素;林产品的价值实现及其价值链的公平受益是林业经济的核心内容。本项目着眼于林业经营的长短结合、公平受益,用自营市场激活林业生产要素以促进林业经济的可持续发展,进而促进森林生态系统的健全发展。其根本目标是用市场源头取得的经济效益来确保生态效益源头的经营活动的实现。本项目拟建立大型林产品市场。经营品涉及林木种子、苗木、花卉、中药材等森林特产及家具建材、森林旅游、技术贸易等领域。经营机制拟采用商业中枢型产业公社模式(设立公社信息中心、消费者社员、生产者社员、投资者社员合作形式)和自营连锁超市,最终实现市场价值,完成以经济效益支撑生态效益的使命。林产品大世界的总部拟设在南昌市近郊的麦园地区,并以江西省林业科学院为技术依托。本项目可同时建立大型森林休闲(生态乌托邦)中心和江西城市教育后花园(大型社会教育基地)。

(6) 有机产品基地建设项目:本项目拟在鄱阳湖区域内设立生态环境优越的有机农业生产基地,逐步扩大有机产品的国际认证比率,最终实现在计划期内使有机产品的生产总量达到农产品生产总量的15%以上、有机产品的销售额占农产品贸易出口总额的50%以上的目标。有机农产品主要由两大部分构成,一类是有机食品,另一类是有机纤维产品。有机农产品在国际市场上具有良好的发展前景,有机农业比率的高低也是生态环境优劣的重要标志,有机农业的发展也是观光农业发展的一个重要平台。

(7) 湿地生态科学公园项目:将鄱阳湖的湿地资源按照科学意义进行分类,其环境净化功能和物种保护功能特别值得关注。湿地学术景观建设和候鸟的人工繁育,都需要有一个湿地生态公园,并以此来呈现湿地的科学价值和旅游价值。因此,本项目以湿地为保护对象,设立湿地生态保护区(建立湿地生态科学公园);在保护区内建立大型学术研究中心,从事湿地演替的模拟演示、候鸟及其他伴生资源的基因检测、湿地检测与预警等学术活动;长期开放公众观光,普及湿地保护知识,提高居民的生态意识。

(8) 区域安全与防灾体系建设项目:建立一个综合防灾研究机构,以应对日益增加的自然灾害、社会和产业公害、战争灾害。并以此为载体,在中小学义务教育中增加安全与防灾科目(义务教育科目),在江西省内的高校设立综合防灾学科(大学专业普及课程),编写并在省内推广全民综合防灾知识读本(教育媒体),并向省人大常委会提出法案,争取颁布江西省安全与综合防灾管理条例。

(9) 特用经济林基地建设项目:特用经济林是我国的五大林种之一,也是林业经营中最容易得到"长短结合利益"的高附加价值资源之一。林产化工和特色中药都与经济林有着十分密切的关系。因此,建立特用经济林基地是江西省发展林业经济和地方特色经济的重要内容之一。本项目拟组建江西省经济林产业集团公司,利用"公司＋基地(林场)＋林户"的资源经营模式,扩大经济林资源总量,整合经济林资源培育产业和经济林产品利用产业的产业链,建立鄱阳湖生态经济区内的特用经济林产业集群,通过技术创新和市场开拓,使我省特用经济林产业的附加价值和经济效益得到大幅度提高。主要集群的子项目举例如下:①竹产业;②油茶产业;③生漆、油桐、乌桕等天然涂料产业;④杜仲、五倍子、黄柏等天然药材产业;⑤黄栀子、茜草等天然染料产业;⑥紫胶虫、棕榈、山苍子等工业原料产业;⑦经济林产品综合利用产业。

# 生态文化传播和教育推展

## 一、文化传播的内容体系

应从以下层面展开生态文化的推广与传播工作:

(1) 从现实层面来看,对于广大民众有关生产、生活、婚丧嫁娶以及大众娱乐中的好传统,应当加以弘扬与强化。如林业经营中的封山育林、冬季维修水利工程、造林绿化工程,以及在农村中推广使用沼气等生态能源项目等。对于传统的节日文化,不但应当强化现有的积极理念,而且应当注入更多的生态、绿色理念,并不断改革节日文化的娱乐形式,使之成为民众自娱、自教、自乐的好方式。在现有节日的基础上,不断增加富有主题意味和各种各样内容的生态文化节。

(2) 继承和发扬中国传统文化中的生态文化观念。

(3) 强化近代以来在我国已深入人心或民众期盼的文化理念。通过宣传、教育、文学、艺术等手段,加大对"一大四小"造林绿化工程等林业生态文化理念的传播力度,通过民俗通册、漫画、文化下乡等形式加强对生态文化的宣传与推广。

(4) 把核心文化理念自觉地落实到日常生产生活中,贯穿到婚丧嫁娶、游戏娱乐等各种活动与节日中。同时,为强化核心文化理念,文艺界、民政部门会同社区,可以因地制宜地创造一些节日及相关习俗,使民众的生活更富有生态文化气息,如举办地方生态文化节、木匠节等。

(5) 生态文化知识的普及推广,应做到力大面广;应将城乡干部、家庭主妇和每一位中小学教师与学生,作为生态文化的主要受众和推广者,在生态文化知识传播中,发挥其主力军作用,使其成为优秀生态文化的传承者。

## 二、林业生态文化传播的内容体系

推进现代生态伦理的落实和传播,应从加强林业生态知识的普及入手。森林(和湿地)是林业、社会、生态问题的基础与核心,因此,保护和扩大现有的森林资源应成为日益受到社会关注并获得优先发展的重大事项。国家的生态文明建设,应以生态和谐文化为引领方向,其核心在于协调人类与各生物间的进化关系,正确处理产业人口间的利益公平,倡导节能的生活方式和生产观念,加强对环境的保护意识,从源头上对生态要素失衡进行整治。

江西省林业生态文化传播的内容体系列举如下。

**1. 加大现有森林(湿地)资源的保护力度**

(1) 及时准确地掌握森林(湿地)资源的变化和生态环境状况,积极构建我省森林资源综合监测体系和有效的森林资源行政管理体系。

(2) 继续推进天然林保护工程,使森林资源进一步得到有效恢复。

(3) 强化保护森林资源的意识,大力做好宣传教育工作,大力进行保护森林资源的宣传教育工作,鼓励木质产品回收再利用,研制可替代能源。

(4) 继续推进自然保护区、森林公园和湿地公园建设。

**2. 建立科学的森林经营体系**

(1) 建立科学的森林经营技术体系。以生态化、产业化、信息化为特征组合现代林业科学技术,使森林更新、森林经营管理、森林利用和森林保护等多方面通过多学科协作提高技术含量。

(2) 在采伐作业中采用生态型采伐和集采方式。

(3) 合理利用森林采伐剩余物。森林采伐剩余物的利用潜力巨大。目前,剩余物的主要利用方向是燃料、饲料、肥料、工业原料等,可提升的产业创新空间很大。

**3. 继续推进林业产业政策的调整**

(1) 以市场为杠杆对林业资源进行合理配置;充实和完善林业主管部门的产业调整职能;完善林业产业政策,建立可持续发展机制,改革林业资源管理制度,落实林权流转、分类经营政策。

(2) 加大对林业的公共财政投入。政府要采取适当的措施实现林业外部效益内部化;充分利用市场机制的调节功能,使林业资金有效运营;建立和完善森林效益补偿制度,探索多种融资渠道。

(3) 积极建立和完善林业法规体系,促进林业可持续发展。如建立健全天然林资源保护管理、林权和林地流转管理、森林生态效益补偿管理等法律制度,以行之有效的制度规范林业产业的各种行为。

(4) 大力发展各级林业教育,积极培育林业经营所需的人力资源。可借助高校的教育优势,积极拓宽林业人才教育培训渠道,开展岗位培训和继续教育。林业生产单位应普及林业职业教育,着力加快解决林业经营人才匮乏的瓶颈问题。

**4. 动员全社会建立生态、低碳生活方式**

(1) 全民义务植树,保护和扩大森林生态资源总量,改善森林和湿地的生态环境质量。

(2) 全民关注"三林问题",创建林业生态和谐社区。

(3) 普及林业生态核心价值体系,倡导生态伦理。

(4) 普及低碳科学技术和生活方式,创新区域文化。

## 三、文化传播的基本途径

文化传播途径主要有以下六种。

1. 大众传媒。其是借助各种手段或工具,通过发出信息主动作用于他人的机构(如报纸杂志发行社、广播电台、电视台、互联信息网络机构),是从事生态文化信息的采集、选择、加工、复制、传播的专业组织。其因生产规模的巨大性和受传者的广泛性,被称为大众传媒。其特点是:

(1) 地位稳固,在社会信息传播中反响强烈。

(2) 大众传媒是一种社会组织,具有自身的组织结构和组织目标。

(3) 大众传媒是社会政治风尚、文化教育、科学技术普及、经济信息发布的重要助推者,是精神文明建设中不可或缺的重要传媒。

2. 教育培训机构与示范基地。以生态环境保护区、动植物公园为基地,建立教育示范基地,依托各类高校,充分发挥教育机构与示范基地在生态文化传播过程中的重要作用。

3. 市场传播。以生态化的创新产品为主导,通过市场来带动生态文化的传播与发展,通过对产品的体验来达到传播生态文化的目的。

4. 教育机构传播。在义务教育以及高等教育阶段,向广大学生传授生态文化知识,使其树立生态文化理念。

5. 形象传播。通过明星形象的宣传效应进行传播,推选生态文化代言人。

6. 培育典型事件与人物。例如举办生态文化节、表彰奖励生态文化先进单位和个人等。

## 四、生态教育

生态教育有着极为丰富的内涵，涵盖各个教育层面，包括学校教育、社会教育、职业教育。其教育对象包括全社会的决策者、管理者、企业家、科技工作者、工人、农民、军人、普通公民、大专院校和中小学校的学生；教育方式包括课堂教育、实验证明、媒介宣传、野外体验、典型示范、公众参与等；教育内容包括生态理论、生态知识、生态技术、生态文化、生态健康、生态安全、生态价值、生态哲学、生态伦理、生态工艺、生态标识、生态美学、生态文明等。生态教育的行动主体包括政府部门、群众团体等。通过生态教育使全社会形成一种新的生态自然观、生态世界观、生态伦理观、生态价值观、可持续发展观和生态文明观，实现人类、社会、自然的新和谐。

### （一）开展全民生态教育

生态教育既是全民教育，关系到全民生态意识的形成，又是全程教育和终身教育，关系到一个国家、一个民族的生态伦理道德和生态行为的培养。

### （二）教育必须适应社会生态化的需要

人类将把生态学的系统论、协调观、持续性贯彻到未来的经济、政治、文化乃至整个社会的发展过程中，社会生态化导致了教育的生态化。未来社会的生态化发展不仅为教育的生态化发展提供了现实的社会条件与背景，而且对教育的生态化发展提出了现实的社会需求。在这种情况下，教育必然要适应未来社会。

### （三）加快教育的生态化改革

教育生态化改革的重点应该是教育观念、课程体系、教学体制、教材、教学方法和手段的改革。例如，教育观念的改革就是生态教育不能只局限在生物学、生态学、环境科学专业，在非生物学、非生态学专业中也应开设生态学课程，并将其作为必修课。

生态教育要面向学校教育、社会教育和职业教育。学校的生态教育应该超出本科、专科层面，扩展到硕士研究生、博士研究生、中小学生层面。

### （四）建立一支高素质的师资队伍

大力加强高素质、生态化的师资队伍建设。建立生态教育管理培训中心，培训不同层次的生态教育型人才。

### (五)加强新教材和教学体系建设

生态教育是全民性的教育,教育对象存在广泛的差异性,教育对象在年龄、知识背景、基础、专业、学习时间长短等方面都不尽相同。因此,教育对象的多样性要求生态教育的教材必须是多层次、多样化的。应尽快组织编写、审定、出版、发行系列化的生态知识教材,以满足对不同层面人员进行生态教育的需要。在进行生态教育时,要注意教学内容、形式、方式和手段的层次性和多样性。例如,在对在校的各类研究生进行生态教育时,因其具有较扎实的知识基础和较高的文化素养,生态教育主要以专题、讲座的形式为主;而对于一般公众,则应采取电影、电视、互联网、广播、报纸、墙报、宣传画、音像教材等形式,通过生态教育激励公众掌握基本的生态学常识,树立起基本的生态世界观、生态伦理道德观和生态价值观。

### (六)建立网络化生态教育基地

在全省各地建立形式多样的生态教育基地,对推动全民生态教育、提高公众特别是青少年的生态意识和环境保护意识发挥积极作用。对全省的生态教育基地进行统筹规划、合理布局、增加投入、科学管理,使之成为我国生态教育、生态旅游、生态科研、生态产业、生态经济协调发展的示范基地。

## 保 障 机 制

### 一、地方立法及法治建设

江西省作为中国内陆经济不发达的省份,应当在林业生态文化体系建设方面率先突破历史的桎梏,在宪法的指导下,完善地方区域性立法。其主要形式有:

1. 地方立法。包括:①江西省林业生态保护条例;②江西省林业物质文化遗产及非物质文化遗产保护管理条例;③江西省生态文明教育条例;④江西省生态文明宣传条例;⑤上市公司扶持地方生态事业减免税条例;⑥森林资源评估、抵押融资扶持条例。

2. 部门行政规章。包括:①地区产品优先营销规定;②生态贡献特别奖励财政制度;③林业生态文化贡献勋章;④涉林创业扶持及服务指南;⑤环境公益事业下的社区货币使用条例。

3. 行业协会约束。例如建立江西省林业生态文化协会章程等。

4. 乡规民约。主要指的是适应乡村、集镇、部落文化的民间管理规则。

## 二、制度建设

### (一)林业产业政策调整

政策目标:全面落实科学发展观,实施以生态建设为主的林业发展战略,发挥市场配置资源的基础性作用和国家的宏观调控作用,逐步建立起门类齐全、优质高效、竞争有序、充满活力的现代林业产业体系,充分发挥林业的多种功能,大力提升林产品的供给能力,最大限度地满足经济社会发展对林产品与服务的多样化需求。

**1. 基本原则**

(1)坚持宏观引导。遵循国家林业和草原局的《林草产业振兴规划(2021—2025年)》,以产业政策和产业发展规划为导向,综合运用经济、法律和行政等手段,逐步缓解林业物质产品、生态产品和文化产品总需求与总供给、消费结构与产品结构之间的矛盾。

(2)坚持生态优先。鼓励发展循环经济,提高资源综合利用水平,降低资源消耗,减少环境污染,走资源节约型、环境友好型发展道路。

(3)坚持因地制宜。既坚持产业规划布局的统一性,又发挥各区域的比较优势,实现资源的合理有效配置。

(4)坚持多元化投入。多渠道筹集资金,打破部门、区域和所有制的限制,大力发展非公有制林业,形成多层次、多元化、共同发展林业产业的新格局。

(5)坚持科教兴林。鼓励自主创新,推动产业技术进步,提高林业产业技术含量和人员整体素质。

(6)坚持对外开放。统筹国内外两个市场、两种资源,提高国际化经营水平。

**2. 主要政策领域**

(1)促进林业产业与国民经济和谐、协调发展的基本政策。

(2)加快林业产业与生态体系同步发展的基本政策。

(3)维护国家木材安全的经济策略。

(4)解决"三林"问题的基本经济策略。

(5)适应"低碳经济"的林业发展策略。

(6)促进山区和城镇文化繁荣的基本政策。

### (二)管理制度创新

(1)制度宗旨:把发展目标、特色创新、发展措施制度化。

(2)制度主要内容:总体目标规划至 2025 年,并按每 5 年分解目标,建立目标管理责任制与林业生态文化建设的考核指标体系,对领导集团进行考核,对企业进行考核,对教育机构进行考核,对媒体进行考核。

(3)建立特色创新制度:林区公务员植树造林制度;林区公务员木工实习制度;林区公务员古树名木领养/保护活动制度;林区公务员参与学校义务教育(林业生态知识课程)制度;林区公务员林业生态文化体验休假特别制度;林区公务员对林业生态文化产业的参与(持股)制度;林业行政部门优先采购林产品作为办公用品制度。

## 三、重点基础设施建设

### (一)产业孵化器建设

**1. 中试体系建设**

在江西省林业科学院建立林业生态新技术中试指导中心,以省内涉林企业为中试基地,结合国内外相关机构和企业,组成完备的技术中试体系。

**2. 产业技术推广体系建设**

官(政府)、产(企业)、学(学校)、研(研究机构)相结合一直是我国高科技产业推广体系的一个有效方式。而生态新技术产业推广体系在此基础上应当加以补充的是:利用国际组织扩大本产业化进程的影响,并加快在江西建设生态新技术产业的步伐,从而为世界其他林业地区提供产业发展的良好模式。

**3. 产业形成的激励机制建设**

(1)试点政策的实施:在生态资源密集丰富的地区设立试点基地,策划产业化发展战略并组织实施。

(2)为先驱性研究开发者提供开发性扶持资金或设备;为先驱性开发应用企业提供贷款性资金扶助;为成功的研究开发企业颁发奖励(资金或政策性担保)。

(3)鼓励先驱性开发研究机构或先驱性开发应用企业的高级人才引进、激励措施,为其提供人才资源的信息、培训管理、业绩奖励的保障体系(资金支援、信息支援、培训与考核方式支援)。

**4. 资源共享的产业平台建设**

有序而又开放的资源共享平台,需要大多数行业相关者结成统一战线,并相互沟通商流、物流、信息流。这是生态新技术产业发展的重要基础。

资源共享平台的建设须由一个核心的行业指导机构通过设立信息交流中心

来完成。在产业孵化初期，江西省林业局可以设立一个专门的信息交流中心，履行资源共享平台的职责。

## （二）科技(文化)产业园区建设

在江西省南昌市(或赣州市、吉安市)设立一个生态新技术产业园区，利用相关优势资源，进行生态新技术和生态文化的产业化示范，具有深刻的现实意义。

科技(文化)产业园区采用中国特色的合作经济体制和教育培训体制，并设立具有商业意义的生产示范区。

江西省生态文化产业园区建设项目概要列举如下。

（1）商业中枢型产业公社：按照"互助合作化"宗旨，将消费者和生产者变为社员，将投资者变为股东，建立新型的"商业中枢型产业公社"，让商流、物流、信息流处于一种和谐的平衡之中，以保障连锁型产业超市的可持续发展。以商业中枢型产业公社为背景的林产品大市场，适宜建设为江西省的省际门户市场。

（2）基础材料生产示范区：以家庭炭化技术项目、生物固碳技术项目、工业固碳技术项目、碳素循环技术项目等项目的实施为核心，将研究、开发、生产示范结合为一体，开发和生产各种生物炭原料(及副产品)、炭质人造板产品、活性炭产品、高温碳素材料以及相关的专用设备。

（3）尖端材料生产示范区：以高级碳素材料技术项目、超级活性炭技术项目、超级电容器技术项目的实施为核心，面向尖端材料产业，进行订单生产和营销，确保尖端材料生产示范的经济目的性和创新性。

（4）生活消费品生产示范区：以碳素材料、竹(木)材料对人类的优良性能为依据，设计出多种模式的生活消费方式，并以此为基础进行上述生活消费方式的商品生产，通过产业超市经营的方式进行直销。主要大宗产品为复合生态家具、建筑装饰材料、净水材料、空气净化材料、造园材料、土壤改良材料、工艺品等。

（5）竹文化产品示范区：以现有的竹文化研究成果为背景，将竹文化、森林文化、炭文化与人类现代文明融为一体，开发各种题材的文化产品，丰富社会文明的内涵，如竹简、大型雕刻、竹炭电池工房、全竹乐器、全竹文化用品、竹炭工艺品等。

（6）模块化建设区。

# 附录五　产业设计的范式技术设计

## 《竹材全循环利用技术产业化项目》(节选)

### 惊雷公司竹林全循环利用项目概要

以惊雷公司近年营造的龙竹、牡竹、菊竹等川藏云乡土竹种(主要为丛生竹类)为原料,在立体经营、生态保护、逐年扩大面积、改善竹林结构的基础上,引进竹材全循环加工利用技术(以零排放、无添加、高附加价值、文化取向为基本指针),实现"公司＋基地＋专业合作社"的产销结合经营结构,为资源可持续发展、环境可持续改善、经济可持续创新提供技术和经营保障。

### 一、产品组合

#### (一) 竹炭

(1) 高温竹炭:一般烧成温度在 800 ℃以上,可用作电极材料等。

(2) 高温活性炭:一般烧成温度在 900 ℃以上,是食品级多用途产品。

(3) 触媒活性炭:通常以复合触媒熔融于高温活性炭中,用于净化空气或分解复杂的有机物。

#### (二) 竹醋

(1) 有机农业用竹醋:用于作物有机栽培中的土壤消毒、施肥、驱虫和防治作物病害,以及堆肥处理。

(2) 环保用竹醋:用于禽兽圈舍、厕所、垃圾处理站的消臭、灭菌,也可用于生活废水处理、食品加工企业废水处理等。

(3) 居家用竹醋:用于家庭空气净化、驱虫防霉、足浴等多方面。

(4) 食品级竹醋:通常为日光稳定型、无焦味的透明液体,可作为饮品及调味品原料,除风味独特外,尚具有抗菌、消炎、止痒等功效。

## (三) 黑竹(熏烟热处理改性竹材)

(1) 特殊用材：用于原竹艺术品制作，尤其是超长、超大、超造型或特殊形状的原竹艺术品。

(2) 建筑材料：用作室外建筑(竹楼、园林、造景等)、室内结构及装修的材料。

(3) 家具用材：尤其适用于各类中空设计的功能家具(卧具、茶具、厨具、书房、餐柜、衣柜、客厅家具等)，具有养生、净化空气、负离子、温湿度调节等低碳保健效果，提高居家舒适度和经济性。

(4) 工艺品/乐器用材：用于各种竹质工艺品制作和乐器制作，其优越的防霉防虫、不开裂不变形、耐候性强等性能，使艺术品和乐器具有长久的保藏和工艺价值。

(5) 文化用品等：用于生活学习中的各种小工具、小道具、小文具，也可用于竹简、竹帛等文化材料。

## (四) 副产品

(1) 竹煤气：竹醋收集工艺结束后的干燥烟气，通过二次燃烧工艺，可以产生更高能值的燃气，作为生产或生活的热源。

(2) 竹焦油：竹醋加工中通常可产生5%左右的竹焦油，竹焦油含杂质少，可作为高性能活性炭、天然胶黏剂等产品的原料。

(3) 竹醋粉：是用竹粉对竹醋进行加工时产生的剩余物，其防腐性能强、成型加工简单，可作为一种多用途的林化原料。

(4) 熏制食品：将禾本科植物低温干馏时的烟气作为熏制食物的热源物质，可以使熏制食品风味纯正，质量更安全。

## 二、设备组合

### (一) 干馏炉组合

干馏炉俗称炭窑，是将生物质原料进行干馏热解的窑炉。生物质原料中的半纤维素、纤维素、木质素等在不同的热解温度下会产生不同的热解产物，其中主要的固体产物是炭，主要的液体产物是干馏液(酸性混合物，具200种以上的化学成分)，产生的气体部分为可燃性气体、部分不可燃气体。

(1) 木材破碎机：将木质材料分割成便于装料操作的尺寸。

(2) 粉碎机：将干馏产物的固体粉碎成可以出料的尺寸。

(3) 干馏炉：使用耐火及保温隔热材料建造成可控温、控空气的空间，便于生物质材料按工艺要求完成干馏(热解)反应。

(4) 熏烟炉：使用耐火及保温隔热材料建造成可控温、控空气的空间，便于生物质材料按工艺要求完成熏烟热处理过程。

(5) 集烟体系：对从干馏炉产生的热解气体进行收集、冷凝并保藏的体系，通常由抗酸性不锈钢材料制造而成；冷凝系统可能生成热水等副产物；冷凝后的烟气可以进入二次燃烧体系，产生更高的热值。

(6) 焦油分离器：在集烟体系的前端安置焦油分离器，能有效分离出大部分沉淀焦油，减少竹醋精制的成本；焦油分离器采用耐热、抗酸性材料制成；所收集的焦油应当趁热分装。

(7) 燃气利用装置：从干馏炉(熏烟炉)热解的产物经冷凝分离后，其残余气体可以进入二次燃烧体系(800 ℃以上)进行燃烧，产生更高的热值，直至完全降解；如果与换热器有效结合，可充分完全利用。

## (二) 竹醋精制组合

采用理化方法使作为天然混合物的竹醋原液变成可供利用的竹醋产品的工艺，就是竹醋精制工艺。增强天然产品的化学(光学)稳定性，分离出醛(酮)低分子组分、有机酸、酚类高分子组分，去除各种杂质等，是该工艺的基本目标。

(1) 前处理釜：在加热状态下使竹醋原液与竹粉进行充分反应，反应结束后将竹粉与液体进行分离，得到竹醋原粉和初级澄清液；该处理釜由抗酸性、耐热不锈钢构成。

(2) 加热反应釜：使竹醋的初级澄清液和物理法高温活性炭在反应釜内进行综合反应，通过控制加热反应过程而得到各种级别的反应产物；反应结束后，分别收集前馏液、主馏液、后馏液、釜液和活性炭残渣；该反应釜由抗酸性、耐热不锈钢构成。

(3) 分馏及冷凝体系：与加热反应釜顶端相连的是竹醋专用分馏塔(专利填充材料制法)和冷凝装置；制造食品级竹醋的关键工艺之一是控制分馏温度精度，而专用分馏塔具有相当可靠的温度控制精度；冷凝体系是采用食品级不锈钢材料制成的蜂窝状蛇形管冷凝器(专利制法)。

(4) 控温体系：竹醋精制工艺的加热控温体系由热电偶感应器、传导线路、控制箱总成、操作端等构成；温度感应端分别为加热区、釜内、分馏塔顶；控制原理为设定各感应区的温度/时间曲线。

(5) 分储装置(容器)：分装整个精制工艺中产生的前馏液、主馏液、后馏液、釜液、焦油和活性炭残渣。

(6) 后处理体系：按产品工艺要求，对主馏液进行稳定化处理，把除主馏液以外的不同馏分进行分类调制，对竹醋原粉和活性炭残渣进行干燥。

### (三) 活化炉组合

用物理活化法制造高温竹质活性炭，其安全性能是生产食品级竹醋的基础。同时精制竹醋过程中产生的活性炭残渣也需要进行活化再生(或熔融复合触媒)，才能完成零排放及高附加价值的使命。所以，活性炭设备组合须臾不可缺少。

(1) 斜板移动床活化炉(斜板炉)：该炉的炉芯由独特设计的特异型耐火砖堆砌组装而成，活性炭进入下料管冷却后连续排出。操作时，人工定时加料，机械自动连续出料。出料是常温的，可直接进入编织袋。其优点是建炉容易投资低、质量稳定可调控、不同原料适应好、操作方便省能源。

(2) 工艺流程及配套设备：

竹炭→粗破碎→细破碎→筛选→活化→磨粉→成品。

表附5-1 年产600吨活性炭设备组合表

| 序号 | 设备名称 | 数量 | 单价 | 金额/万元 | 备注 |
|---|---|---|---|---|---|
| 1 | 斜板移动床活化炉 | 2台 | | | 含余热锅炉 |
| 2 | 破碎机 | 2台 | | | |
| 3 | 振筛机 | 2台 | | | |
| 4 | 磨粉设备 | 1套 | | | |
| 5 | 包装设备 | 1套 | | | |
| 6 | 化验设备 | 1套 | | | |
| 7 | 其他设备 | | | | 造粒机等 |

### (四) 黑竹制造组合

以竹炭窑和厂房式熏烟窑作为热处理设施，利用热蒸汽、烟气(成分)、温度对竹材进行处理，使竹材在物理、化学和生物学特性上发生变化，导致竹材成长应力的消除(不翘曲、不裂变、增大密度和力学强度)、生化物质的演变(不虫蛀生霉、不衰减),增加竹材的耐候性和工艺性能。

熏烟热处理方法的特点,是可以充分利用热传递的三种形态(传导、对流和辐射),尤其是用烟气取代空气,不仅提高了竹材干燥的效率,而且改变了竹材的理化性质和生物学性能。这是因热烟中的碳素放射电磁波而形成的黑体辐射热(远红外线)可以直接作用于竹材,在高湿度下又能控制材料温度迅速上升,使生物化学反应稳定完成。

但是,正因为黑竹的力学性能独特,所以只有独特的加工机械才能有效地对其进行加工利用。

(1)电动锯床:动力强劲的高速合金锯片和自耦合式边缘切削,是完美切割这种黑竹材料的关键技术。

(2)剖竹机械:黑竹力学强度大,采用普通剖竹机械时应相应对马达速度和齿刀结构进行调整。

(3)熏烟热处理窑

① 利用既成的竹炭窑。利用现有的竹炭干馏窑炉,对其进行改造,安装控温装置(热电耦式温度计及温控开关),内部添置装料钢筋架,增砌隔火墙。这种竹炭干馏窑炉通常数个一组,在实际使用中可以将一组中的一半改造成熏烟热处理窑炉,另一半用于竹炭干馏,其热烟用于熏烟热处理。这种方法可以充分利用竹炭窑炉的余热,大大节省能源,降低成本。竹炭窑炉已经安装了控温、控风(烟)装置,只需增加控湿装置即可使用。这种窑炉具有稳定的耐水、耐热、耐烟气性能,经济效果卓著。产生热烟的方法有两种:从竹炭窑炉接入法和炉内点火产生热烟方法。特点是可以与竹炭干馏窑炉配套,一边生产竹炭,一边生产黑竹材料。其窑炉外形如图附5-1所示。

② 新建熏烟热处理窑。利用各种木材干燥(包括竹筷干燥)库房进行改造,安装控温装置(热电耦式温度计及温控开关),内部添置装料钢筋架,在库房外部增设熏烟火炉及导烟管。窑炉尺寸根据竹材自然尺寸或产品规格尺寸的要求进行设置。一般,窑炉内径控制在10米以内、高度控制在2.5～4.5米比较经济。由于周边无竹炭干馏炉余热可以用,因此可以将原工业用房改造成熏烟热处理窑,其规模适用于大批量生产要求。特点是可以与竹地板厂配套,利用工厂的竹材加工剩余物为燃料,节省资源。其外观如图附5-2所示。

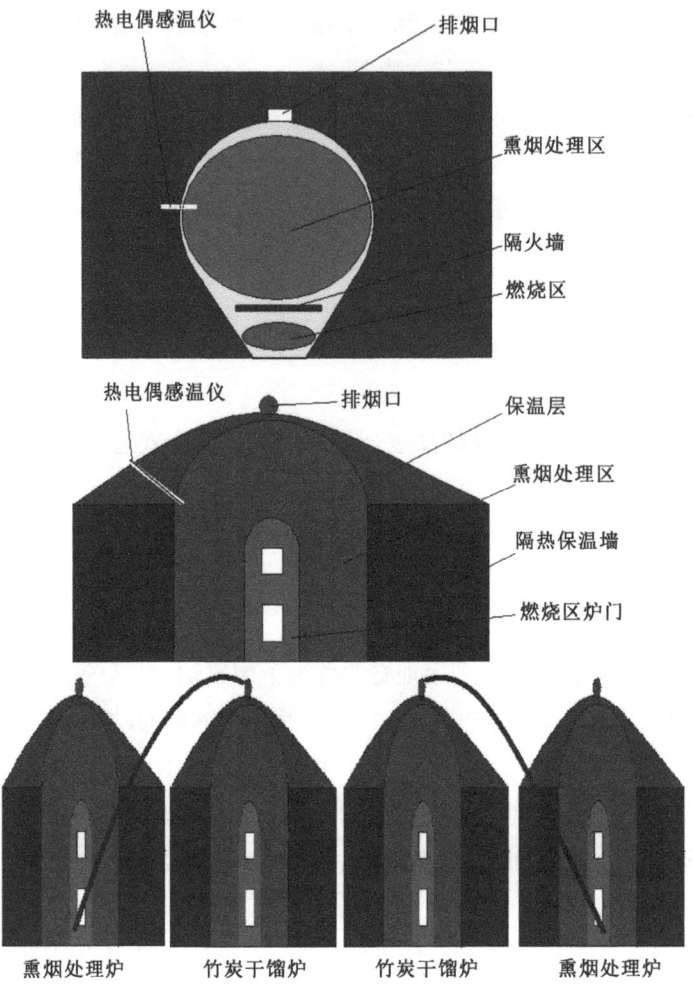

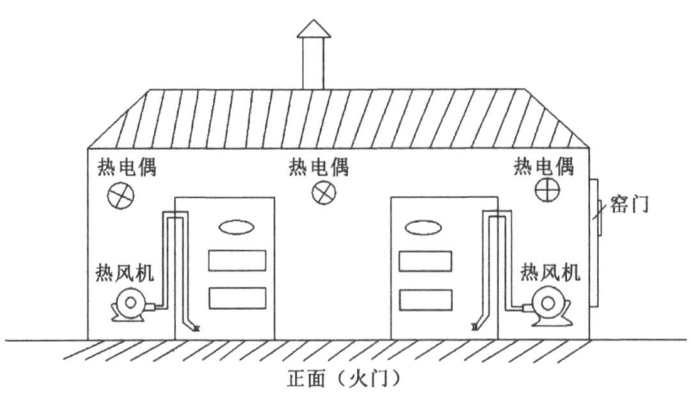

图附 5-1　窑炉外形示意图

附录五　产业设计的范式技术设计

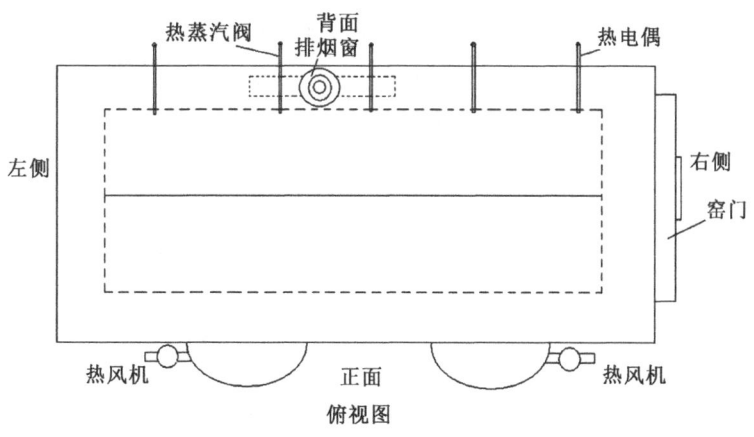

俯视图

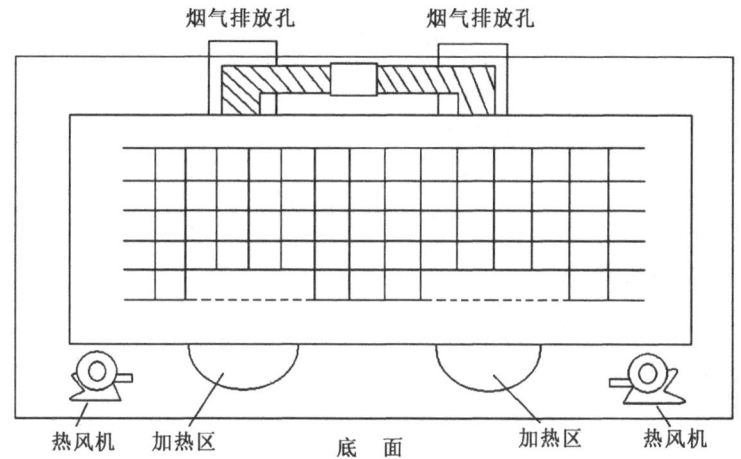

底　面

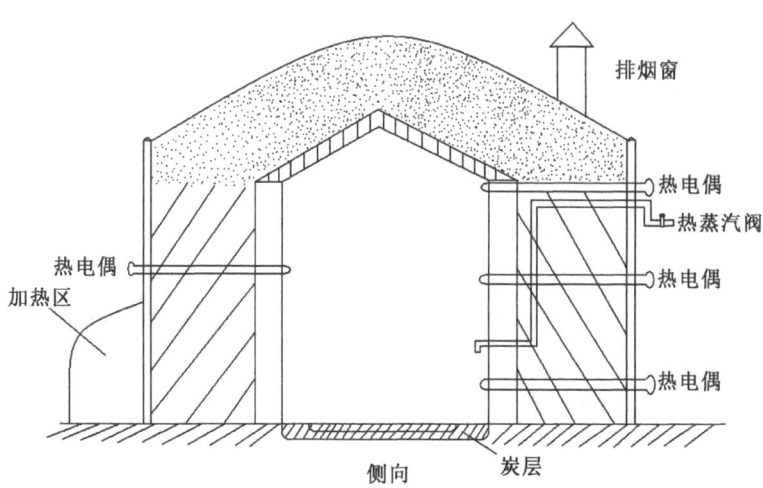

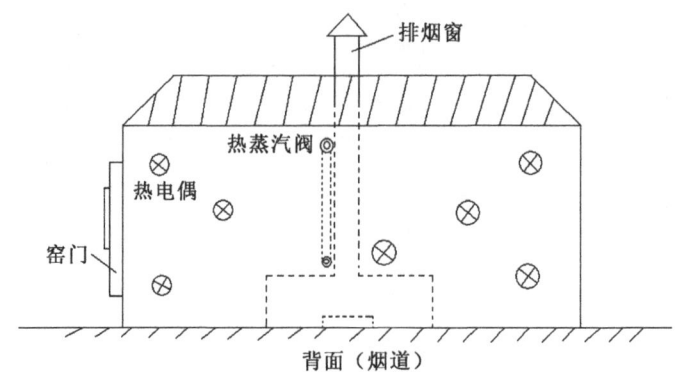

图附 5-2 窑炉外观示意图

(4) 黑竹材料养生场：从熏烟窑竣工的竹材出窑后，需要纵向放置，在自然环境下养生 28 天左右。

(5) 余烟水幕：把熏烟窑中剩余的烟气导入水幕空间进行消解，以达到无烟的目的。

(6) 竹工机械：成套竹工机械主要用于黑竹家具、建材、工艺品的加工。

**(五) 检验实验室**

产品检验和设备实验，是质量控制和研究开发的基础。

(1) 活性炭产品及设备。

(2) 竹醋和关联产品及设备。

(3) 竹材理化性能及生物性能检验分析。

(4) 设备工装及维护。

## 三、项目概要

**(一) 项目技术路线(见图附 5-3)**

(1) 本项目利用当地传统竹材加工剩余物进行热解，得到竹炭、竹醋液和烟气。

(2) 将烟气用于竹材的熏烟热处理改性过程，得到改性竹材；将改性竹材用于制造复合生态家具。

(3) 将竹炭进一步赋活成为竹质活性炭。

(4) 将竹醋液精制成为食品级竹醋。

(5) 本项目的主要终极产品为竹质活性炭、食品级竹醋和复合生态家具，经市场化转化成为企业或地方产业的经济效益。

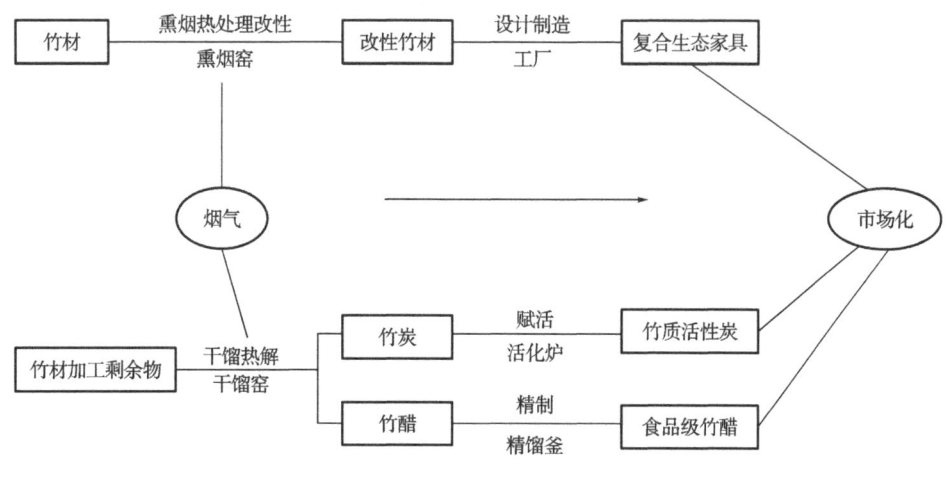

图附 5-3 技术路线图

### (二) 项目建设内容

(1) 黑竹材料/竹炭/竹醋液生产技术示范。根据本项目的特点,在项目地区建立零排放黑竹材料/竹炭/竹醋液生产线 1 条,因地制宜地推广黑竹材料/竹炭/竹醋液生产技术,并针对推广技术的要点和操作规范,培训企业和专业合作社的生产技术人员,逐步实施批量试产,作正式生产前的技术验证和完善。

(2) 黑竹生态家具及工艺品生产技术示范。建立黑竹生态家具及工艺品生产线 1 条,在开展小批量试产、试销与不断完善的基础上,完善商标和知识产权规范;继续完善黑竹生态家具设计及制造技术、高品位竹炭(物理法竹质活性炭)制造技术、竹醋液食品级(药品级)精制技术、零排放生产线整合技术,形成竹材全循环利用生产技术范式。

(3) 建立市场营销和国际合作窗口。依托江西师范大学和中南林业科技大学的相关专业(家具设计及产品展示专业、服装设计专业、市场营销专业、国际工商管理专业),在省会成都和宜宾建立本项目的市场营销窗口,并由产业设计研究所与美国、日本的相关机构开展对本项目产品的国际合作检测和市场拓展工作。

### (三) 项目建设地点与规模

竹材全循环利用技术产业化项目(含黑竹复合生态家具设计及制造技术、高品位竹炭制造技术、竹醋液食品级精制技术、零排放生产线整合技术),拟在四川惊雷科技股份有限公司总部建立黑竹生态家具制造基地,配置零排放生产线,利用本项目提供的黑竹材料和高品位活性炭,采用中南林业科技大学提供的家具、服装(布艺)、艺术设计成果,生产黑竹生态家具用品、黑竹工艺品和其他黑竹系列产品,生产规模为黑竹生态家具2 000套/年、黑竹工艺品等50 000件/年,年产值约2 300万元。拟在四川惊雷科技股份有限公司的竹林基地专业合作社所在地(地处宜宾市)建立"公司+农户(专业合作社)型"的黑竹材料、高品位竹炭和食品级竹醋示范生产线,生产规模为黑竹材料1 000吨/年、高品位竹炭1 000吨/年,食品级竹醋800吨/年,年产值约1 700万元。以上两地生产规模合计年总产值约4 000万元。

# 附录六　产业设计的市场范式设计

## 《和平农家超市连锁经营计划书》(节选)

### 一、经营计划概要

#### (一) 经营目的

和平连锁型农家超市(以下简称"和平 Home Center")的目的：立足于自身的经营资源,将武汉和平科技集团股份有限公司的"和平、科技、绿色、家庭"发展主题融于一条纽带——和平 Home Center 之中,从而实现"科技—开发—生产—销售—教育/培训—产业化"的有机结合,为和平科技集团内部、外部经营资源的整合提供平台,并提高企业整体效益。

#### (二) 功能

和平 Home Center 的功能：

(1) 地域贡献功能：成为项目地区的经济增长点之一,有效地促进社区商业/文化交流,拉动消费,促进生产,增加地方财政收益。

(2) 产业组织功能：以商品为媒介,将区域内的生产机构连接成为相互补充、相互依托的生产联合组织,完善产业链的功能。

(3) 生产与消费的结合功能：为生产者与终端消费者直接见面提供平台,节约了市场成本,最大限度地增加了生产者和消费者福利。

(4) 城乡结合功能：通过在城乡接合部设立和平 Home Center,促进了城乡的经济资源交流,即农村的绿色、环保农产品资源进入城市,而城市的工业技术、设备、人才、文化流向农村。

#### (三) 结构

和平 Home Center 的结构：

(1) 按组织机能分：HC事业部(综合型事业部)、HS事业部(小商圈事业部)、PRO资材部(专业资材部)、农资部、DIY中心(以自我创意/自我制造为主流的材料/物品供应中心)、商品开发部、贸易部、卖场管理部(含设备租赁、专业服务、维修服务)、物流中心、仓储部、电子商务/技术部、咨询/培训部。

(2) 按空间布置分：和平Home Center总部、地区Home Center分部、地域Home Center店铺、卖场、农资专卖部、仓库(青果区、冷冻区、干燥区、机械设备区、租赁设备区)、包装车间、产品组装车间、维修车间、管理大楼(培训用教室、多媒体会议室、贸易洽谈室、财务结算中心、招待所住宿部)、厨房及餐饮部、停车场、产业垃圾处理场、自备电力室、保安装备室。

(四) 经营内容

(1) 武汉和平科技集团股份有限公司从2005年开始到2014年为止的10年当中，以自身的经营资源为依托，以武汉市为核心，逐步在城乡接合部地区建立20家至25家连锁经营的农家超市，主要组织生产和经销以下4大领域的商品。

① HI(Home Improvement,家居材料)

木材、建材、工具、建筑五金、涂料、作业用品、园艺用品、园艺植物、资材、室内装饰用品、水暖器具、改装用品等。

② HK(Home Keeping,家庭消耗品)

厨房用品、室内装饰、电材、照明、日用品、收纳用品、药品、鞋类、衣料、家庭杂货品、家电等。

③ CL(车用、休闲用品)

汽车用品、摩托车用品、宠物用品、文具/办公用品、自行车、休闲/娱乐用品。

④ AM(Agricultural Material,农业资材)

农业生产资料、种子、农产品、肥料、农药、农业机械、有机食品、有机纤维产品、农业劳动保护用品、农具等。

(2) 武汉和平科技集团股份有限公司采用的连锁经营农家超市具有3种基本业态。

① 综合型Home Center

以改善居住和生活为目的，以DIY(Do it Yourself,自我制作)用品为中心，品类齐全；以厂家直销及海外直接输入为基础，设立"每日超值商品"。

② 小商圈Home Stock

以小商圈为对象，以原创开发商品"每日特惠价"为备货核心的便利店型仓储店。

③ 专业型 Pro-Shop（Professional Shop）

面向专业顾客，专营资材、工具等商品，有专家指导/咨询的专业店。

各业态的具体内容如下：

（1）综合型 Home Center 的商品群由 4 个商品领域构成：①以改善居住和生活为目的的家居材料（Home Improvement，HI）；②日常家庭生活中不可缺乏的家庭消耗品（Home Keeping，HK）；③汽车、休闲（CL）用品；④农家生产和生活中不可缺少的农业资材（Agricultural Material，AM）。综合型 Home Center 致力于品种齐全和价格强化，实现了从一般商品到专业用途、能适应广泛需求的商品领域；以厂家直销及海外直接输入为基础，设立"每日超值商品"。卖场大的店铺面积在 6 000 平方米以上。

"每日超值商品"是本公司常年组织招标采购的生产厂家进货价格商品，追求高品质、低价格，薄利量大，适用于普通消费者，与广告预告期间无关，总是以低价格销售。黄中带蓝线条的标志是其标牌。

"每日超值商品"的 4 项约定：①保证品质；②不限数量；③不设期限；④仅高于出厂价。

（2）小商圈 Home Stock 属于 Deep Discount & Convenience Home Center（追求廉价与便利的小型 Home Center），其以此为商店概念，以人口数 8 000～15 000 的商圈为对象，以本公司原创开发商品的"每日特惠价"为核心，属便利型 Home Center，卖场面积 900 平方米，经营品目 22 000 种。

（3）专业型 Pro-Shop 经营建筑、涂料、作业用品等专业客户的工具、资材，备货齐全，范围广泛；营业时间从早上 7 时开始，提高了对专业客户的方便程度；不仅销售资材，也从事工具器材的出租服务；从电动工具、发动机机器的故障修理，到建筑资材的调节，都可以轻松搞定。

专业服务项目：①修理（收费）；②名片、票据制作（收费）；③绣刻名字（收费）。

"每日特惠价"是本公司原创开发商品的特惠销售价。该商品追求高品质、低价格，与广告预告期间无关，总是以特惠价销售。黄中带红线条的标志是其标牌。

"每日特惠价"的 3 项约定：①保证品质；②不限数量；③不设期限。

## 二、本企业面临的机会和挑战

**1. 发展的机会**

通过对既往所进行的经营环境分析，可以判断国民经济宏观环境、地区经济中观环境和本商圈所在的微观环境都明显地有利于新型商业形式的诞生和发展。特别是连锁型农家超市,由于其所在地是城乡接合部,既有利于就业人口(技术人员、下岗/待岗人士、农村富余劳动力等)的合理流动(城乡劳动力资源的双向流动),也有利于城镇过剩经济资源(技术、设备、资金、工业产品、管理技巧、购买力等)向农村流动,也有利于农业产品、环境产品以相对低的成本向城镇流动,以满足城镇居民不断增长的消费需求(自主家居设计制作、个性化生活、环保及自然回归嗜好、重视教育和知识更新、社区友好互助、批量采购/大量消费、低价格/高品质、会员化服务等)。所以,该连锁型农家超市能顺应城乡经济发展的潮流而取得良好的形成和发展机会。加之本企业内部具有可供共享的优势资源(农林业技术开发成果、中南地区最大的家居用品大市场、厂商管理经验、国际合作资源、资本力量等),其能成为新型商业形式的开拓者。因此,连锁型农家超市的形成和发展面临着真正的机会。

**2. 遇到的挑战**

武汉和平科技集团股份有限公司虽具有资本和经营方面的诸多优势,但由于是将连锁型农家超市建在城乡接合部,所以依然面临着若干挑战。

(1)人力资源的组织和培训具有相当的难度。连锁型农家超市需要层次高、素质好、数量多的经营管理队伍,而本地化的经营管理人才和员工队伍需要经过相当程度的遴选和培训才能上岗。

(2)由于连锁型农家超市既不同于传统的商业超市,也不同于农业生产资料商店,而是一种新的商业形式(集自主制作、培训、交易、集中采购和批发、物流、社区交流、连锁互助于一体),因此其需要积累全新的经营业绩和技巧,并需要企业自身具有很强的创新能力。

(3)连锁型农家超市,是产业公社经营模式的一次试点,存在着风险经营中所蕴藏的全部风险。将消费者和生产者变为社员,将投资者变为股东,并让商流、物流、信息流处于一种和谐的平衡之中,这本身需要很高的风险经营操作能力。用产业公社模式经营连锁型农家超市,是风险经营(认知风险、锁定风险、化解风险)的理论完善和实践检验过程。

### 三、经营计划的指导思想和目标

**(一)指导思想**

武汉和平科技集团股份有限公司建立连锁型农家超市,从宏观上是为了帮助政府解决我国目前的"三农"问题(即农业、农村、农民问题),培养农产品营销主体(见中共中央 2004 年 1 号文件第十二条);从中观上是为了帮助武汉地区促进城乡融合发展,以新的商业形式提供新的经济增长点(作为中国的特大型城市,家居用品和农产品是拉动消费经济的纽带,就业方向和农业发展有着不可分割的连带关系);从微观上看是企业整合自身经营资源的需要(完善自身的产业结构,开拓自身产品的长久市场,以市场需求拉动和加快科技成果向生产力的转化,以市场经营操作降低产业成本,提高盈利水平)。

武汉和平科技集团股份有限公司在建立连锁型农家超市的组织机制时,还将积极利用自身已经积累的"农业公社"的成功经验,按照"互助合作化"宗旨,将消费者和生产者变为社员,将投资者变为股东,建立新型的"商业中枢型产业公社",让商流、物流、信息流处于一种和谐的平衡之中,以保障连锁型农家超市的可持续发展。

### (二) 拟达到的目标

武汉和平科技集团股份有限公司从 2005 年开始到 2014 年为止的 10 年当中,以自身的经营资源为依托,以武汉市为核心,逐步在城乡接合部地区建立 20 家至 25 家连锁经营的农家超市店铺,主要组织生产和经销 4 大领域的商品:家居材料、家庭消耗品、车用、休闲用品,农业资材。各店铺的年平均销售额在 2 500 万元以上,店铺经营利润率达到 8%;至 2014 年,连锁型农家超市总销售额以 2004 年不变价格计算达到 5 亿元以上,店铺年经营总利润额同口径达到 4 000 万元以上。

### (三) 阶段划分及阶段目标

综合连锁型农家超市建设分三期完成。

第一期(2004 年至 2007 年):理论模式建立及试点时期。本期主要在集团公司拥有借地权的武昌区余家头和平大世界、江夏区现和平农庄所在地和洪山区建设乡和平绿色大世界以及咸宁市开发区的和平林产业工业园等四处,首先建立连锁型农家超市,并将总部设在和平大世界。和平农家超市从规划期开始,就借鉴和引进日本相关企业在连锁超市经营方面的成功经验,并有条件地与之合作和相互提携,以加快和平连锁型农家超市项目建设速度和效率。从经营机制上,将本集团公司成功的"和平农业公社"模式经验推广至"商业中枢型产业公社",即"连锁型农家超市",从理论和实践上完成邓小平同志提出的"走自己的道路,建设有中国特色的社会主义"和"中国式的四个现代化"的要求。总部建设中,要建立完整的经营管理、技术服务培训机构,健全商品组织和开发机制,以良好的创意和务实的企业信用获取顾客忠诚,以满足未来 25 个店铺发展的人才和后备资源需求。

第二期(2008 年至 2010 年):商圈扩张及店铺数量增加时期。本期在总结前期经验的基础上,以武汉市及附属周边的城乡接合部为对象,开展农家超市商圈扩张及店铺数量增加的可行性研究,借 2008 年北京奥运会举行的东风,以"有机产品,天然环保"为主题,迅速建立若干个店铺,提高销售总额,增加销售品种数量,并提高收益水平。

第三期(2011 年至 2014 年):总体扩张及稳步发展时期。本期以推广和平农家超市品牌形象为中心,全面实现店铺总数的地区扩张,全面完成销售总额和经营利润总额,并不断创新经营,完善自身的可持续发展机制。

### 四、制定经营计划的方针和原则

#### (一)连锁型农家超市经营计划的基本方针

(1)店铺设计标准化方针:适应连锁经营标准化要求,统一格调,统一成本,统一操作方式,标准化招标施工。

(2)经营管理标准化方针:集团公司实行统一的经营管理培训,统一薪酬,统一人事考核标准,按业绩计酬、记奖罚,按年功晋升。

(3)商品采购由厂家直接投标,实行单独最低价格方针:按公司组织的商品开发方针向厂家招标,为消费者提供单独最低价格,以提高本公司声誉和信用。

(4)产品设计实行"个性化商品消费、规模化零部件生产"方针:本公司设计的所有商品均采取"个性化外观""可选择性组合""专家咨询和指导""产地名牌""用户署名"等个性化措施,同时在商品的生产组织上采取厂家规模化零件、部件生产等措施,在店铺(店头)采取个性化组装等措施,以便满足消费者既有个性化需求又体现低成本/高品质的要求。

(5)商品包装材料特异化方针:本公司设计商品的包装材料全部使用原色牛皮纸和天然杨树单板,既满足天然环保的要求,又能回收包装,实现资源再生利用。

(6)商品物流实施最低成本方针:本公司配备会员自助服务专用卡车和小型电动车,以会员租赁的形式提供小批量自助运送服务,同时也与专业运送公司联合开展低成本、大批量配送服务业务,以帮助消费者获得最佳的消费福利。

#### (二)连锁型农家超市经营计划的基本原则

(1)企业内部经营资源连锁原则:以经营资源的有效连锁为核心,逐步实施资源链接,以发挥企业自身内部成长的优势。林业实施"从种子到建筑材料、到家具、到科技材料"的链接措施,农业实施"从土肥基础到有机产品"的链接措施,服务实施"从家庭和个人创意到娱乐、教育的连锁经营"的链接措施。

(2) 商业中枢型产业公社原则:在政府的指导和合作下,采取商圈内和所在社区的产业会员加盟措施,设立生产者会员、消费者会员和投资者会员。生产者会员享有优先提供公社所需商品的权利;消费者会员享有随消费量增大而消费福利增加的权利;投资者会员享有与消费者会员同等的消费福利权益,并享有投资份额的分红权和继续增加投资的权利。所有会员都有自愿入社、自由退社的权利。会员有定期参加公司培训和交纳会费的义务,会员也需在本商圈和社区内从事力所能及的企业公益活动。商业中枢型产业公社的商流、物流、信息流运行流程分别如图附 6-1、图附 6-2、图附 6-3 所示。

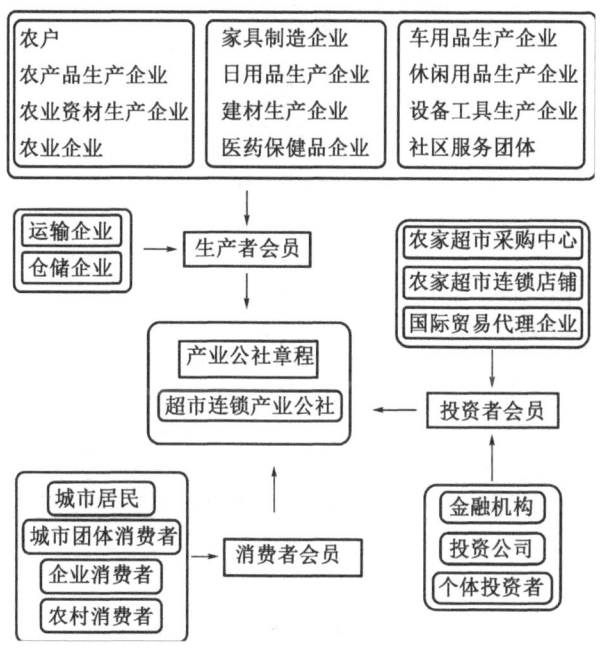

图附 6-1　综合连锁型农家超市商流略图

(3) 店铺互助原则:和平连锁型农家超市实施集团公司内部的 ERP 体系(企业资源计划体系),并通过电子商务网络平台进行店铺间的相互调剂和信息交流。店铺实施收集的各种消费者创意、投资者建议和各种政府提议,均可通过店头的电子商务网络进入企业内部信息流体系以实施信息共享。

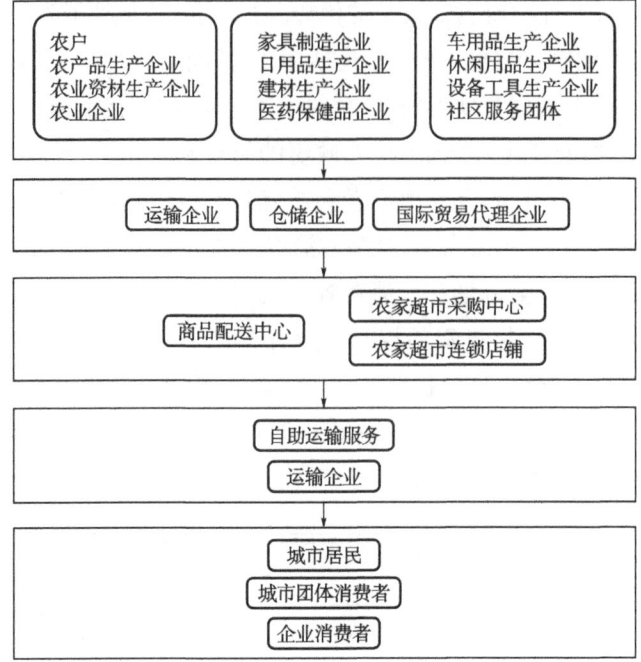

图附 6-2 综合连锁型农家超市物流略图

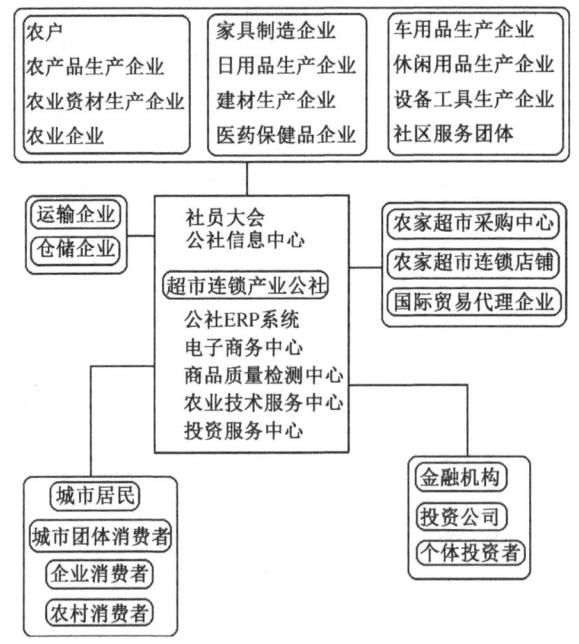

图附 6-3 综合连锁型农家超市信息流略图

（4）标准化防灾及保安原则：全员参与防灾及保安，开展标准化教育培训，实施"安全工作一票否决责任制"，配备标准化防灾及保安设施，实施社区及店铺间的防灾与保安联动体系，建立防灾与保安预警机制，加入财产及灾害保险。

（5）准军事化员工管理原则：在公司内部实施准军事化工衔制度，对所有员工实施军事化教育和管理。

（6）出店实施招募和审核原则：所有店铺的出店，均实施招募和审核。招募是为了充分利用社会优势资源，寻找良好的长期投资和经营伙伴；出店审核主要针对商圈规模、经济发展状况、消费者基础、竞争者性质、出店环境、灾害与安全、可以共享的资源、出店所需的合法借地、员工来源、政府及公共限制等条件进行调查、比较和审核。出店招募和审核工作由集团公司的专业机构会同国内专业中立机构协作进行，以保证出店的合理性和实效性。

## 五、和平集团总体发展战略方案

### （一）使命

成为中国农业现代化和科技现代化领域中拥有先进生产力发展方向的企业的典范。

### （二）总体目标

以精确的现代企业经营手段和自身拥有的科学技术成果为核心，提高企业的市场竞争力，在企业内生成长的基础上，整合企业内外资源，立足中国农业，采用现代科学技术，投身国内外商品市场，以"和平（高度的企业文化）、家庭（广泛的社会基础和消费者群体）、绿色（自然环境理念和企业特色）、科技（可持续发展的生产力的源泉）"为企业运营宗旨，发展和优化自身的资源，使企业集团在2015年前后，成为中国农业和科技领域中的大型企业。

### （三）前三年战略

**1. 内部经营资源整合战略**

林业：从种苗到家具的上下游整合[绿色大世界—用材林基地（湖北、河南、老挝等）—建材及家具制造工厂—家具大世界—武汉市民家庭]。

农业（大农业）：从种苗、肥料、农药到餐饮休闲[公社—生物环保—农产品加工基地（世界农业之窗等）—集团内餐饮业—武汉市民家庭]。

休闲娱乐业：以家庭文化娱乐为中心，建立完备的产供销系统。

**2. 市场营销组合战略**

三大组合营销示范窗口：家具大世界、大舞台、农庄（三位一体）。

创业平台加经营技巧普及：以家具大世界、世界农业之窗的创业招商为契机，为中小企业提供创业平台并传授经营技巧，培植集团合作者成长的增长点。

友好家庭型教育、联欢、消费合作社普及：以 HEIB（企业中的家庭公关部门）为核心，培育家庭型的"顾客忠诚"。

**3. 规模化经营战略**

公司＋农户模式：种植、养殖业优势项目。

企业合作模式：建材、家具、生物炭产品。

增加投资规模模式：餐饮、娱乐。

**4. 科技开发及合作推广战略**

资源整合型研究开发：以内部经营资源整合战略为依据，解决资源整合中的科学技术问题。

信息先导型研究开发：以市场营销组合战略为依据，解决市场开拓和电子商务平台的相关信息问题（例如企业经营数据库、ERP、供应链管理等）。

技术整合型研究开发：以规模化经营战略为依据，解决规模经营所需的技术问题。

科技经纪型战略：以解决发展战略中的技术成果转换成生产力为依据，开展技术贸易。

新增长点探索型研究开发：以集团的中期发展战略为依据，探索集团多角化发展的产业方向。

**5. 人才战略**

人才素质结构战略：知识、专业、年龄、性别、部门、职务、管理权限、性格结构。

人才培训战略：职业教育培训、学历教育培训、专项短期培训。

人才遴选/激励战略：人才推荐、聘用、考核、奖惩办法。

**6. 管理体系创新战略**

管理制度：目标管理责任制、半军事化工衔职位制度。

组织制度：董事会、总裁委员会、集团基金会、投资公司。

决策监督制度：财务、人事、市场开拓、技术开发、生产、安全。

安全/风险防范制度：安全训练、防灾保险、联防/密告/监视。

环境保障制度：绿色屏障体系、清洁生产(零排放系统)、"专业一条街运动"。

## （四）中期四年战略

**1. 优势经营资源扩张/强化战略**

林业：以林木良种、特色系列家具、成熟的栽培/加工技术、营销技巧为依据，进行地区扩张。

农业(大农业)：以高技术、高附加价值品种和成熟的营销技巧为依据，进行数量扩张。

娱乐业：以完善的经营业绩和技巧为依据，发展连锁经营，进行地区扩张。

**2. 外部资源整合战略**

技术整合：以不同形式的合作方式，充分利用企业周边的优势技术(互补型、增强型、创新型、复合型、战略型)。

市场整合：通过兼并、吸收、谈判布局、价格调整、相互渗透等方式，整合市场竞争者、追随者、合作者。

**3. 市场营销联盟战略**

与营销巨头合作：促销政策同盟。

与相关互补型企业合作：相互促销/共同营销同盟。

与竞争企业合作：反倾销/避免恶性竞争同盟。

**4. 外向型多角化战略**

以技术为脉络：以优秀的核心技术为依据，诱导产生技术群，进而产生核心产业；由核心产业诱导产生新的产业群。

以市场为脉络：以成熟的市场资源(技巧、据点等)为依据，进入新市场或扩大市场规模。

以资本特性为脉络：以优势资本所具有的社会关系、人力资本特性、政治特性等为依据，进入相关领域，进行产品或资本扩张经营。

以独特环境为脉络：以企业所拥有的独特的自然、社会、市场环境为依据，开展以适应该环境为前提的多角化经营活动。

**5. 自营教育/培训/开发战略**

教育：自营和平教育学院，设立家庭科学系(家政教育、家具设计与制造、服装设计及制造、老年护理专业)、管理系(经营学、产业设计、电子商务与特许经营、餐饮及酒店管理、中小企业管理专业)、艺术系(环境艺术设计、音乐教育、舞蹈及表演专业)。

培训：国际商务师、管理工程师、酒店管理经理、职业技能资格。

开发：产业融合技术、中间技术、家居环境技术。

**6. 资产重组战略**

优势资源重组：生物炭新材料、生物技术。

上市融资：生物炭复合材料。

企业兼并：电池厂、碳素厂、人造板厂、环境材料厂、家具厂、服装厂、肥料厂、食品厂、农药厂、电子元件厂、包装（及印刷）厂。

**7. 保障体系创新战略**

资本与经营分离：逐步实施资本与经营分离，经营者及员工按发展业绩提成持股。

组织制度：股东大会、董事局、总裁委员会、集团基金会、投资公司、子公司。

企业战略与文化：以农业和科技为中轴的内生成长战略，以人力资源成长为主线的资本成长战略，以"和平、家庭、绿色、科技、半军事化"为主要企业文化。

人力资本：完善的人才选拔、培训、知识更新、考核/奖惩机制，人才与资本装备的组合。

社会变革：优良的政治/社会体制。

企业核心竞争力：完善的内部教育体系、较高的科技创新和市场开拓能力、发达的企业内部市场、有效的财务运作保障体系。

### （五）后期五年战略

**1. 核心产业整合战略**

现代林业：建立以生态效益和经济效益双向赢利的现代化林业经营模式，将绿色大世界和林产品工业园整合为国际型林业经营公司。

现代农业：以世界农业之窗为核心，形成能满足武汉地区乃至中南地区的有机产品供应基地。

服务/娱乐业：建立餐饮、演艺、保健、娱乐、信息咨询等数位一体的连锁服务机构。

新材料/加工业：建立碳素新材料制造及其关联加工基地，建立生物新技术应用加工基地。

教育/培训产业：推动和平教育学院的学科建设和基础升级，完善各项培训机构。

**2. 地区托拉斯战略**

"航母"型地区扩张：以武汉为基地，采取兼并、吸收、扩建、新建的企业扩张方式,在规模和效益上成为武汉乃至中南地区同行业中的排头兵,并逐步形成垄断地位。

社会经营型地区扩张:用参政议政、支持社会发展的方式,提升企业在地区中的政治地位。

人才猎头型地区扩张:采用人才聚集手段,使网络地区中的主要优秀人才参与企业经营。

行业龙头型地区扩张:利用行业协会主办单位等主导手段协调地区经济运营,抑制竞争者。

金融联合型地区扩张:与本地的强势金融机构结成同盟军,参与地区经济运营。

**3. 经营创新战略**

科技开发"国家队"建设:建立具有国家级水准的科研开发团队。

市场开拓"国际化"策略:按国际标准化方式生产和经营企业的商品。

组织制度"民主化"建设:引进符合本企业实际的现代组织制度,在民主化的基础上高度集中,发挥集体的智慧和力量,促进企业上更高的经营平台。

企业管理"军事化+人性化"策略:严密的纪律、高效率和重视家庭、重视激励的人性化管理相结合,以人为本,提高企业运作效率。

基础产业"公社化"策略:以合作化运动理论为依据,建立适合中国农业特点的企业型的"农业公社",建立适合中国中小企业科技创业特点的"产业公社",降低基础产业成本,提高企业整体的经济和社会效益。

**4. 企业政治发展战略**

扶持优秀的政治主张;

参政议政;

参与或主导地区经济发展增长点;

良好的公众关系;

良好的政企关系;

为地区兴办教育/培训机构;

为政府推选和培养良好的公务员;

与相关企业/组织建立良好的合作关系;

参与社会福利/贡献活动。

# 附录七　产业设计的文化范式设计

## 《鄱阳湖生态经济区文化规划》(节选)

## 文化认同与文化推展方法

### 一、鄱阳湖地区的文化认同

文化认同指个体对于所属文化有归属感及内心承诺,从而获得保持与创新自身文化属性的社会心理过程。一般来说,祖籍地认同、国家认同、民族认同与文化认同之间是相互依附的。文化认同影响着一个地域的社会氛围和个体的健康成长。在一定地域内形成和发展起来的共同文化传统,塑造了该地域成员的共同个性、行为模式、心理倾向和精神结构,并表现为一定的民族心理或通称的国民性。

文化是一种"根",它先于具体的个体,通过民族特性的遗传,以"集体无意识"的形式先天就给个体的精神结构构造了某种"原型"。个体在社会化后,生活于这种原型所对应的文化情境之中,很自然地表现出一种文化上的连续性。即使这种连续性出现断裂,人也可以通过"集体无意识"的支配和已化为行为举止一部分的符号而对之加以认同。

文化就是生活的内容。在人的社会化过程中,文化植入人的自我结构的过程也是一个个体不断地发现自身,并确定其与世界的联系,建构自己的生活意义的过程。无论是语言的习得、社会习俗的习得,还是价值规范的习得,都被内化成了"他的"东西。

生态文化是一个群体对所处的自然环境和社会环境的适应性体系。其实质就是:一个群体在适应、利用和改造环境及其被环境所改造的过程中,在文化与自然互动关系的发展过程中所积累和形成的知识和经验,这些知识和经验表现在这个特定地域人类群团的宇宙观、生产方式、生活方式、社会组织、宗教信仰和风俗习惯等之中。生态文化完全按照人与自然和谐发展的价值观,建设尊重自然的文化,实现人与自然的共同繁荣,实现科学、哲学、道德、艺术和宗教发展"生态化",使人类精神文化沿着符合生态安全的方向发展。生态文化所蕴含的生态价值只有被当地文化认同才能发挥作用,它影响人们的思维方式、生产方式、生活方式和消费方式。这是鄱阳湖生态经济区区域文化建设必须关注的问题。

赣鄱文化是一个相对的统一体,它包含了豫章文化(南昌)、浔阳文化(九江)、临川文化(抚州)、庐陵文化(吉安)、袁州文化(宜春)、赣南客家文化(赣州)等诸多子系统。赣鄱文化的相对统一性使之缺乏文化圈内人们的语言、习俗、价值观念、思维方式、行为模式等应有的相对稳定性与统一性,文化普遍性和特殊性的结合不完全紧密。但是,应当注意的是,环鄱区各地市文化在亲水、亲山等亲自然性方面存在共性。例如,江西早期文化遗址多在赣鄱水系侧岸。赣鄱水系纵贯南北,支流四伸,是孕育、形成江西古代文明的摇篮。赣江——鄱阳湖水系五大河流之一,是江西古代文明的母亲,也是今天生于斯、长于斯的人们的新希望。各地文化比较容易在生态文化认同上达成共识,重构江西文化的轴心。因此,建设鄱阳湖地区的生态文明,需要整理、发掘、融合各地文化中的亲自然性因素,打造赣鄱生态文化。

(1) 整理发掘鄱阳湖地区儒道释生态文化。鄱阳湖地区山水风光秀丽,历史文化悠久,人文底蕴深厚,集数千年文化史、思想史、哲学史、道德史、宗教史、教育史于一体。在这里,儒家文化、佛教文化、道教文化水乳交融、相互影响,与秀美山水相融相生、相互辉映。湖区的儒道释文化积淀了深厚的生态思想,这些宝贵的文化精神资源有必要在历史与现代的文化传承中得到整合,特别是其中的生态文化思想,实现古为今用。

(2) 梳理抢救鄱阳湖地区民间生态文化。湖区人民有朴素的自然情怀。在人类社会的发展中,古人朴素地处理人与自然之间的关系,即秉持朴素的生态文明思想,这表现在物质民俗、语言民俗、行为民俗、心理民俗等方面。环鄱区的建筑就是范例:融于自然的山村环境、独特别致的村落布局、典雅古老的建筑群落、完善实用的排水系统、精美绝伦的建筑装饰、含情脉脉的匾额楹联、怡目激思的家藏文物、积厚流广的家庭遗存、古朴纯真的民俗风情、多姿多彩的乡土文化……无不构成了人与自然高度和谐、自然美与艺术美相结合相融洽的环境空间,反映了先人对美好生活的向往,对"天人合一"的崇尚,对伦理道德的尊重,很值得借鉴和总结。

(3) 研究发掘鄱阳湖地区历史名人的生态思想。江西自古以来人才辈出,群星璀璨,在漫漫历史长河中放射出耀眼的光芒,为后人留下了一笔宝贵物质和精神财富。从秦汉至清末的两千余年间,相当一部分江西人在政治、军事、文化、教育、科技、思想等领域中,有着崇高的地位和重大的影响。要开发研究这些名人的生态思想,特别是他们与环鄱区名山、名湖、名瀑、名泉、名镇、名寺、名观的种种联系。

(4) 创造当代优秀生态文化作品。利用现代传媒新技术,结合历史故事、名人名事创作文艺作品,多出作品,出好作品。将赣剧、采茶戏、杂技、民族歌舞及高雅文艺表演与生态文化有机地结合起来。

## 二、生态文化教育的问题意识与推展方案

鄱阳湖生态经济区文化与生态教育,除了文化与生态观念意识的教育外,还应当针对现存的行为习惯问题施行有目的、有对策的具体教育手段。只有这样,生态文化教育才会真正有所成效。

**1. 水体"富营养化"教育案**

富营养化是指水体中由于过多营养物质的存在而导致浮游生物的过度繁殖,继而使水体中可用氧气不足,从而使动物无法在水中存活、人类用水困难。其源头问题主要存在于四个方面:

(1) 农业面源污染。农田中长期大量施用化肥、农药,致使许多残留成分随水流进江河,导致水体富营养化。化肥、农药的过量施用还会引起土地地力下降。化肥、农药残留成分进入水体后,一部分生物物种被抑制,而另一部分生物物种则被诱导生长和过度繁殖,成为生态不能平衡的刺激因子。

(2) 家庭废弃物的面源污染。主要由含磷洗衣粉、婴儿配方奶粉、食物残渣向下水道排放而引起水体中的营养物质过量。

(3) 环境荷尔蒙污染。环境荷尔蒙是人类在文明发展过程中向环境释放的荷尔蒙类物质,这类物质对地球生物的生存和发育具有不同于自然过程的强烈影响。人工激素如美容保健品当中含有的类雌性激素在可能使皮肤美丽的同时促进脂肪类物质的合成,导致肥胖;促进禽类生长发育的生长激素可能被人类吸收而使人类成为二次受害者(肥胖及雄性不育);促进兽类肌肉发育的生长调节物质(瘦肉精等)可以刺激雌性生物雄性化;人类的计划生育制剂(杀精剂、避孕剂等)均含有人工合成激素;石化衍生物(如塑料、石化加工产品、包装废弃物等),在天

然降解或人工降解的过程中,有可能产生有害气体(如二噁英等)直接危害人体健康或产生类激素衍生物导致雄性不育等。

(4) 工业废弃物污染。产业废弃物是水体污染物中极其严重而又恒量的来源。制浆与造纸、酿造、食品、化工、纺织印染、生物化学等各种产业的排放物,构成生态系统中的黑流图。

针对上述问题,教育宣传的重点工作主要是:

(1) 教育农民积极推广应用有机农业耕作法和免耕法,树立全面应对农业面源污染的意识。有机农业主要产生两大类产品——有机纤维产品和有机食品。经过有机产品认证后,在国际市场上,商品的附加价值是普通绿色产品的若干倍。教育方案应当从农民的切身利益和发展前景入手,通过比较说明法、典型示范法以及必要的政策引导等,教育农民转变生产方式,在实践中收获成果。

(2) 配合日化产品工厂的源头治理,积极推广节约型家庭生活方式,以应对家庭废弃物的面源污染。对生产家庭用品的化工厂、食品厂,应当设立行业标准,限制其产品中磷、生物碱、生长促进剂等的配方含量。对居民家庭生活方式进行节约型和谐技巧的指导,引导居民家庭做聪明的消费者,厉行节约,减少食品残渣量,提倡少化学洗涤,提高家庭资源的利用效率。

(3) 树立技术创新向环境友好型方向定位的意识,并通过一定的政策法规,减少环境荷尔蒙的污染总量。通过目标明确的技术创新,开发新型避孕方法,鼓励推广天然美容化妆品,加强石化产品及衍生物的再利用,限制饲料添加剂的使用强度,妥善处理医用垃圾,提高环境友好型技术的含量和使用频度。

(4) 通过生态文化教育和科技攻关以及必要的立法行为,逐步普及实施产业废弃物的零排放。在这项工作中,科学知识的教育普及和科学技术的发明推广应当充任主要角色。

针对(环)鄱阳湖生态经济区的现况,宜在鄱阳湖水尚未进入富营养化进程之前,断绝其营养来源。这需要从制度和文化两个方面建立管理目标,可力争用10年左右的时间使鄱阳湖水脱离"富营养化"进程。

**2. 有害生物体(瘟疫、寄生虫、传染病等)教育案**

有害生物体在许多情形下会影响区域和流域人口的健康状况,继而影响社会和经济发展,也是(环)鄱阳湖地区百姓因病返贫的重要原因。有害生物体的源头问题主要存在于三个方面:

(1) 医院(含畜医)病原生物。人类医院和兽医院的病原垃圾、医用器具交叉感染,是病原生物的重要来源。经济发展越落后、管理监督制度越不健全的地区,其病原生物的污染程度就越高。

(2)厕所污染源。广义地说,人畜粪便、饲养场废弃物、屠宰场废弃物,都是传染性寄生虫病流行的基础。

(3)生物技术研发机构漏泄物。生物技术研发机构在进行创新的过程中,通过转基因工程而产生排放物。其中,那些不可控制的排放物在适宜的环境条件下,可能产生有害生物体。

控制有害生物体流行的教育宣传对策:

(1)针对医疗单位设计教育推展方案,通过建立法规规范医疗垃圾的净化处理。采用超级焚烧炉焚烧等先进处理方式对医疗垃圾进行及时、分类处置(二次燃烧,超高温处理),杜绝病原微生物及寄生虫的繁衍。

(2)对政府管理人员进行专业化教育,推广普及下水道、净化槽的应用。在城镇建设和道路规划的同时,同步规划建设"三管制"下水道系统(雨水管、污水管、工业废水管)。建筑区域的净化槽(含化粪池)采用先进的发酵和生物消毒方法,把病原微生物和寄生虫卵控制在流动之前。对下水道污泥采用焚烧方式,形成道路砖,既解决城市道路建设材料问题,又减轻下水道处理费用。

(3)对科学技术工作者实施生态知识教育,推动生物技术研发的立法化管理。生物技术研发过程中产生的过渡性动植物及微生物变异种类,在没有证实为安全性种群之前,应隔离观察和保管。对未证明具有安全性的工程菌等,应强制进行隔离。

有害生物体的管理和控制具有保障健康和维护生态平衡的重要意义。因此,应当建立长短结合的管理目标,可力争在10年内基本消灭肠道传染性寄生虫病(如蛔虫、钩虫等)。

**3. 有害废弃物(生活垃圾、产业垃圾)教育案**

生活垃圾和产业垃圾对生态环境的影响巨大。生活垃圾和产业垃圾的处理方式同时也是社会文化和物质文明程度的重要反映。循环经济中的"3R"和科学发展观中的可持续发展,都与有害废弃物的状况紧密相关。

有害废弃物的源头问题主要存在于两个方面:

(1)生活垃圾的增量化、无序化。生活消费水平的提高在很大程度上刺激了生活垃圾数量和种类的增加。豪华、过量的包装以及生活富裕所伴随的过剩消费,使生活垃圾的增量迅速扩张,进而带来生活污水的增加和城市环境卫生成本的增加,加剧了有害生物的传播。

(2) 产业垃圾的增量化、无序化。产业垃圾的增加,给产业公害的增加提供了沃土,进而增加了社会公共事业的净支出。产业垃圾的无序化,还给产业的国际贸易和比较优势带来了不利影响。

有害废弃物问题的主要教育对策:

(1) 普及宣传,实行城镇居民大规模的移风易俗,通过一定的机制,建立生活垃圾的分类分拣处理体系。参照发达国家经验,将生活垃圾按五系列法进行分类:可燃垃圾、不可燃垃圾、资源垃圾、大型垃圾、有毒垃圾。在社区建立垃圾处理的监管和推广制度,把垃圾分类处理的日程表张贴至各家各户的厨房。

(2) 对企业进行环境责任教育,建立产业垃圾的专业化处理体系,以实现零排放及循环经济为目标,实施 ISO 14000 标准环境管理下的产业垃圾处理制度,以立法手段减排增效。

(3) 实施城市生活商品的净菜(化)上市、简化包装措施。通过净菜(净商品)进城、减少包装(或重复利用包装材料)等制度手法,促进居民资源节约观念的形成,并促进经济资源的有效利用(如水资源的节约、运输成本的节约等)。

(4) 加强循环经济的制度化建设。以"3R"的普及为宗旨,督促地方各政府部门和经营企业构建循环经济制度体系。在公共部门(包括学校和其他事业单位)普及循环经济的相关技术知识,形成循环经济建设的典型示范。

(5) 实施"生态知识进军营"活动,通过军队强化军事设施的管制,并建立军民结合的军事设施与环境安全监管体系,杜绝军事设施的有害物质流出。对地区居民进行国防教育和军事设施安全教育,形成以防为主、平战结合、重在联防的国防安全防护意识。

有害废弃物的减排是生态建设过程中的治理重点,是一个长期的过程,应当立足长远、分段实施,可力争在 5 年内实现有害废弃物的依法管理,建成优美洁净的生态环境。

**4. 生物物种失调与退化教育案**

过度的经济开发和环境失调导致了生物物种多样性的减少,进而导致生物物种之间的生态失调。而生态失调又反过来对人类的人为活动成果加以异化,使人类对自然界的每一次索取都遭到加倍的惩罚。

生物物种失调的源头问题主要存在于四个方面:

(1) 围湖造田。由于人口增长、粮食不足而围湖造田。由于耕作制度和经济发展的周期性影响,围垦的耕地逐渐失去经济优势,且最终使森林及湿地面积锐减,导致其无法抵御上下游自然灾害的侵害,致使生态效益和经济效益对立。

(2) 过度工业化。一些地区产业活动频繁、工业废弃物增多,使自然生态系统的受容能力达到了所能承受的限度值,而无法使生态系统正常发育与循环。

(3) 过度的旅游开发及人为活动。旅游项目建设规模的迅速增大,房屋、道路及其他建筑用地的扩张,交通工具废弃物的增多,致使生态系统中的敏感物种迅速减少或濒临灭绝。

(4) 生物技术滥用及技术集约化。近年来,迅速发展的科学技术,尤其是生物技术得到了前所未有的应用,其结果是出现了特定物种的人工驯化及特定物种的强制退化,使相关物种逐渐转为强势或弱势,许多物种基因被人为消除,从而失去了自然物种多样化的基础。

生物物种失调问题的教育对策:

(1) 大规模进行林业生态文化和生态农业教育,形成社会共识,继续实施退耕还林、退草还湖(还湿地)。从恢复生态循环的意义上看,保持适度的森林面积和湿地面积比例,具有十分重要的价值。

(2) 通过政府学习制度和对发达地区发展病的研究认识,真心实意地落实科学发展观,推动政府理性地规划区域经济发展方略,适度抑制工业化进程。

(3) 开展专项教育活动,普及区域产业设计体系的专门知识。在尊重自然规律、以人为本、以自然为本的哲学思想指导下,进行区域经济和产业设计,实现人与自然的和谐。

(4) 加强科技文化教育创新,合理运用技术创新与技术整合成果。在运用科学技术成果时,应当把技术创新与技术整合相结合,在实践检验的基础上,有选择地应用那些可能带来持续发展的科学技术成果。

生物物种的失调不单纯是技术失调引起的,因此,在管理上应当综合运用经济、技术和生态手段,着眼于用时间来修复生态,可力争用 20 年的时间恢复生物物种的自然演替,实现物种多样化。

**5. "上游贫困下游灾难"问题教育案**

在自然生态失调的地区,从流域特征上看,往往是上游的经济状况相对贫困,而经济状况相对优越的下游又常常被上游生态失调引起的各类自然灾害所殃及,进而影响区域经济和社会发展的进程。

上下游发展不平衡的源头问题包括如下六个主要方面：

（1）过伐森林。在森林经营中急功近利，采伐量超过生长量，导致森林消长不平衡。

（2）滥捕小鱼。在渔业经营中，以短期利益为目标，甚至捕捞生长期中的小鱼，早期抑制生长量，导致长期综合经济效益下降。

（3）掠夺式耕种。在种植业中，忽视土地生产力的分类基础和自然地力的恢复规律，过度使用农药、化肥进行集约经营，使耕地的报酬率逐渐下降，并形成对水体的面源污染。

（4）专业市场缺位。区域性专业市场，是区域内上游的生态效益与下游的经济效益进行交换的对接载体。上游的自然资源所产生的生态效益只有当下游的市场经济效益得到实现时，才能实现效益补偿。因此，建立具有区域性特色的专业市场，是区域内实现可持续发展的必由之路。

（5）教育及经济机制的缺位。生态知识教育和如何运用经济机制实现生态价值方面如果存在缺陷，则人们的生态文化理念不足，必然造成自觉运用生态技术解决经济问题的素质和能力的缺陷。因此，当人们遭遇大的生态困难的时候，往往不易从生态文化理念上形成共识，反而会产生逆向选择，采用个体博弈路线，忽视团体利益。

（6）流域文化的关系暧昧。流域作为一个拥有上下游依存关系的自然单位，本应具有相互依存的文化共识。但如果人为地割断或忽视这种文化关系，就会出现"鸡犬之声相闻，民至老死不相往来"的自闭现象，各自的文化生产力方向形成对立而内耗。

解决上下游发展不平衡问题的主要教育对策：

（1）对政府管理者进行全局和整体观念教育，对民众进行文化生命共同体教育，并在文化认同的基础上，切实建立和实施生态补偿机制，用下游的经济效益反哺上游的生态效益，上下游协力实现造林育林护林、蓄水养鱼护渔。

（2）设置区域性专业市场。合理规划和建立专业化市场，以市场为载体，实现经济效益与生态效益的统一。

（3）鼓励农业院校和研究机构服务农业，实施"农业技术下乡"活动，推广复合生态农业技术。从立体种植到有机栽培、从良种推广到免耕法、从生物工程到农林副产品综合加工利用，全面采用生态设计，重视可持续发展。

（4）结合生态文化建设，通过建立中小学义务教育课程和大学生态学科，把生态文化知识普及到学校教育中。通过农村和社区推广,把生态技术应用知识传播到乡村干部、中小学教师和家庭主妇当中,使之家喻户晓、人人皆知。

(5)流域经济合作机制。在一个共同流域中,建立自愿基础上的互助合作机制,把生产者、消费者、投资者连接成一个经济共同体,既可以增加流域经济未来发展的实力,又可以减少市场成本,提高贸易竞争力。

管理目标——可以用10年时间实现上下游之间的全面协调可持续发展。

### 6. 自然灾害及产业公害教育案

灾害的预防与治理是社会经济发展的重要组成部分。灾害发生的频率和程度,往往成为社会经济发展的负因子,而且同时又互为因果,导致恶性循环。灾害越多,社会经济发展的速度越慢;而社会经济发展越落后,则灾害越多。

灾害发生的主要源头问题:

(1)灾害监测及预警机制缺乏。灾害一旦来临,会造成巨大损失。

(2)防灾减灾教育体系缺乏。虽然对防灾减灾的科学研究有所强化,但总的教育普及制度仍未形成。

(3)防灾保障机制不足。现存的保险公司与现存的防灾体系之间没有建立有机的联系,保险公司成了商业组织,一旦出现紧急事态,保险公司自身都无法确保能否履行承保义务。

(4)安全与防灾文化认知不足。在各种行政、事业运营和企业经营中,人们尚未形成居安思危的文化认知,甚至家庭生活中也经常忽视安全的个体行为。各种安全隐患丛生,职业操守意识淡薄,导致灾难和事故往往在不经意间发生。

安全与防灾问题教育的主要对策:

(1)建立综合防灾研究、监测机构。主要从事防灾科学研究和提供防灾决策方法,支持社会经济发展活动;同时,为政府提供防灾决策方面的依据,为保险公司等社会福利部门提供必要的咨询资料。

(2)推动防灾减灾教育立法。建立中央和地方法规,把安全与防灾知识的教育和普及纳入中小学义务教育科目,并建立大学的综合防灾学科。

(3)灾害管理及社会保障体系的立法。用法制规范安全与防灾管理的各个过程和领域,建立公民在紧急事态和防灾减灾行动中的必要法律行为规范。

(4)宣传普及防灾文化,使区域民众树立厉行节约、储粮防饥、有备无患、旦夕祸福、同舟共济,大灾有大爱,与自然和谐共存等价值观与道德观。

管理目标——可用8年时间完成防灾减灾体系建设。

### 7. 人才流失问题教育案

人才流失一直是经济不发达地区的历史与现实困惑,主要源头问题是:

(1) 农村人口转移。青壮年劳动力外出务工、青少年学生外出求学、女青年向城镇迁移,以及旧国道(公路)使用率低下而引起的商业服务迁移等,使许多边远地区(尤其是山区)呈现"老少残留守"现象,致使边远地区的农业复种指数及森林抚育程度持续下降,经济状况趋于贫困,生态效益随之下降。

(2) 就业岗位不足。

(3) 收入所得过低。

(4) 经济的核心能力不足。经济机制不健全导致人力资源配置不合理,进而引致经济发展的核心能力不足。

人才的流向大体为:农村村落—小城镇—大中城市—大城市—海外。不难发现,我省输出人才和引进人才之间存在着数字差,总的统计是输出大于引进,即人力资源出现倒挂现象。

人才流失问题的主要教育对策:

(1) 开展"科学三农"教育,即新农村、新农业、新农民的观念意识培养,全面提升新农村建设的观念,优化新农村建设规划,在(环)鄱阳湖地区建设有江西特色的新农村,以和谐文化引领解决"三农"问题,稳定农村的干部队伍、中小学教师队伍、家庭主妇队伍,以改善家庭经营环境为主体,帮助农户提高经营技巧,加强市场载体建设,逐步提高农户收入。

(2) 强化农村文化教育与普及推广,以文化带动就业和创业。在大力普及九年义务教育的基础上,积极试行高中义务教育或开展中等专业技术教育;推广送教师、送技术、送图书、送种子下乡等支农教育活动等。

(3) 开展市场运作知识教育,带动专业区域性市场的设置。根据区域和流域的自然及经济特点,设置由宏观到微观的市场体系。

(4) 提升政府、企业的管理能力和人口的文化素质,培育区域经济的核心能力。

(5) 进行赣鄱乡土文化教育,激发热爱乡土的意识,实施人才本土化战略。

要解决积重难返的人才流失问题,需要长期实施人才发展战略,并在总体规划的基础上分步实施,可以考虑在8年内扭转人才流向。

### 8. 战略型资源流失问题教育案

区域经济核心能力当中的另一个重要因子是战略型资源。大部分产业设计都必须围绕战略型资源来进行。战略型资源的多寡,决定了区域经济当中资源配置能力的强弱。战略型资源包括自然资源、产业技术资源、重要专业市场和领军型人才,这些资源也是地方进行自主创新的核心资源。从近年的资料调查中发现,鄱阳湖区域内战略型资源的流失已经处于比较严峻的状态。

战略型资源流失的主要源头问题:

(1) 战略型资源意识淡薄。对自然资源(如森林、矿产、中药材、不可再生的其他资源)缺乏区域战略经营意识,错误地将原材料能在市场销售当成资源优势。其实,某地的自然资源作为原材料输出得越多,其与周边地区之间的经济发展差距则越大。若专业市场过分依赖外省区,则本省不能完全实现产品价值的转换,最终必定导致本省的经济效益向外省流出。

(2) 对核心产业基础材料的认识不够。产业基础材料是产业发展初期的核心资源,产业基础材料的成本变动是产业成本的自变量,其与因变量之间几乎接近乘数效果。也就是说,基础材料的成本每变动1%,其终端产品的价格变化可能达到一个乘数,产业链越长,它的乘数影响就越大。一国的产业成本越高,其在国际市场的竞争力就越小,由此给该国带来的社会福利也就越少。合理降低产业成本,增产质量均一、来源广泛的基础材料,是实现稳步发展、建设和谐社会的一个基本途径。

(3) 粗放经营、急功近利。以采掘和经营低附加价值的原材料为主,在价值链、供应链和产业链均不完备的状况下,完全以消耗原材料为发展基础。

(4) 产业集群性弱。当一种基于战略型资源的核心产业形成时,其关联产业不能与之呼应形成产业群,就是集群性弱的基本表现。以中药为例,本省作为中药的传统制造基地,可以形成中药的核心产业,而与此相关联的制造技术、包装物流服务、药品销售服务、康复中心、金融服务行业等,都可能与中药制造业形成紧密的产业关联,成为产业集群。

(5) 产业园区的专业性差。产业园区的专业性,意味着产业园的定位是在承接某种专业领域核心资源配置的同时,构建与其关联领域(以价值链、供应链、产业链为导向)的产业集群。而目前,大多数产业园区都以招商引资为主,缺乏自身的专业化引导机制,其结果是园区内的企业之间、项目之间、人力资源的相互应用方面,缺乏可以共享的专业资源平台。

战略型资源流失的主要教育对策:

(1) 在政府和相关企业间开展科学发展观和战略型资源理论专题教育,推动科学发展观和战略型资源经营与管理的对接。对战略型资源应当实行必要的区域保护,严格限制出口,杜绝一切粗放经营。鼓励高新技术加盟战略型资源的开发利用,条件不成熟时,暂缓开发,以保护为主。

(2) 产业设计中重视特色资源战略项目的高新技术含量及市场价值。在(环)鄱阳湖生态经济区内,要强化并支持特色资源战略项目,如水资源、林业资源、矿产资源、军工资源以及市场/技术资源等(参照文化特色项目)项目的规范管理和审批,可以使这些战略项目成为强势产业集群构建中的动力源。

(3) 强化产业集群理论教育,动员优势力量建立集约化特色资源产业集群。

(4) 推动政府学习相关知识,认识经济规律。促使政府的各项政策围绕(环)鄱阳湖生态经济区发展的重心运作,并向生态经济倾斜,向战略型资源的增值项目倾斜,向领军人才的培育和使用倾斜,向建立专业化市场倾斜。

管理目标——可用10年时间培育高附加价值的战略型资源。

**9. 文化主体对生态文明建设不作为问题教育案**

文化主体大致可分为政府、企业(团体)和家庭三大群体。文化主体对生态文明建设的认同非常重要,否则,生态文明建设就会空心化。

文化主体对生态文明建设不作为的源头问题主要存在于五个方面:

(1) 政府生态建设软肋。一些地方政府尚未出台各种指导生态文明建设的基本指针和具体标准,同时未建立完善的督促和监督机制,生态文明建设没有明确的计划和实施方案。

(2) 大部分企业没有把生态环境建设列入企业经营预算。

(3) 家庭缺乏对生态文明社会基础建设的主动性,也没有合适的载体或充裕的家庭预算,因而还不能主动参与生态文明建设。

(4) 科研机构及大学在生态文明建设的业绩示范方面缺少成功案例。

(5) 文化界对生态文明建设尤其是对生态技术的内涵缺乏理解,导致生态文明建设技术内涵的传播滞后。

文化主体对生态文明建设不作为问题的基本教育对策:

(1) 广泛开展干部和政府生态文明建设的责任教育,推动政策目标管理责任制的实施。

(2) 广泛开展(环)鄱阳湖生态经济区内企业的生态环境责任教育,建立企业可持续发展报告的评估制度。

(3) 广泛开展(环)鄱阳湖生态经济区"生态文明进家庭"群众教育活动,宣传生态文明知识,推广生态文明的生活方式,建立文明家庭模式社区。

（4）建立生态文明建设示范教育工程。规划经济区域和自然流域的生态文明建设示范工程,是化解社会精神文明和生态文明建设中巨大风险的基本方法,具有重大现实意义。

（5）开展文化人学习生态技术知识的"大运动"。对学校及媒体实施目标管理责任制,从制度上加强文化人学习生态技术知识的社会责任感,使文化人真正成为受社会欢迎的生态文明先驱者。

除以上专项教育内容外,文化传播的内容体系大体包括：生态伦理;自然生态知识;和谐文化;公平、节能、环保、源头整治;可持续发展的基本措施;与生产生活相关的技术体系：产业生态技术、生物能源、种养技术、综合利用技术、保护技术、防灾技术等;制度体系：法律、规章、乡规民约等。

文化传播的途径多种多样,如大众传媒、教育培训机构与示范基地、义务教育机构。文化传播的路径包括两个方向：与自然共生的方向(流域型传统技术文化)、高技术发展方向(区域性创新技术文化)。文化传播媒介包括市场传播(创新商品)、体验经济传播、形象代言人传播,以及典型事件与人物传记等综合手段传播。

# 附录八  产业设计的经济机制设计

## 《利益分配与竹质新材料产业设计》(节选)

### 一、竹质新材料产业可持续发展的要素

虽然竹林生长快、产量高,但由于我国森林总量与国情需求量的差距很大,因此从资源、技术、市场和经济机制四个方面促进竹质新材料产业可持续发展,就成为产业设计中的系统整合要素。按照"成长极理论"的说法,资源、技术、市场和经济机制,应该是"成长极构造"中的四个"极点"。

从资源基础上看,中国是世界竹子大国,竹材加工利用方面的许多领域(如竹材的化学利用领域)的经营水平处于国际领先地位。但总体来说,我国竹材资源利用仍处于高消耗、低产出阶段。作为一个传统产业,竹材加工利用产业还不能适应中国林业地区经济发展的需求;而作为现代环境产业的构成部分,其更需要资源总量的增长以及区域布局的改善。对资源发展的需求增长,是该产业发展的原动力(需求拉动)。许多研究指明了解决该问题的两个基本方向:一是要树立竹材合理利用、节约利用、综合利用的整体观念,从竹林资源的内涵上扩大再生产;二是导入新技术、新产业理念、新经济机制,从外延上扩大竹林资源种类和数量规模,以实现竹材和竹林系统的永续、高效利用。

从技术发展上看,产业核心技术的演变通常是产业可持续发展的基本动力之一(科学技术推动)。竹质新材料技术是现阶段本产业的创新型核心技术。所谓竹质新材料,是一种"以竹材和农林加工剩余物(尤其是竹材剩余物)为主要资源,以高度复合技术为载体,用于环境和尖端产业的基础材料"。竹质新材料的主流产品包括纳米级纤维竹炭活性炭、导电型高温竹炭、高级精制竹醋液、高性能电极材料、竹中空纤维、竹材过热水抽提物等,这些新材料将在21世纪的许多新兴产

业领域发挥重要的作用;竹质新材料的关联产品,如木质素、活性炭、超级电容器、电动汽车、新型复合建筑材料等,也将由于产业群的形成而成为竹林地区经济和社会发展中的重要组成部分。

从市场发展上看,竹林产品的商品化范围日益扩大并涉及生活、文化、产业的各个层面,消费需求不断高度化、多样化、个性化,产业链从基础产业延伸到尖端产业,产业间的互动、融合不断朝着知识集成和产业设计的方向收敛,这就为新的产业——市场关联规划提供了新的价值链发展领域,成为新一轮产业发展的驱动力量(市场需求拉动)。

从经济机制上看,宏观经济政策和微观经济利益的调整,都直接影响着竹产业人口与关联产业人口以及产业内不同环节间劳动人口的利益分配,这种利益分配又形成对资源增长、技术发展和市场发展的反馈调节。换句话说,经济机制影响着产业和产业间经济效益、生态效益、社会效益的发展与平衡。

## 二、竹质新材料的产业关联地位

竹质新材料产业作为我国的新兴产业具有以下相关产业部门:

**1. 第一产业部门即竹林资源产业部门**

其提供原生竹材,主要参与者是承包经营竹林的当地林农以及其他承包人。竹产地传统加工部门,如传统竹家具和原竹工艺品生产部门,既为竹林经营者带来经济收益,也为其提供竹材加工剩余物作为竹质新材料产业的生产原料。山林权属关系、经济收益程度、技术能力等因素对竹林经营具有制约作用。竹林经营得越好,其所附随的生态效益也越大。

该部门是竹林生态效益的源泉,也是该产业可持续发展的起点,属于"成长极"中的"资源极"。竹林作为自然资源,受土地生产力和气候(季节)等的影响,具有"经营的边际收益递减"的特性。

**2. 竹质新材料产业部门**

其按照产品的技术层次可以细分为三类。

(1) 竹质新材料初级产业部门:提供纤维、粉末、竹醋原液、焦油、炭、胶质、淀粉、糖类、纤维素、木质素等。主要经营参与者包括散布城乡的手工作坊、小型工厂等。一般情况下,它们不具有对市场发展的预测能力,经营状况经常受"看不见的手(即市场的价格波动)"左右,抗风险能力差。

(2) 竹质新材料中级产业部门:提供纳米级竹炭活性炭、高温碳素材料、竹炭

多功能人造板、食品/医药/化工/环保/有机原材料、生物农药原料、黏结剂、土壤改良剂等。主要经营参与者包括具有一定技术创新和市场开拓能力的中小企业。政府的产业政策倾斜以及来自大学和科研院所的技术支撑能力对该部门的发展起着举足轻重的作用。

（3）竹质新材料高级产业部门：提供超级电容器、防辐射建材、碳纤维、生物农药等。主要经营者是拥有较高技术设备和技术人员的大中型工厂企业。该部门对长期市场预测和资本规模的依存性很强。长期稳定的市场和较大的资本经营规模，有利于企业自主创新并建立长期的经营计划。

技术层次的发展存在着不连续性（不同产业部门与其企业经营规模相关联，规模的差异导致技术级别的差异，各级别之间存在着一道鸿沟）。但技术组合的可选择性为适应市场需求的变化提供了可选择的基础。换言之，完成某种市场需求目标、生产同种产品，可以根据企业和地区的实际，通过不同的技术组合来实现。竹质新材料产业部门是"技术成长极"和"市场成长极"的复合领域。

**3. 尖端产业部门**

其包括航空和宇航工业、电动车、环保材料、生物制药、有机农业、军工产业等。主要经营者是拥有尖端技术和人才的垄断型大中型企业或军工企业。该产业的背景是具有犹如国家自主创新那样的政策支撑，并具有长期规模化的市场及原料资源做基础。

尖端产业部门是市场成长极和经济机制成长极中最活跃的部分，它处于产业层次结构的顶端，是经济价值增值的优先领域。

竹质新材料产业间的关联如下：

第一产业即竹资源产业提供了巨大的生态效益。竹林是生长得最快的森林之一，竹林自身作为森林生态系统之一，是生态循环中的生产者。科学合理地经营竹林，可以促进生态平衡和资源的良性循环。如图附8-1所示，第一产业经营者的经济利益动机，导致竹林经营能客观地引导生态效益的形成，其经济效益是"皮"、生态效益是"毛"（皮之不存，毛将焉附）。资源培育是尖端产业可持续发展的基础。尖端产业是经济发展、人类进步的牵引机，世界各发达国家都大力推动发展本国的尖端产业，获得了巨大的经济效益。而竹质新材料产业通过对竹材及其加工剩余物进行不同技术层次的加工，制造出适用于尖端产业的新材料产品，通过产品替代减少了对煤炭、石油、天然气、矿产等不可再生资源的依赖，从而使尖端产业的发展建立在更加可持续的资源基础和技术路线之上，保证国民经济和社会的可持续、有效发展。这是对竹质新材料进行产业设计的社会和经济意义依据。

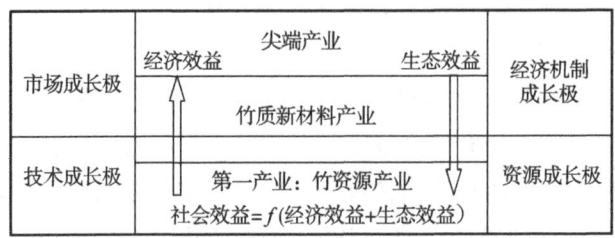

图附 8-1　竹质新材料产业结构及要素成长极层次图

可以说,竹质新材料技术的成果转化及其引发的相关产业设计预示了一个全新的产业结构,那就是生态农林业与尖端产业的产业层级中出现了一个承上启下的产业,即竹质新材料产业。它把上下游产业有机组合形成一个稳定的金字塔结构,以避免传统产业结构中由于资源枯竭而导致产业衰退的负面影响,如企业开工不足、设备闲置、技术陈腐、失业率上升等问题。竹质新材料作为产业基础材料,潜藏着巨大的创新动能。它能激活传统产业中的许多环节,并提升传统产业的技术和经济水平。竹质新材料的开发和应用,能极大限度地利用传统产业中的既有设备,增加劳动就业,提高原料资源的附加价值,对农山村的经济发展和资源永续利用具有巨大的引导作用。

竹质新材料产业经营者既需要对资源培育者进行利益分配诱导,对产业间资源进行整合,又需要为尖端产业提供坚实的基础材料和技术选择平台。

材料、能源和信息,是社会发展的三大要素。竹质新材料是基于天然可再生资源的材料,这样的新材料和新产业的出现,直接将农户和高科技企业、第一产业和尖端材料产业结合在一起,在我国竹林地区的生态效益源头和经济效益源头之间架起了一座桥梁,从而为可持续发展的经济战略和文明和谐的社会发展战略提供了载体。

## 三、竹质新材料产业设计中的利益分配机制

竹产业是一个发展得迟而且进展缓慢的产业,却关联着全球至少 25 亿人的生活。把竹质新材料产业导入全球的竹产业中,会为世界的社会和经济发展提供良好的示范。这个产业中的经营创新成果,将会是具有历史意义的。竹林资源的生态作用和可持续成长特性,为竹质新材料产业的形成和发展提供了重要的

基础。

但是过去的产业经营实践中有一个明显的事实,就是竹产业中创造生态效益的生产者收益低,缺乏扩大竹林资源的积极性,而拥有巨大市场前景的尖端产业虽然收益高,却不能拥有可持续发展的作为基础材料的资源。基于哲学思维的技术载体和资源载体建设应立足于源头的协调。因为资源的源头(低利润、高生态效益)在第一产业,而经济效益的源头(技术和市场需求、高利润、低生态效益)在尖端产业。所以,第一产业与尖端产业的结合,就是运用哲学原理的对立统一规律进行统合。从生态效益和经济效益的源头架筑一座桥梁,把技术载体和资源载体进行统合,形成一种新循环经济。

社会经济的可持续发展需要产业链之间的有机协调,而产业链本身的协调和闭合是产业可持续发展的先决条件。一个新兴产业的成长,应当从最初的价值链开始到最后的公平受益,都进行合理的调配。一般的价值链只考虑由研究开发、采购、制造(生产)、物流、营销构成的单向链,局限于产业内部。但是,正确的产业链设计的思考方式,应当在进行研究开发前就设计产业协调和产业人口的受益公平,以促进经济和社会的和谐与可持续发展。

以农山村为第一产业现场的基础原材料经营者主体是林农,只有当他们经营竹林的经济利益不断增长、生态价值和社会价值得到公正的评价和认可时,竹林的可持续增长才有可能实现。因此,产业利益分配必须保障竹林资源经营者的份额。解决该问题的关键是要改善技术载体和组织体系,即竹林经营者(通常是农户)拥有至少一项技术载体,并能通过一种经营机制(例如"公司＋农户"或产业公社)被组织生产竹质新材料的原料或者部件,从而取得稳定收入。

如何才能将尖端产业的高利益部分转让给第一产业？

从利益分配角度确定竹质新材料产业设计的思路:"尖端产业的后方统合一体化模式",即在初级产品层次,将属于第一部门的农户、基地和第二部门的粗加工部门进行统合。这样,既可以实行"公司＋基地＋农户"的契约式经营体制,也可以实行原料生产和粗加工一体化的经营模式;既包括农户进入粗加工行业的后向一体化模式,也包括加工企业对竹林基地承包经营的前向一体化模式,通过技术整合实施价值工程,保证第一产业部门人口公平受益,从而积极扩大竹林资源。在整个产业运行中实行产业公社制,使生产者、购买者、投资者成为社员,在公社内部进行信息资源共享,以减少交易成本,提高产业运作效率,在技术创新、产业升级、公平竞争等方面发挥重要的协同作用。在政府宏观调控职能下,发挥财政

的税收职能、建立政策引导下的信用机制,通过开展各种形式的产业指导等,实现中国式竹质新材料产业的可持续发展,创建节约型和谐社会。

利益分配机制设计的具体内容包括:

(1) 价格机制。通过推行"公司+基地+农户"的经营体制,公司承担对林农的初级产品给予保护价或者按合同价格收购的义务,避免价格波动挫伤林农积极性。

(2) 财政机制。各级财政以专项资金扶持竹林经济的发展,可以通过转移支付方式直接补贴林农,也可以通过价格补贴方式补贴国有定价收购公司,也可以采用税费减让方式让竹林生产基地享受优惠。

(3) 信用机制。对原料收购给予信贷支持,确保生产积极性;对竹林基地建设给予信贷支持,有利于提高林农的生产积极性。

(4) 组织合作机制。成立产业公社,吸收相关产业消费者社员、生产者社员、投资者社员三方,通过信息资源共享减少交易环节和流通费用,保证竹林资源采伐—收购—加工—收益的循环再生产顺利进行,使竹林资源得到充分的利用,从而提高竹林经营者的利益水平。

(5) 技术整合机制。通过相应的技术载体如多功能一体炉(家庭能源炭化/竹醋收集一体化设备)、纤维整合技术(造纸、纺织、人造板)等,将粗加工技术整合简化,使其便于分散到农户中进行粗加工半成品连续生产,提高产品的附加价值,通过实施价值工程从而提高农户的收益水平。

(6) 产业指导机制。政府除制定产业政策并配合相应的财政金融措施外,还应当在技术、信息和市场的多方面给予指导,以加快产业技术升级,促进产业规模化发展。比如,可以在竹林地区设立类似于高新技术产业开发区的"竹林经济开发区",鼓励企业投资、开发,并鼓励高校和研究院所的科研技术人员提供专业咨询和技术辅导,还可以设立中小企业大学校等培训机构帮助产业部门提高经营和管理水平。

# 附录九　产业设计的区域设计

## 《大湾区备灾能源产业体系构建研究》(节选)

## 备灾能源产业体系大湾区方案

### 一、产业范式

大湾区的能源产业包含了石化能源、太阳能、风能、核能、生物能源等一系列能源产业机构。基于生物固碳和工业固碳协调发展的大湾区备灾能源产业体系构建研究,主要研究的能源产业类型是生物能源产业与环境废弃物回收利用。因为大湾区地处南亚热带湿润季风气候区,具有终年高温、光照充足,夏季长、霜期短,降水丰沛,水热季节配合好等气候特征。立足于本地社区,这两种备灾能源产业所需的资源都可以就地获得,符合可持续发展与科学发展观的理念。因此,本项目所倡导的产业范式为"乡村或社区生物资源全循环利用型能源储备产业",以助力乡村和社区振兴事业,支持大湾区大能源产业的韧性发展。

### 二、模块化技术

#### (一)核心技术研究

核心技术是指在技术体系中起骨干和引导作用的技术。本研究项目的泛用技术为"竹质新材料核心技术",可推广应用于榕树类及巨菌草的加工中。该核心技术可以包括:生物资源加工剩余物的工业固碳技术、炭素材料技术、炭素生态循环技术。

(1)生物资源加工剩余物的工业固碳技术:精密热解/干馏技术及其设备、气相/液相精密分馏技术及其设备。本技术的终极目标是:将含碳的有机剩余物转化成为具有优良性能的炭质人造板及复合材料,不仅增加人造板产业和材料产业

的经济价值,而且也改善人类生活环境和生物生态环境,甚至还有利于改善地球气候(例如可以减少二氧化碳的放出量、降低地球温暖化的速率等)。

(2)炭素材料技术:炭素材料的纯化及其设备、将焦油(竹焦油、木焦油)转化为电极炭素材料的技术及其设备、将木质素转化为炭纤维的技术及其设备。本技术是尖端产业中的基础材料技术,目标是将天然可再生资源直接导入尖端材料产业。

(3)炭素生态循环技术:炭产品/炭质人造板/炭质复合材料再生技术及其设备。本技术的目标及其意义:可持续性发展是经济学、经营学的根本原则,而可持续性工艺/设备的实现是可持续性发展的基础。发展炭素生态循环技术既是自然规律的要求,也是经济规律的要求。

**(二)技术群研究**

技术群是指技术体系中与核心技术相关联的、对某个领域具有支撑作用的技术体系集群。它们包括森林培育技术体系、农户/家庭制炭用炭技术体系、炭人造板素材技术、炭复合材料技术、炭素生态利用技术、超级活性炭制造技术、复合生态家具制造技术、超级电容器制造技术、炭素材料赋型储存技术;另外,还包括与传统技术关联的技术,如造林育林技术、节能技术、焦炭制造技术、粉末冶金技术、陶瓷技术、林产化工技术、纤维化技术、人造板技术、木工及家具制造技术、成型技术、食品加工技术、化妆品生产技术、化肥/农药生产技术、工业及其设计与制造技术等。

(1)森林培育技术体系:森林(竹子、榕树、巨菌草)培育技术已经是我国现代化林业建设的主要技术手段。

(2)农户/家庭制炭用炭技术体系:以薪炭为能源的家庭炭化设备开发、炭化及炭化副产物(醋、焦油、炭、煤气)的利用技术开发。其设备为炉灶式供热、炭化一体化干馏器、竹醋简易加工/收集器。设备的功能是以普通薪柴、秸秆等作原料(燃料),既可通过木煤气燃烧为厨房供热,亦可同时生产竹炭(木炭、草炭)、竹醋(木醋、草醋)等初级产品。其利用方向除炭/醋质产品提供给企业作为深加工原料外,自留部分用于家庭保健、环保和有机农业栽培。本技术的意义在于它是家庭能源和家庭经济革命,是"公司+农户"经营的基础,既能充分利用剩余物资源为家庭带来能源和收益,又可为加工业和材料工业提供丰富的原料,成为规模经济和国际贸易的新的增长点。

(3)炭人造板素材技术:将纤维材料、炭质材料等进行成型加工的技术。炭质人造板是未来可取代现有木质人造板和石棉质人造板的主力产品,且具有优良的环保性能(无 VOC、遮蔽电磁波、可天然降解、调节微气候、人体亲和性好等)和可再生性能。本技术的宗旨是利用现有的人造板制造设备,在创新工艺的基础上生产大宗消费的环保型人造板产品,从而推动竹质新材料的市场开拓和加速人造板产业的复苏。

(4)炭复合材料技术:制造炭素陶瓷材料、炭与天然纤维染织材料、炭与塑料结合材料(无纺布、喷胶棉、可降解塑料等)、C/C 复合材料、超级活性炭与金属材料等。本技术的目标是利用高级炭素材料的性能优势改善和强化复合材料的目的性能,达到优良的经济和技术指标。

(5)炭素生态利用技术:制造炭素无机涂料/胶黏剂、空气净化材料、水净化材料、生物活性促进材料(好炭性微生物活化、生物材料保鲜等)、土壤及培养基质改良材料等。本技术是生态循环技术体系的重要组成部分。

(6)超级活性炭制造技术:制造高功能活性炭材料(具有高比表面积、高吸附/脱附性能、高容量、高导电性的活性炭,统称超级活性炭)。本技术的产品是微电子元件、能源电池、超强航空复合材料、精密医疗技术、精细化工等领域的基础材料之一,正因为如此,21 世纪被许多专家称为"活性炭的世纪"。

(7)复合生态家具制造技术:制造以天然素材为基础、具有环保和保健功能(以活性炭和触媒材料作净化材料并抗菌防虫)的家具和居家用品。本技术可融合竹材尤其是改性竹材(如黑竹系列)的竹文化特色和竹炭文化特色,引导消费,并开拓新的市场。

(8)超级电容器制造技术:制造以超级活性炭作电极的电容器(电偶层活性炭电极电容器)。本技术是交通、通信、能源工业的重要元件技术,是能源技术轻量化、集成化、环保化、高效化的创新性突破。本技术的实现是第一产业与尖端材料产业结合的有效载体之一。

(9)炭素材料赋型储存技术

① 多孔储能砖

在公社生产加工的产品中,还有一种新型的建筑材料,其被称为"多孔储能砖"。这种多孔储能砖是以植物资源的加工剩余物为主要原料,配合适量炭素材料和复合触媒生产而成。它是通过压缩等技术加工成的大小合适、内有分布均匀的小孔的多孔砖块。它可以吸附并分解有毒有害气体,使空气环境得到净化,从而适应于新型环保的公共建筑(医院、学校等)。

② 重金属回收砖（赤泥活性炭砖）

另一种多孔储能砖由赤泥和活性炭烧制而成。这种砖的主要用途是吸附耕作土壤（尤其是水稻土）中的重金属。赤泥是制铝工业提取氧化铝时排出的工业固体废弃物，因所含氧化铁量大，外观与赤色泥土相似，故被称为赤泥。赤泥具有钝化重金属毒性的基本功能，但无法对重金属进行回收利用。活性炭吸附重金属后，可以通过赤泥砖回收再利用的方式，使重金属回归未来工业利用（稻田重金属污染，是因为重金属材料放错了位置）。在吸附了重金属的赤泥砖中配合重金属络合物（复合触媒），也可以吸附和分解有机气体（VOC），成为新型环保建筑材料。

中国是制铝大国，每年排放的赤泥高达数百万吨。随着赤泥的堆存量越来越大以及对环境造成的污染越来越严重，最大限度地资源化利用赤泥已刻不容缓。将赤泥制成多孔储能碳，可以利用赤泥并减少环境污染，还可以缓解我国建筑材料紧缺的问题。生产出来的多孔储能砖会先应用于学校和医院等人流量密集的公共场所，以减少装修时有毒物质对人体的伤害。多孔储能砖还有另一个特性，就是储能备灾。在面对突发事件和自然灾害下能源不足的情况时，多孔储能砖可被用作能源材料。砖中的植物原料可被热解成清洁燃料煤气或者通过粉末加工形成炭，用作燃料。重金属回收砖在长期吸附过程中，可存留大量的重金属元素，通过对其进行提炼，可回收多种金属元素，缓解未来部分重金属材料紧缺问题。

（三）备灾能源产业的核心技术

其分为三类：生物固碳、工业固碳和全循环利用。

生物固碳，顾名思义是在生物（竹类、榕树类、巨菌草）中进行能源材料的转化（炭化、分馏、储存），通常都会收割种植的竹子、巨菌草等树木或者择伐与修剪榕树的枝条；而工业固碳则是面对生活或产业中的废弃物，通过环境工程技术和能源材料进行转化（炭化、分馏、成型、储存）。以竹子为例，将生物固碳直接加工后的加工剩余物通过工业固碳技术手段重新加工成不同级别的产物，例如竹子的固态加工剩余物可以直接进行纤维化加工或者是粉末化加工，从而直接变成初级材料，再通过进一步加工变成复合新型材料，可用作复合生态家具材料；非固态的竹子加工剩余物则通过干馏取得竹醋，或经热解等途径将液态转化为气态后进一步分馏出不同组分的化合物，并将剩余气体作为气态燃料，或经过热水抽提后得到天然单宁类甚至是抗癌药物，或通过水解加工成各种糖类物质而归属为化工、食品材料。如图附 9-1 所示，就是以竹子为例的生物固碳和工业固碳的具体流程。

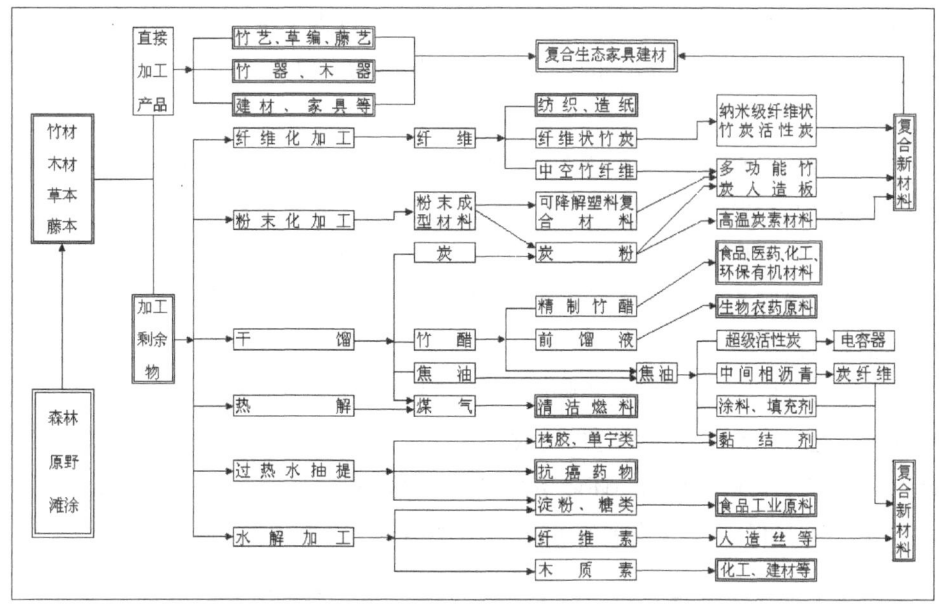

图附 9-1 竹质新材料技术概念原理图

除了生物固碳和工业固碳将可用资源作为大湾区备灾能源产业体系结构外，还能利用生活废弃物进行全循环来制作备灾能源。如图附 9-2 所示。

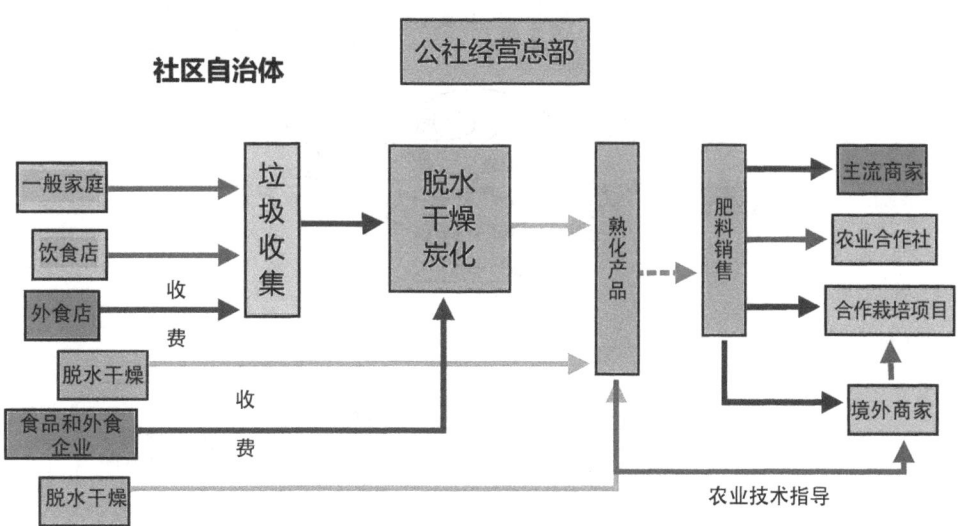

图附 9-2 生活废弃物全循环利用流程图

第七次人口普查数据及《广东省第七次全国人口普查公报》显示：全省常住

人口为 126 012 510 人,常住人口数位列全国第一;过去十年,人口净增近 2 171 万人,成为全国人口增长量最多的省份;居住在城镇的人口为 93 436 072 人,占全省人口的 74.15%。

根据此次普查公报,粤港澳大湾区珠三角 9 市的常住人口总数高达 7 801.43 万人,约占全省常住人口总数的 61.9%,呈现出强大的人口虹吸效应。在如此巨大数量的人口规模下,社会运行所产生的生活废弃物更是规模宏大。面对如此大规模的生活废弃物,把其进行全循环处理,将会为大湾区的备灾能源产业体系发展增加更多的资源。

基于食品安全考虑,将废弃物收集建立堆肥生产企业。各个产业收集的生活废弃物可通过脱水干燥炭化处理变成熟化资源,后可作为肥料向各个合作社和商社供应,建立大湾区的全循环环境系统,为大湾区备灾能源产业体系构建提供了更多可持续性、环保、高质量发展的可行方案,如图附 9-3 所示。

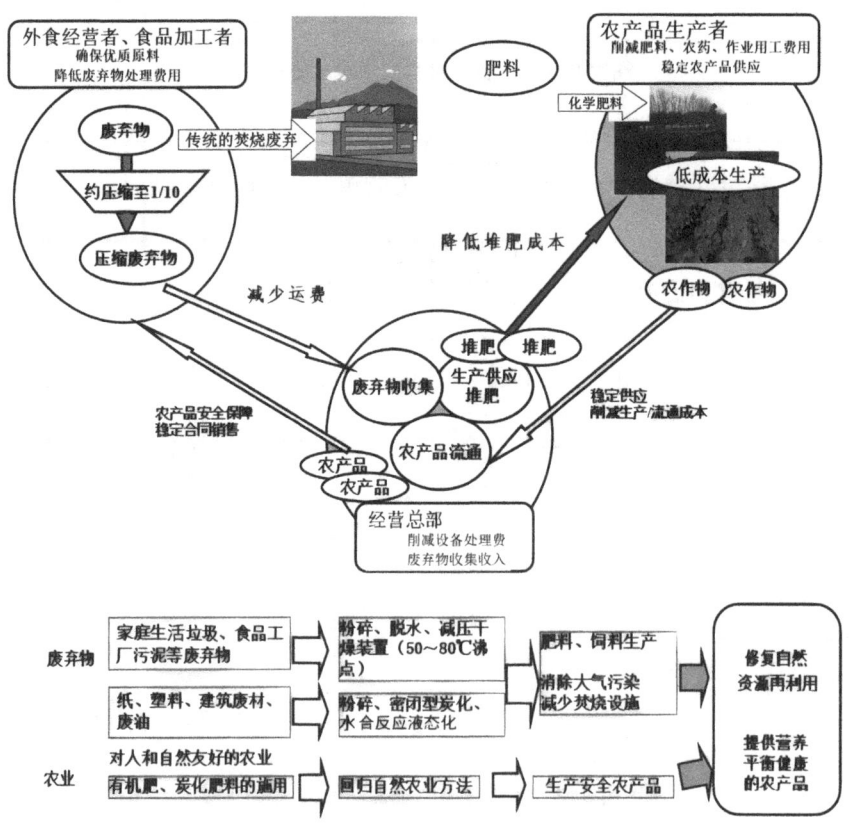

图附 9-3　全循环环境系统效果图

而对于废弃物全循环利用,最常见的技术就是将其变成肥料实现可循环利用,如图附 9-4 所示。

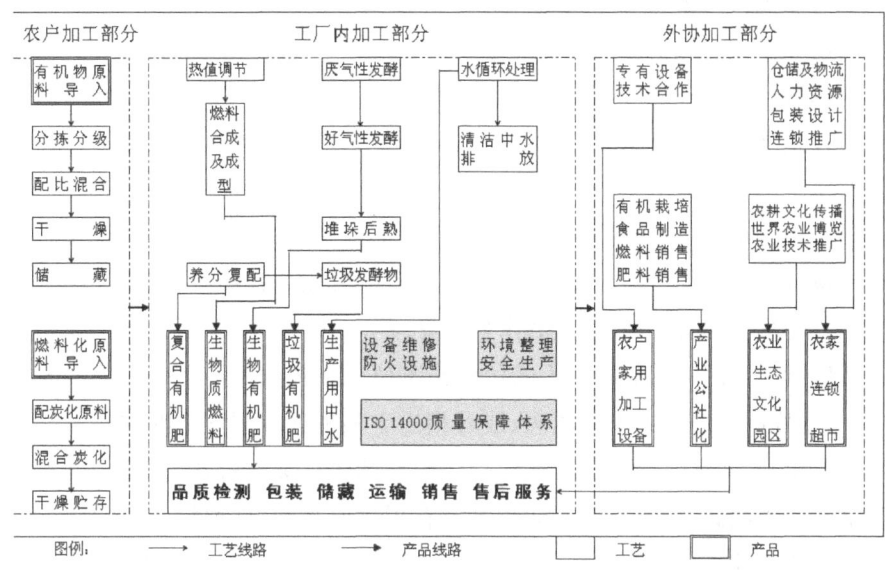

图附 9-4　生物有机肥主要产品、工艺流程图

当发生突如其来的灾害时,能够快速进行备灾作物生产食品。如图附 9-5 所示。

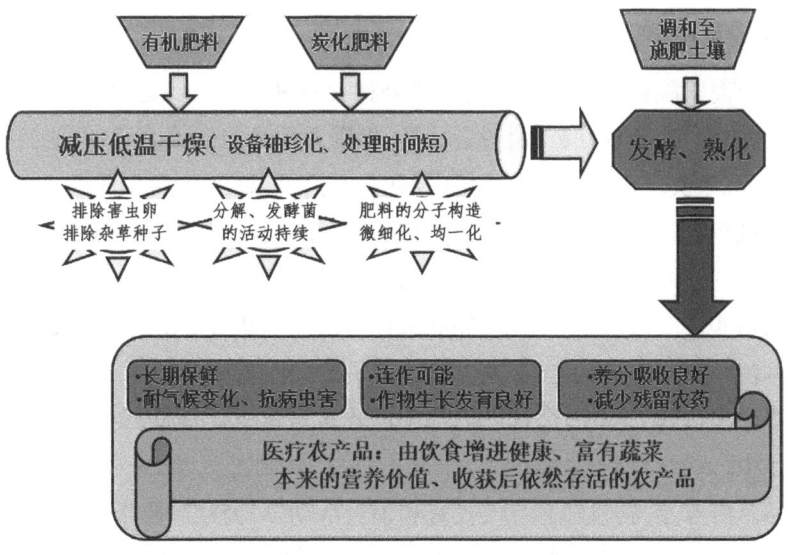

图附 9-5　备灾作物生产食品流程图

## 三、典型化社区

### （一）金融中枢型能源产业公社

本研究倡导的典型化社区形式为金融中枢型能源产业公社。

大湾区产业范式的经济结构的主要核心产业是金融中枢型能源产业公社。产业公社是推行固碳能源发展以及全循环的金融中枢型能源产业公社。公社的价值核算采用社区货币加法定货币。公社内部是社员制，采用社区货币，公社外的交易采用法定货币。社员间的交易属于内部交易，采用会员价，会员外的交易采用市场价格。市场价格与会员价格的差价，就形成公社的盈利，可以作为社员的分红，或提供给公社的服务人员作为工资。

社区货币用固碳储能所产生的价值作本位来衡量。每一个社区货币的本位值，相当于标准碳多少大卡的能源，或者相当于某种标准碳含量的材料。社员如拥有一个单位的社区货币值，可以在社区内与其他社员进行各种交易，得到相应产品的量。以固碳储能为本位，就相当于有了价值基础，这种价值基础相当于建立了一种货币体系。以这种货币体系建立"银行"，以这个银行作为驱动系统，运营产业公社。

产业公社内的社区货币，可以类似于银行结构，开展存贷、结算等运营业务。在与产业公社以外的企业进行交流时，采用法定货币体系进行交易，这样能达到系统内外的平衡。

### （二）储能银行

以广州商学院社区为例。储能产业公社社员从入社那天起就拥有一个广商储能币的账户。生产者社员、消费者社员、投资者社员的初始币值，由他们的投入种类、投入数量决定。产业公社系统内部的交易，可以自成体系，即通过所谓的社区货币来进行。社区货币与法定货币之间的差价，是由观念经济决定的，即社会对产业公社的认同度越高，则产业公社的币值越坚挺，也就是卖价越高。

本项目实施时可以建立一个"储能银行"，以能源和炭资源的价值份额作为社区货币本位，银行的内部人员都是公社的成员。如图附9-6所示。

在参与银行的工作中，公社的内部人员要参与到能源的加工或者其他银行内部的工作中，例如对竹子进行加工，生产出竹材、竹制工艺品、炭和复合新材料等能源产品。所有参与公社的生产、投资和消费活动，对公社产业作出贡献的社员，都将得到相应的公司积分，拥有同等社区货币价值的报酬，可在公社内部与任何

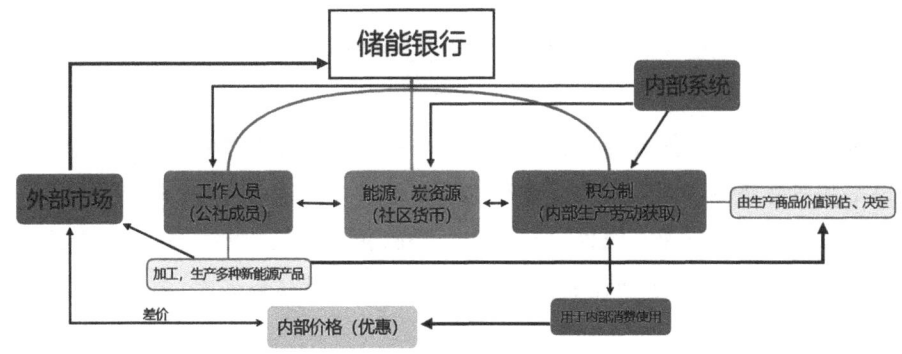

图附 9-6 储能银行结构机制示意图

社员进行交易。储能银行对积分制账户进行管理。银行也将分为两个系统：一个是公社内部系统，将积分作为社区货币的定价基础，公社内成员凭借积分可以兑换银行发放的"代金券"；另一个就是银行外部系统，外部系统就是将内部生产出来的产品出售，以市场的价格来确定内部产品的价格。内部系统与外部系统之间会有价差，公社成员可以以优惠的价格购买到公社内部的产品。

储能银行使用社区货币，这种货币体系是高度契合生态经济活动的价值载体类型，为许多金融学家所倡导。本产业公社使用的社区货币名称暂定为"湾区储能币"，简称"湾币"。该币的发行和流通，由产业公社总部金融体系进行操作（加入智能化掌上银行系统）。

### （三）产业公社运营机制

储能产业公社的基本原则来源于国际互助同盟章程。本项目所倡导的储能产业公社是一个集体经济组织，是一个存在于市场经济下的社会主义集体经济组织。公社在公社成员互相帮助、自主和民主的基础上促进公社各项活动，促进公社成员之间经济关系和其他互利关系的发展。储能产业公社具有民主的特点，即最终决定权不依赖于个别人或少数人，而是特定人群或人民全体的多数。储能产业公社的每一位成员都平等地享有投票权、选举权等各项基本权益。公社价值建立在自助、自主、民主、平等、公平和团结的基础上。公社活动和生产涵盖了农业、金融、卫生、工业、旅游等各个领域。公社可以作为一个经验交流的论坛和合作社发展、研究和统计的信息库，因此其生产活动有技术的支持。公社成员要遵守公社内部的原则。公社追求互助、团结、自我管理、民主的合作社价值，追求全社会或全社区的经济与社会共同发展。

(1) 产业公社章程

## 储能产业公社章程
### 第一章 总 则

**第一条** 储能产业公社是社员共同所有并进行民主管理的事业共同体,是为了满足共同的经济、社会、文化需求和愿望的人们自发结成的自治型组织。

**第二条** 储能产业公社以自助、自我责任、民主主义、平等、公正及连带价值为基础,传承不同创设者的优良传统,以正直、公开、对社会负责、关心他人等伦理价值为信条。

**第三条** 储能产业公社遵循国际合作社联盟(ICA)的互助合作宗旨,实施以下公社原则:

#### 第一原则 自发开放的社员制

公社是自发成立的组织。公社不进行性别、社会、人种、政治、宗教的歧视。公社可以利用其服务,对所有愿意履行社员责任的人们开放。

#### 第二原则 由社员进行民主管理

公社是由其社员进行管理的民主型组织。社员积极参加公社的政策决定和决策。被选为代表从事活动的男女,将对全体社员负责。在基层公社,社员具有平等的议决权(所谓"一人一票")。其他阶段的公社,也以民主的方法加以组织。

#### 第三原则 社员的经济参与

社员对公社资本公平出资,并对资本进行民主管理。通常,该资本的至少一部分是公社的共同财产。社员对自身所出资金有分红的情况时,通常以有限的比例接受。社员将剩余资金部分或全部分配于下列项目:

1. 为了公社的发展建立积累资金;2. 积累资金的至少一部分是不可分割的;3. 用于对社员在公社的利用数量进行利益还原;4. 经过全体社员同意用于支持其他活动。

#### 第四原则 自治和自立

公社是社员管理的自治的自助组织。公社在与包括政府在内的其他组织进行合作,或调节外部资本时,应当在保证社员的民主管理、保持公社自主性的条件下进行。

#### 第五原则 教育、训练和宣传

公社实施教育和训练,以便社员、选出的代表、管理者、员工能有效地对公社发展作贡献。公社还向一般的人们,尤其是年轻人和有识之士宣传公社运动的特性和优点。

### 第六原则　公社间合作

公社通过与当地的、国家的、地域的、国际的组织进行合作,来向社员提供最有效的服务,以加强互助合作化运动。

### 第七原则　关心社区

公社通过实施由全体社员认可的政策,为社区的可持续发展而开展活动。

## 第二章　任　务

**第四条**　储能产业公社本着自立、自治、自养的发展方针开展工作。

一、制定储能产业公社的战略发展规划和自律条规,协调公社成员间的关系。

二、研究、传播、推广现代企业管理理论及实践经验,推动有储能产业公社特色的企业管理体系的完善和发展,以适应中国特色社会主义市场经济发展的要求。

三、发挥桥梁和纽带作用,为全体社员的经济利益提供产业组织功能。

四、推进企业经营者素质建设,增强企业经营者法律意识,引导企业经营者学法、守法、依法规范自身行为,支持企业维护自身合法权益,促进企业家队伍成长。

五、推进消费者素质建设,增强消费者自我权益保护的法律意识,引导消费者社员学法、守法、依法维护自身合法权益,促进消费者与企业家的联谊活动。

六、组织企业和有关企业团体开展与国外、境外企业及有关组织的交流与合作。

七、对社员开展培训、咨询、信息、融资、电子商务等服务,开拓发展新的服务领域,增加新的服务功能。

八、按照自立、自治、自养方针,加强公社常设机构自身建设,提高公社工作人员的政治、文化、业务素质。

九、对公社进行整体运营,发挥产业公社系统的整体优势。

## 第三章　社　员

**第五条**　凡承认本公社章程,履行社员的权利与义务,并符合下列条件之一者,均可以提出书面申请,经批准后成为公社社员。

公社社员分为:生产者社员、消费者社员、投资者社员。

**生产者社员:**

一、由工商管理部门依法登记注册的各种所有制企业;

二、社区公益服务团体；

三、具有长期合作关系的国际企业。

**消费者社员：**

一、由工商管理部门依法登记注册的各种所有制企业；

二、城市团体消费者；

三、城市居民或农村家庭消费者。

**投资者社员：**

一、由工商管理部门依法登记注册的各种金融机构；

二、专业投资公司；

三、具有独立民事责任的个体投资者。

**第六条　社员权利**

一、选举权和被选举权；

二、参加公社组织的活动；

三、享受公社提供的服务；

四、对公社出资所产生的利益分红权利；

五、对公社的工作进行批评与监督；

六、生产者社员具有按与公社的契约价格优先提供契约规定产品的权利；

七、消费者社员具有在连锁超市和批发市场以社员特价购买商品和享受其他服务的权利；

八、投资者社员除具有一般消费者社员所具有的权利外，并享有投资份额的分红权和继续增加投资的权利；

九、退社自由。

**第七条　社员义务**

一、遵守章程，执行决议；

二、承担公社委托的工作、履行与公社机构签订的契约；

三、向公社提供自身及社区发展变化的基本情况；

四、向公社反映有关情况，提出工作建议；

五、按规定缴纳资费。

生产者社员应按公司的注册资金额缴纳1%作为入社金，此后每年按其对公社提供产品销售总额的1%作为出资金；出资总额可以折算为社员股份，从公社收益中取得分红。

消费者社员按其年收入的1‰征缴入社金,此后每年可按年消费总额确定其优惠价格或优惠商品数量;还可以以现金出资的方式折算为社员股份,从公社收益中取得分红。

投资者社员按其注册资金的2‰至5‰对公社进行投资,最低入社金为50万元人民币,其出资总额可以折算为社员股份,从公社收益中取得分红。

**第八条** 社员违法或不遵守公社章程,视情节轻重,公社可取消其社员资格。

**第九条** 社员所从事的经营活动与公社的经营活动形成竞争或损害公社的利益时,公社有权让该社员退社。

## 第四章 组 织

**第十条** 储能产业公社的最高领导机构是公社社员代表大会。

公社社员代表大会每年举行一次。参加会议的代表由公社与公社有关团体社员协商推选产生。公社社员代表大会由理事长主持,或受理事长委托由常务副理事长主持。

公社社员代表大会行使下列职权:

一、审议和批准理事会的工作报告;

二、审议并决定生产、消费、投资等工作方针、任务和重大事项,审议提案并形成决议;

三、选举理事长、副理事长、专业委员会主任等;

四、审议并批准理事推选办法,推选理事会理事;

五、审议并批准由理事会提名的公社运营委员会、店铺委员会、地区委员会组织机构设置;

六、修订公社章程。

**第十一条** 储能产业公社实行社员代表大会领导下的理事长负责制。

理事长工作:主持公社社员代表大会;研究公社发展中的重大问题和在社员代表大会闭会期间组织公社重要调整事项。

公社运营委员会:在理事长的领导下负责公社的日常运营事务。

店铺委员会:属于公社运营委员会的专业业务机构,接受公社运营委员会的领导,负责连锁超市的建设和经营业务。

地区委员会:是公社运营委员会的地区分支机构,接受公社运营委员会的领导,负责公社在各地区的组织建设和运营。

**第十二条** 公社社员代表大会闭会期间,由理事会行使公社社员代表大会职权。

理事会每届任期一年。全体理事会会议每半年召开一次。理事会闭会期间，必要时可采取理事通信会议形式商讨工作。

理事会行使下列职权：

一、贯彻执行公社社员代表大会的决议；

二、听取并审议公社运营委员会的工作报告；

三、审议并决定公社工作计划及其他重要事项；

四、审议公社资本收支报告；

五、审议处理有关议案；

六、听取并审议召开社员代表大会筹备情况报告；

七、根据理事长提名，确定或调整副理事长、运营委员会主任、副主任等人选；

八、调整其他重要人事事项；

九、凡由社员单位推选的理事，因工作变动，则应由原推选单位推荐新的理事人选报公社审议。

**第十三条** 运营委员会在理事长的领导下，负责公社的日常运营事务。公社运营委员会全体会议原则上每月召开一次。运营委员会行使下列职权：

一、贯彻理事会的决议；

二、审议批准实施公社年度工作计划；

三、向理事会报告工作；

四、管理公社的资本、资产，并使其保值增值；

五、指导各专业机构进行连锁超市经营并取得利益；

六、制定社员分红及资本发展方案报公社理事会审议；

七、协调公社内外的各种关系；

八、管理社员入社、退社的日常事项；

九、完成公社社员代表大会委托的其他事项。

公社运营委员会会议由主任主持。

**第十四条** 储能产业公社的法定代表人为理事长。

**第十五条** 运营委员会主任办公会

主任办公会是储能产业公社常设行政领导机构，由主任、副主任组成。主任办公会原则上由主任主持，但也可由主任委托常务副主任主持。

主任办公会的职责：完成理事会交办的任务；负责公社日常工作的组织领导和办事机构设置、调整；向理事长报告工作。

## 第五章 经费和资产

**第十六条** 经费主要来源

一、政府出资投资；

二、社员出资金；

三、有偿服务收入和企事业收入；

四、国内外团体、组织和个人的捐赠及资助；

五、受委托项目收入；

六、经营收益分红后的剩余金积累；

七、利息收入；

八、其他合法收入。

**第十七条** 储能产业公社依法占有和管理公社及所属各企事业单位的资产。第十六条所形成的资产及其收益均为储能产业公社资产，由运营委员会统一管理。

**第十八条** 储能产业公社经费和资产的使用必须符合公社宗旨和业务范围。

**第十九条** 经费收支按国家有关规定执行，建立财务管理制度，实行预算管理。

## 第六章 章程的修改程序

**第二十条** 储能产业公社章程修改，由理事会根据五分之一以上的社员提议或专业委员会的申请报告讨论拟定，经公社社员代表大会审议通过。在公社社员代表大会闭会期间，由于某种原因必须修改公社章程某条款时，须经理事会提出动议，并征得本届社员代表大会三分之二代表的同意方得修改。

**第二十一条** 公社章程修改，在公社社员代表大会通过或在特殊情况下三分之二代表同意后 15 日内，经业务主管单位审查同意，并报社团登记管理机关核准后生效。

## 第七章 终止程序及终止后的财产处理

**第二十二条** 储能产业公社完成宗旨自行解散或由于分立、合并等原因需要注销时，由理事会提出终止动议。

**第二十三条** 储能产业公社终止动议需经公社社员代表大会表决通过，并报业务主管单位审查同意。

**第二十四条** 储能产业公社终止前,须在业务主管单位及有关机关指导下成立清算组织,清理债权债务,处理善后事宜。清算期间,不开展清算以外的活动。

**第二十五条** 储能产业公社经社团登记管理机关办理注销登记手续后即为终止。

**第二十六条** 储能产业公社终止后的剩余财产,在业务主管单位和社团登记管理机关的监督下,按照国家有关规定,用于发展与本团体宗旨相关的事业。

## 第八章 附 则

**第二十七条** 本章程的解释权属储能产业公社理事会。

**第二十八条** 本章程自社团登记管理机关核准之日起生效。

(2)产业公社运行机制

如产业公社商流图(请参照图附6-1)所示,把农产企业、工业企业、运输物流企业以及其他企业作为储能产业公社的生产者会员,把与储能产业公社进行交易的地域性人群作为消费者会员,把和公社有利益投资关系的金融投资机构与商铺企业作为投资者会员。把公社作为一个公平分配平台,以达到资源有效共享。其价值链形成与产业链结构紧密契合。将外部市场内部化、利润的合理分配,使其成为生态经济体系中的亮点,能最大限度地得到生态补偿、有效节约商业成本,为可持续发展奠定基础。

如产业公社物流图(请参照图附6-2)所示,其为公社内的结构以及公社与生产者会员、消费者会员、投资者会员的物流图。在这样一个有计划、相互协同的区域中,该物流大部分属调剂性的。但遇到突发的紧急情况(如在灾害时作为备灾物流体系)时,其应急救助的功能被激发,所发挥的作用将十分重大(显示的价值也会非常大)。其单向物流最大限度地节约了市场交易成本,为"双碳文明"作出应有贡献。

如产业公社信息流图(请参照图附6-3)所示,其清晰展示了产业公社信息资源流动的基本结构,从生产者会员到物流体系再到投资者会员,并从公社中传递出去给消费者会员。强大而有效率的信息流程图,是这个产业公社的神经与指挥系统,它能帮助公社更好地适应市场发展与获得更多的资源。而作为备灾产业,强大有效的信息流能够支持其高质量、可协调、韧性发展。

## 四、特色职业化教育

备灾能源产业体系大湾区方案是一个涵盖能源生产、储存、输配、使用等方面的综合性计划,其目的是提高能源系统的韧性和应对突发事件的能力。在这个计划中,特色职业化教育起到至关重要的作用,它能够培养出一批批高素质的备灾能源产业人才,为大湾区的能源体系保驾护航。特色职业化教育是一种针对特定产业的职业教育,它与传统的职业教育不同,它更加注重专业性和实践性。

在备灾能源产业体系大湾区方案中,特色职业化教育应该具备以下几个特点:

(1) 重视实践能力的培养。备灾能源产业体系的实践非常重要,因为它需要解决的是突发事件对能源系统的冲击问题。因此,特色职业化教育应该注重学生实践能力的培养,让学生具备独立思考和解决问题的能力。

(2) 强化跨学科的教学。备灾能源产业体系涉及多个学科领域,例如能源、环境、材料等。特色职业化教育应该强化跨学科的教学,培养具备多领域知识和技能的人才。

(3) 推广新技术和新材料的应用。备灾能源产业体系的发展依赖于新技术和新材料的应用,因此,特色职业化教育应该积极推广这些新技术和新材料的应用,让学生掌握最新的产业技术。

(4) 与产业紧密结合。特色职业化教育应该与产业紧密结合,将教学内容和实践经验与实际产业需求相结合,培养出符合产业要求的专业人才。

基于以上特点,可以制定出备灾能源产业体系大湾区方案的特色职业化教育方案。具体包括以下几个方面:

(1) 优化教学内容。特色职业化教育应该注重学生实践能力的培养,因此,应该对课程设置和教学方法进行优化,加强实践教学和案例教学,让学生在实践中掌握技能和知识。

(2) 建设实践平台。特色职业化教育需要有良好的实践平台支持,应该在学校内建设备灾能源产业体系的实践基地,让学生能够进行实践操作,提高实践能力。

(3) 建立产学研合作机制。特色职业化教育应该与产业界进行紧密合作,建立产学研合作机制,让学生能够深入产业界了解实际情况,为产业界提供技术支持和人才储备。

（4）加强师资队伍建设。特色职业化教育需要有高水平的师资支持。教师需要具备丰富的实践经验和专业知识，能够将最新的产业技术和实践经验带给学生。因此，特色职业化教育应该加强师资队伍建设，提高教师的教学水平和实践经验。

综上所述，备灾能源产业体系大湾区方案的特色职业化教育应该重视实践能力的培养，强化跨学科的教学，推广新技术和新材料的应用，与产业紧密结合，加强师资队伍建设，并推动学生实践创新能力的培养。通过这些措施，可以培养出一批批高素质的备灾能源产业人才，为大湾区的能源体系保驾护航。

## 五、大湾区地区备灾能源产业发展保障体系

大湾区地区备灾能源产业发展保障体系是一个涉及能源生产、储存、分配、利用等方面的体系，旨在保障该地区在灾害发生时能够保持稳定的能源供应，从而确保经济社会的稳定发展。以下是该体系的主要内容：

（1）能源生产：该地区应该发展多种能源生产方式，包括太阳能、风能、水能、生物能等，从而降低对某一种能源的依赖度。

（2）能源储存：在应对各种灾害风险时，需要预先建立应急能源保障机制，以确保能源的及时供应。应急能源保障机制包括应急储备能源、应急调度机制、应急供应网络等。同时，需要建立完善的应急响应机制，以快速响应各种灾害风险。

（3）能源分配：在应对各种灾害风险时，需要预先确立能源使用领域的优先顺序，在确保生命优先的原则下，完善应急机制，妥善解决民生应急和产业应急的冲突，将有限的能源储备用于重要的国计民生领域。

（4）能源利用：该地区应该鼓励并推广能源节约型技术和设备的使用，如LED灯、高效电器等，从而在灾害发生时能够最大程度地减少能源的浪费和损失。鼓励发展循环经济，提高资源综合利用水平，降低资源消耗，减少环境污染，走资源节约型、环境友好型发展道路。

（5）协调机制：多渠道筹集资金，打破部门、区域和所有制的限制。该地区应该建立跨地区的协调机制，以应对跨境灾害发生时的能源问题，并制定应急预案和救援措施，确保各方合作、高效运作。

（6）科技创新：该地区应该鼓励科技创新，开发能源智能化控制系统、新型储能技术等，以提高能源利用效率和响应灾害的能力。加强能源产业与科技创新的结合，推动能源智能化、数字化、绿色化等方面的发展，提高能源的效率和安全性。

## 六、法治建设(区域性立法)

法治建设是指通过法律和法规的建设和实施,保障社会秩序,维护公共利益,推进经济发展和社会进步。能源与环境、经济可持续发展是当今社会发展的重要议题之一。因此,地方政府需要制定特色法律规章条例来保障能源与环境、经济可持续发展。

以下是关于制定能源与环境、经济可持续发展的地方特色法律规章(条例)的一些建议:

(1)依法制定能源规划。地方政府可以制定具有地方特色的能源规划,明确能源开发利用的方向、重点和限制,规定可再生能源的比例,以保障能源的安全和环境的可持续发展。

(2)加强环境保护法律体系建立。地方政府可以制定地方性环境保护法律法规,建立环境污染的惩罚性和追责机制,提高环保投入比例,加强环保技术研发和创新。

(3)改进环境监管机制。地方政府可以建立健全环境监管机制,加强环境检测和监测;建立环保信息公开制度,实现环境监管的精细化和信息化。

(4)鼓励绿色经济发展。地方政府可以制定相关政策,鼓励企业发展绿色经济,支持可再生能源的开发和利用,推广低碳生产和消费方式,以实现经济可持续发展。

(5)建立能源安全保障体系。地方政府可以制定能源安全保障方案,建立应急预案和应急响应机制,确保能源供应的稳定性和安全性。

(6)建立地方特色支持体系。地方政府需要依据当地的实际情况和发展需求,结合国家的法律法规和政策,制定具有地方特色的法律规章条例,加强对能源与环境、经济可持续发展的保障和监管。

(7)政策支持。全面落实科学发展观,实施以生态建设为主的发展战略,发挥市场配置资源的基础性作用和国家的宏观调控作用,逐步建立起门类齐全、优质高效、竞争有序、充满活力的备灾能源产业体系;制定相关的补贴政策和税收优惠政策,鼓励企业投资备灾能源产业,并加强对相关企业的监管和执法。

(8)社会参与。该地区应该积极鼓励和引导社会各界参与备灾能源产业的建设,如鼓励居民安装太阳能发电系统,提高能源使用效率等。

(9)国际合作。该地区应该加强与国际社会的合作,学习和借鉴国际先进的备灾能源产业发展经验,统筹国内外两种资源,以提高该地区的备灾能源供应能力。

总之,粤港澳大湾区地区备灾能源产业发展保障体系应该是一个综合性的体系,需要各方共同合作、高效运作,以确保该地区在灾害发生时能够保持稳定的能源供应。

# 参 考 文 献

［1］Jiang X X, Zhang W, He M W. Preliminary studies on technique route design in forestry economy［J］. SHS Web of Conferences，2015，17：01009.

［2］Jiang X X, Luo X Z. Empirical study with structural break on the relationship between financial development and economic growth of Jiangxi Province［J］. SHS Web of Conferences，2016，25：02020.

［3］Jiang X X, Zhang W, He M W. A study on the selection principle of industrial clusters based on industrial integrated design case study of forestry［J］. SHS Web of Conferences，2015，17：01001.

［4］Jiang X X, Zeng Y C, Xie Y T. A study on industry route design［C］//Proceedings of the 2015 3rd International Conference on Information Technology and Career Education (ICITCE 2015). Nanchang：Business School，Jiangxi Normal University，2015：202-205.

［5］Jiang X X, He M W, Zhang W. A study on the establishment and development status of sub-business zone at Chinese university economy［J］. SHS Web of Conferences，2015，14：02018.

［6］江新喜.江西省林业生态文化体系建设规划调查报告［R］//江西省林业厅生态工程中心委托项目成果汇编(2009年11月).

［7］江新喜.熏烟处理对毛竹性能影响的研究［J］.江西师范大学学报(自然科学版)，2009，33(5)：533-538.

［8］祝列克.林业经济论［M］.北京：中国林业出版社，2006.

［9］邓和平，江新喜.竹质新材料［M］.长沙：湖南科学技术出版社，2006.

［10］平野秀樹.安田喜憲.奪われる日本の森・外資が水資源を狙っている［M］.東京：新潮社出版，2010.

［11］慕长龙，龚固堂.长江中上游防护林体系综合效益的计量与评价［J］.四川林业科技，2001，22(1)：15-23.

［12］颜鹏飞，邵秋芬.经济增长极理论研究［J］.财经理论与实践，2001，22(2)：2-6.

［13］赵建军.中心地理论在实践中的应用［J］.青岛大学师范学院学报，2001，18(2)：48-50.

[14] 杨艳龙,涂虹. 我国沿海城市加工贸易业转型升级研究[J]. 科技情报开发与经济,2007, 17(30):139-140.

[15] 顾万春,李文英. 我国林木种质资源共享现状及建议[J]. 世界林业研究,2007,20(1): 66-69.

[16] 苟守华,孙蕾,姜岳忠. 我国林业植物新品种保护现状、存在问题和发展建议[C]//中国造纸学会. 2004中国科协学术年会第十一分会场论文集.[出版地不详]:[出版者不详], 2004:414-416.

[17] 张浩. 燕园科技学术文库:林业供应链协同发展的机理与模式研究[M]. 北京:北京大学出版社,2011.

[18] 李志平. 互助合作组织的现代价值[EB/OL].(2007-01-28)[2022-10-23]. https://www.zgxcfx.com/Article/1744.html.

[19] 工业和信息化部消费品司,中国医药企业协会. 2020年中国医药工业经济运行报告[EB/OL].(2021-07-23)[2022-12-21]. http://lwzb.stats.gov.cn/pub/lwzb/tzgg/202107/W020210723348608097291.pdf.

[20] 祝列克. 林业经济论[M]. 北京:中国林业出版社,2006.

[21] 王心同. 中国林业发展的经济政策研究[D]. 北京:北京林业大学,2008.

[22] 邓和平,李媛,江新喜. 中国竹质新材料的产业化进程研究[J]. 湖南农业大学学报(社会科学版),2006(3):15-19.

[23] 江新喜. 基于大学经营的衍生经济圈形成与发展规律初探[J]. 江西师范大学学报(哲学社会科学版),2012,45(4):114-123.

[24] 王百田. 林业生态工程学[M]. 3版. 北京:中国林业出版社,2010.